artdigilandbooks **saggi**

Akira Kasai
UN LIBRO CHIAMATO CORPO

a cura di Maria Pia D'Orazi

artdigiland.com

artdigiland.com

Artdigiland Ltd
Founder and Director: Silvia Tarquini
23, Griffith Downs - The Crescent
Drumcondra
Dublin D9
Rep. of Ireland
www.artdigiland.com
info@artdigiland.com

Akira Kasai
UN LIBRO CHIAMATO CORPO

a cura di Maria Pia D'Orazi

edizione originale:
Karada to iu shomotsu, Tōkyō, Shoshi Yamada, 2011
traduzione dal giapponese: Daisuke Kurihara
realizzato con il contributo di Nobody Rose Production

editing e redazione: Silvia Contorno
grafica e impaginazione: Michela Tranquilli

crediti fotografici: l'inserto fotografico è composto da foto di Emilio D'Itri (pagg. 58-59, 66-67, 68-69, 70-71, 72-73, 74-75, 76-77, 78-79, 80-81, 82-83, 84-85), Teijiro Kamiyama (pagg. 64-65), Alfonso Spezza (pagg. 60-61, 62, 63)

in copertina: Akira Kasai, *Rhinozeros,* Teijiro Kamiyama ©

© 2016 Artdigiland

all'amicizia

ringraziamenti

La pubblicazione di questo libro è l'atto finale e non conclusivo di un percorso di ricerca legato alla presenza di Akira Kasai in Italia per almeno un decennio. Le persone in diverso modo coinvolte nel corso del tempo sono state molte e diverse: danzatori, allievi, testimoni, sostenitori, amici e studiosi. A loro va il mio profondo grazie per aver contribuito a creare qualcosa che è un progetto artistico e un itinerario di formazione. Ricordando che tutto ciò non sarebbe stato possibile senza la generosa disponibilità di Akira Kasai, di sua moglie Hisako e della sua Compagnia giapponese di euritmia. Un ringraziamento speciale a Reiji Kasai e alla sua complicità; a Daisuke Kurihara, traduttore e interprete discreto, che con la sua costante presenza ha avuto un ruolo fondamentale nella divulgazione dei contenuti di quest'avventura. Grazie all'editore, che ha creduto in questo progetto.

Maria Pia D'Orazi

Ecco l'insegnamento che ho ricevuto:
gli uomini dell'Alta antichità,
passavano Cento primavere ed autunni,
senza declino della loro attività.
Però gli uomini oggigiorno,
a metà strada dei Cento anni,
hanno tutti un declino della loro attività.
Le circostanze sarebbero cambiate?
O non sarebbe questo colpa degli uomini?

Huangdi Neijing Suwen,
Le domande semplici dell'imperatore giallo[1] (2697 a.C.)

---

1. Huangdi Neijing, Le domande semplici dell'imperatore giallo, Milano, Jaca Book, 2014, pag. 28; 1ª ed. italiana 1994.

Sommario

13   **UN FUNAMBOLO SOSPESO TRA DUE MONDI**
di Maria Pia D'Orazi
La rivoluzione della parola e il corpo nuovo
La finestra sull'oceano

88   **INTRODUZIONE**

90   **UN LIBRO CHIAMATO CORPO**
Leggere il corpo
L'oggetto chiamato corpo
Scrittura e danza
Il punto d'origine del corpo
Riflessioni sul tatto
Animali e cosmo
Il mondo interiore
L'uomo comprende e riconosce la materia dall'interno
Pregiudizi ed equivoci intorno al corpo
Il libro chiamato corpo

129   **IL CORPO A RESPIRAZIONE BRANCHIALE**
Il corpo etnico
Annullamento sensoriale e respirazione sensoriale
Estrarre l'energia vitale dalla voce
La sintesi proteica attraverso la forza della vocalizzazione

La vocalizzazione esogena o uditiva
Il corpo nel periodo fetale
L'azione delle cinque vocali
I dodici suoni paterni
Il corpo a respirazione branchiale
I sensi puri
Suoni paterni, suoni materni e suoni filiali nella lingua giapponese
I suoni paterni

187 COSTRUIRE IN LIBERTÀ UNA NUOVA IMMAGINE DEL CORPO
Menzogna
Esiste l'autore ma non esiste l'opera
Creare l'essere dal non essere
Il grillo nella gabbia è mia madre

197 IL CORPO COME POTENZIALITÀ
Il corpo in terza persona
Il tempo che scorre dal futuro al passato
Il corpo dentro il tatto e la parola

243 LA DESOLAZIONE DEL CIELO
Quasi una postfazione

248 Bibliografia di riferimento

253 Indice dei nomi

Un funambolo sospeso tra due mondi
di Maria Pia D'Orazi

La rivoluzione della parola e il corpo nuovo

Ogni giorno pronunciamo parole che riguardano l'esperienza dei nostri corpi. Ogni giorno, attraverso la parola, tutte le esperienze si riducono a semplici informazioni: il viaggio di una donna nello spazio, un traghetto che s'incendia, una ragazzina di dieci anni imbottita di esplosivo che salta in aria in mezzo alla piazza di un mercato, un capo di Sato che si dimette, una minorenne che vuole rifiutare la chemioterapia e la legge che gliela impone, un bambino che mangia solo foglie dentro l'assedio di una città, un pontefice che entra in un negozio a comprarsi un paio d'occhiali e un dittatore che mette in scena la prova generale di una bomba nucleare.
Immersi in un flusso continuo di dati, trattiamo il corpo come se fosse un libro dal contenuto evidente. Ma per un danzatore che si trovi di fronte al compito di trasformare il suo stesso corpo in un'opera d'arte, questa evidenza può non essere sufficiente a esaurire il significato del *fenomeno corpo*.
La riflessione di Akira Kasai parte da qui. Il suo obiettivo: leggere il corpo come se fosse un libro scritto in una lingua sconosciuta ancora tutta da imparare; mettere in discussione il significato di ogni singola parola e struttura grammaticale che la compongono in cerca di un significato più profondo, normalmente dissimulato dietro una distratta abitudine a considerare la lettera aderente al contenuto. Attenzione però. Non è un invito per addetti ai lavori. La sua ricerca presuppone un mondo intorno e una relazione forte con la contemporaneità. E ciò che porta in primo piano è il desiderio di rigenerare un corpo che ha perso il suo

maria pia d'orazi

potere creativo e il senso della comunità. Un corpo che la civiltà dell'informazione ha "degradato" e condotto a uno stato di "estrema rovina". Che ne siamo consapevoli oppure no.

La sua proposta è un cammino destinato a chiunque sia disposto a percepire il corpo come il "fardello che ogni individuo porta con sé nel viaggio chiamato vita" e voglia sapere di che cosa sia fatto questo fardello e per quale motivo debba caricarselo sulle spalle; con l'idea che sia possibile uscire da un'ordinaria condizione di "schiavitù", per attingere a quella fonte illimitata di energia (e di amore) che si ottiene, appunto, attraverso la *lettura* del corpo.

Un modo per fare attenzione a quella miriade di sensazioni fisiche che accompagna tutte le nostre esperienze quotidiane, riconoscerla come fonte di "energia" che è possibile utilizzare e antenna che può rilevare la qualità della nostra presenza.

Un modo per diventare essere umani consapevoli del proprio *daimon*[1], prendersi una responsabilità nei confronti della natura

---

1. Kasai non usa la parola *daimon* ma parla di un *corpo in terza persona* depositario del destino che innesca "i fatti più importanti della nostra vita" e che è indispensabile per capire la vera natura del movimento. Un corpo che non è più l'*io* a muovere ma che *si muove* inseguendo un disegno trascendente la volontà individuale (cfr. il capitolo 4 del presente testo: *Il corpo come potenzialità*). Un concetto che somiglia all'idea del *daimon* così come appare nel mito di Er inserito da Platone alla fine della sua *Repubblica* e che James Hillman ha ripreso in tempi recenti parlando di un *codice dell'anima* che ognuno deve decifrare per rendere autentica la sua esistenza: «In breve, l'idea è la seguente. Prima della nascita, l'anima di ciascuno di noi sceglie un'immagine o disegno che poi vivremo sulla terra, e riceve un compagno che ci guidi quassù, un *daimon*, che è unico e tipico nostro. Tuttavia, nel venire al mondo, dimentichiamo tutto questo e crediamo di esserci venuti vuoti. È il *daimon* che ricorda il contenuto della nostra immagine, gli elementi del disegno prescelto, è lui dunque il portatore del nostro destino. (...) Si è cercato per secoli il termine più appropriato per questo tipo di "vocazione", o chiamata. I latini parlano del nostro *genius*, i greci del nostro *daimon* e i cristiani dell'angelo custode. I romantici, Keats per esempio, dicevano che la chiamata veniva dal cuore, mentre l'occhio intuitivo di Michelangelo vedeva un'immagine nel cuore della persona che stava scolpendo. I neoplatonici parlavano di un corpo immaginale, *ochema*, che ci trasporta come un veicolo, che è il nostro personale supporto o sostegno. C'è chi fa riferimento alla dea Fortuna, chi a un genietto, a un cattivo seme o genio malefico. Per gli egizi poteva essere il *ka* o il *ba*, con il quale si poteva dialogare. Presso gli eschimesi e altri popoli dove è praticato lo sciamanesimo, è il nostro spirito, la nostra anima-libera, la nostra anima-animale, la nostra anima-respiro» (cfr. James Hillman, *Il codice dell'anima*, Milano, Adelphi, 1997, pagg. 23-24).

e del cosmo, imparare a mantenere una costante connessione con il sé, e ritornare all'asse del corpo per non lasciarsi turbare dagli eventi esterni, riconoscendo tutti i fenomeni come parte di un unico grande paesaggio: il disegno che ogni anima ha scelto per sé quando si è incarnata per contribuire all'evoluzione del mondo. Un disegno che scorre in quel mare infinito della coscienza dove ogni cosa esiste come potenzialità[2] e gli esseri umani sono tutti legati al di là del tempo e dello spazio.

Dal dualismo platonico alla mistica del vuoto orientale, l'immagine del corpo-prigione appartiene a una tradizione filosofica e religiosa che ha considerato il corpo un luogo di espiazione dell'anima e un ostacolo al conseguimento della conoscenza e della virtù. Tuttavia per Kasai il termine "fardello" non ha nessuna connotazione morale, serve piuttosto a introdurre un concetto di consapevolezza che amplifica la dimensione corporea oltre i limiti imposti dal perimetro dell'epidermide, quando delimita un interno escludendo l'esterno come altro da sé. Essere liberi allora vuol dire semplicemente accedere a una condizione creativa originaria, riconoscere la propria singolarità e la coincidenza sostanziale d'individuo e mondo.

La premessa della sua indagine è una netta delimitazione di campo: non il *soggetto uomo* ma l'*oggetto corpo*. Generalmente diventiamo consapevoli di portarci dietro un "fardello" soltanto quando si rompe un equilibrio, quando il corpo si ammala o subisce un danno: allora appare evidente la sua natura di *oggetto*. L'uomo è il *soggetto* di una vita sociale, appartiene a una famiglia a una nazione e ha un'esistenza limitata nel tempo e nello spazio: vive in un certo luogo e in un certo secolo. Il corpo invece esiste come *oggetto* nella nostra relazione con gli altri ma

---

2. La fisica quantistica ha dimostrato che "la coscienza è la radice di ogni cosa", e che la materia, in quanto tale, non è completa, ma ha bisogno di un osservatore, la coscienza appunto. Secondo il fisico Amit Goswami "questa coscienza necessaria per la compiutezza della fisica quantistica, è la stessa coscienza di cui hanno parlato i mistici di tutto il mondo" (cfr. Amit Goswami, *Guida quantica all'illuminazione. Integrazione fra scienza e coscienza*, Roma, Edizione Mediterranee, 2007, pagg. 9-11; 1ª ed. 2000).

continua a essere presente anche durante il sonno, è legato alla natura, all'universo e, nel suo stato di cadavere, anche al mondo invisibile: non ha nessun limite di tempo né di spazio. Il corpo può esistere in qualunque luogo e in qualunque tempo attraverso la percezione della sua immutabile essenza che resta invariata dall'inizio dei tempi. E in virtù di questa sua illimitata apertura è anche il dominio della danza o meglio, con le parole di Kasai, "la danza diventa interessante nella misura in cui riesce a rendere distinti l'uomo e il corpo" e lascia intravedere "il corpo in sé" o "il processo che dal corpo porta all'opera" o ancora "la corporeità che sfugge involontariamente all'azione consapevole portata in scena". Il danzatore non deve allenarsi più "per costruire un corpo danzante funzionale allo spettacolo", ma deve allenarsi per "ritornare al *punto d'origine della formazione del corpo*", il punto che precede ogni separazione fra corpo mente e vitalità cosmica. Il punto in cui l'immaginazione è una facoltà ancora viva e vitale. Come oggetto, il corpo umano cresce e si trasforma "attraverso un apprendimento consapevole fatto di esercizio, ripetizione e studio" guidato dagli adulti, che tuttavia si arresta nel momento in cui il bambino è pronto per affrontare una normale vita sociale. Secondo Kasai è allora che comincia la sua "parabola discendente". Se al contrario il lavoro di conoscenza non s'interrompesse, il corpo potrebbe continuare a trasformarsi fino a risvegliare un ulteriore livello di corporeità che si avvicina al *punto d'origine della formazione del corpo*. In che cosa consista questo punto d'origine possiamo desumerlo da un'analogia con l'epoca del mito, quando la nascita della scrittura non ha ancora intrappolato la parola nel significato privandola della sua forza generatrice. È allora che "il corpo riesce a stare sempre nel suo *punto d'origine*", il punto in cui parola e movimento si fondono. Perché nel mito o nei culti dei misteri antichi, il corpo non illustra un significato ma lo incarna[3].

---

3. L'uso del termine incarnazione in questo caso segue quello indicato da Attisani, a sua volta debitore degli studi sull'immagine della filosofa francese Marie-José Mondzain. In particolare, Attisani propone di sostituire la coppia "azione"/"rappresentazione" con quella "incarnazione"/"incorporazione" per de-

La parola che nasce attraverso la voce è calore e narrare non è solo un modo di "trasmettere significati" ma è lasciar andare "un flusso di forze diretto verso chi ascolta". Questo flusso di forze per Kasai è l'energia che tiene in vita l'umanità, ma è anche una fonte che la scrittura – legando la parola al significato e trasformandola in segno – ha prosciugato. Tornare al *punto d'origine del corpo* vuol dire ripristinare un collegamento con l'energia del cosmo, o meglio, sentirsi parte del cosmo e tornare ad attingere alla primigenia energia creatrice.

Attraverso un'analisi degli elementi costituitivi del corpo e del legame fra la crescita e l'acquisizione della lingua, Kasai sostanzialmente individua due metodi per tornare a questo punto d'origine: la vocalizzazione – ovvero "l'azione verbale che precede la scrittura per mezzo della quale la parola forma il corpo" e il mondo, così come riportano le antiche cronache del mito e come vediamo all'opera nel processo di acquisizione della lingua madre da parte del bambino – e la consapevolezza delle percezioni sensoriali[4]. Il risultato è la configurazione di un sistema di educazione e sviluppo corporeo che travalica l'ambito più strettamente artistico e diventa disciplina del sé.

---

finire con più precisione il ruolo dello spettatore: «Si può definire incorporazione l'effetto di un teatro concepito come messaggio pubblicitario (anche se in dissenso con l'etica della normale pubblicità), come illustrazione e comunicazione di un messaggio. Incorporazione significa che l'attore si propone che il pubblico agisca conformemente al messaggio fornitogli. L'incarnazione può essere considerata l'opposto dell'incorporazione. Incarnazione è la *significazione* dell'attore che ha fatto proprio un tema o una situazione, un attore che dà carne e nervi alla domanda e non corpo alle istruzioni. Questo attore non sottomette nessuno, ma solleva tre questioni: il visibile, l'invisibile e lo sguardo che crea il collegamento tra i primi due. L'evento scenico basato su questi presupposti richiede un testimone e non uno spettatore, poiché al testimone è richiesto di lavorare per conto proprio, di rielaborare lo stimolo e non solo di riceverlo» (cfr. Antonio Attisani, *Un teatro apocrifo. Il potenziale dell'arte teatrale nel Workcenter di Jerzy Grotowski and Thomas Richards*, Milano, Edizioni Medusa, 2006, pag. 39).

4. Si tratta sostanzialmente di due metodi che fanno riferimento a un lavoro corporeo che mette insieme i principi della danza butō giapponese e quelli dell'euritmia tedesca: la prima insegna a individuare e utilizzare l'energia dei sensi e delle parole; la seconda approfondisce l'individuazione dell'energia delle parole risvegliando la consapevolezza della forza della voce, e permettendo di sperimentare il modo in cui la forza della voce si unisce al corpo.

Le discipline esoteriche insegnano che il corpo non è mai un ostacolo per la piena realizzazione dell'individuo. Al contrario, è il mezzo necessario per la sua elevazione spirituale, perché lo spirito si forma per gradi dopo aver accolto ed elaborato le esperienze del mondo fisico[5]. Ed è attraverso la focalizzazione della percezione sulle sensazioni fisiche che l'essere umano può acquisire consapevolezza della sua identità più profonda: allora, quando mette a tacere l'intelletto e dirige la coscienza sulle sensazioni, riesce a percepire il *corpo interiore* come un flusso di energia che scorre nell'organismo, sperimentando il contatto con la sua identità di essenza a partire dalla sua identità di forma. Attraverso il contatto con l'Essenza è possibile distinguere i pensieri autenticamente individuali generati dal proprio sé, da quelli provenienti da istinti fisici o abitudini sociali; mentre si entra in un territorio senza limiti dove "io è un altro" e scompare ogni differenza fra individui, generazioni, civiltà o religioni che possa generare una cultura della sopraffazione e della violenza. Allora, la ricerca espressiva diventa qualcosa di più e qualcosa d'altro: è sistema pedagogico e visione dell'uomo nuovo, un modo di trasformare se stessi per trasformare il mondo.

Kasai come i grandi riformatori che hanno fatto la storia del teatro del Novecento da Copeau a Stanislavskij a Grotowski: quando si parla dell'attore e del danzatore ma poi l'obiettivo è l'essere umano e la ricerca di ciò che è essenziale nella vita[6];

---

5. Cfr. ad esempio Steiner: «"Il vero vivente è lo spirito, il corpo è qualcosa di morto; perciò, distruggiamo il corpo, perché lo spirito possa vivere!"». Chi ragiona a questo modo ignora che lo spirito va formandosi a gradi, e che l'uomo deve usare gli organi del suo corpo fisico per accogliere le esperienze offerte dal mondo fisico e innalzarle poi allo spirito» (Rudolf Steiner, *Il Vangelo di Giovanni*, Milano, Editrice Antroposofica, 2009, pag. 102; 1ª ed. 1932).
6. Secondo De Marinis «la tradizione dei registi-pedagoghi che si è sviluppata nel teatro del Novecento, si è reinventata al tempo stesso come relazione con l'altro e come lavoro dell'individuo su se stesso, dimostrando che il teatro può essere esplorazione e confronto con l'alterità a partire dalla propria, e dunque anche viaggio verso e dentro se stessi o più esattamente 'lavoro su di sé'. (...) La vera, autentica, radicale rottura novecentesca consiste nel fatto che, per la prima volta, (dopo la sua reinvenzione novecentesca) il teatro lascia l'orizzonte del divertimen-

quando si parte dalla quotidianità per attraversarla ed entrare in una dimensione più alta che la oltrepassa. Perché quando il lavoro per lo spettacolo diventa lavoro dell'individuo su se stesso, conduce a un tipo d'azione organica cosciente e volontaria che si ottiene rimuovendo blocchi fisici emotivi o intellettuali che inibiscono la naturale canalizzazione degli impulsi; ed elimina gli ostacoli alla libera circolazione dell'energia, creando le condizioni per sentire quella connessione con l'Essenza, che sola mette l'individuo al riparo dalla paura e dalla mancanza di senso.

Il regista polacco Jerzy Grotowski, che di questa dimensione della ricerca nel Novecento è stato lo sperimentatore più estremo, nell'ultimo periodo della sua vita ha parlato esplicitamente dello spettacolo come uno dei possibili *veicoli* dell'esperienza spirituale o meglio di un'esperienza di ordine energetico che chiama *verticalità*: il passaggio da un livello "quotidiano" di energie pesanti ma organiche (legate alle forze della vita, agli istinti, alla sensualità) a un livello energetico più sottile. Laddove il corpo, il cuore, la testa, qualcosa che "sta sotto i nostri piedi" e qualcosa che sta "sopra la testa" diventano come "una linea verticale tesa fra l'organicità e la coscienza che non è legata al linguaggio (alla macchina per pensare), ma alla Presenza"[7]. È quell'esperienza dell'uno che si unisce al tutto che è possibile sperimentare in particolari momenti di grazia e che accomuna una certa danza e un certo teatro alle arti marziali o, ancora, a tutte quelle esperienze del sacro che utilizzano l'espressione corporea e vocale come mezzo di ricongiungimento con un'Essenza più alta.

---

to, dell'evasione, della ricreazione (comprese le loro varianti colte impegnate) per diventare *anche* un luogo in cui dare voce a bisogni ed esigenze che mai di fatto fino ad allora – salvo rarissime eccezioni – si era cercato di soddisfare mediante gli strumenti del teatro: pedagogici, etici, conoscitivi, spirituali etc.; beninteso, senza con ciò negare l'arte, o almeno l'artigianato, ma anzi grazie ad essa(o)" (cfr. Marco De Marinis, *Il teatro dell'altro*, Firenze, La Casa Usher, 2012, pag.170; 1ª ed. 2011).
7. Cfr. Ludwik Flaszen - Carla Pollastrelli - Renata Molinari a cura di, *Il Teatr Laboratorium di Jerzy Grotowski 1959-1969*, Firenze, La Casa Usher, 2007, pag. 214; 1ª ed. 2001.

Kasai guida progressivamente il lettore alla percezione di una *dimensione interiore* ma non usa mai l'aggettivo spirituale e non parla mai di anima, al contrario, se ne tiene deliberatamente a distanza. Perché è convinto che parole come "anima" o "spirito" abbiano perso ormai la loro forza originaria e siano schiacciate dall'eccessiva "sedimentazione di significati". Il fatto è che più ci si "avvicina al nucleo del lato interiore dell'uomo", più il linguaggio perde la "capacità di penetrare l'essenza delle cose". A rigor di termini "l'*interno* non è un *luogo* – scrive Kasai – ma un *istante* in cui l'uomo si fonde con il cosmo, la natura e il corpo", qualcosa che "compare come una piccola ferita nel momento in cui l'uomo e le cose s'incontrano, una piccola ferita tanto illimitata da inghiottire la volta celeste"[8]. L'interno è un movimento di energia. Niente di misterioso né di mistico[9]. Perché come spiega la stessa fisica ogni cosa è un movimento continuo di energia.

Leggere il *libro chiamato corpo*, vuol dire leggere *il lato interiore della materia* – corpo e natura – riconoscere il legame fra

---

8. Cfr. il paragrafo: *L'uomo riconosce la materia dall'interno*, capitolo 1 del testo che segue.
9. Cfr. Dr Nader Butto, *Il settimo senso. Un nuovo e rivoluzionario approccio terapeutico*, Roma, Edizioni Mediterranee, 2012, pag 12; 1ª ed. 1998: «Secondo la tradizione cinese, l'energia cosmica viene definita come una forza, reale o potenziale che agisce quale veicolo o agente di cambio di un Universo in cui tutte le cose e tutti gli eventi sono interconnessi. Il cosmo è visto come realtà unica e indivisibile, in eterno movimento, animata, organica, materiale e spirituale nello stesso tempo. L'obiettività del paradigma di energia viene dimostrata nei diversi stadi di sviluppo della storia della medicina occidentale che va da Mesmer fino a Wilhelm Reich e Alexander Lowen, passando per Freud e Jung. Il capolavoro clinico-teorico, nonché sperimentale, di Reich ha poi un interesse speciale, giacché il suo lavoro, sia a livello generale che specifico, arriva, anche se in maniera incompleta, alle stesse conclusioni dei cinesi». Cfr. anche Alexander Lowen, *Bioenergetica*, Milano, Feltrinelli, 2007, pag. 37; 1ªed. 1975: «L'energia entra in gioco nel movimento di tutte le cose viventi e inanimate. La scienza odierna ritiene che questa energia sia di natura elettrica. Ma a questo riguardo, specialmente rispetto agli organismi viventi, ci sono anche altri punti di vista. Reich postulò l'esistenza di un'energia cosmica di base, che chiamò orgone, la cui natura non era elettrica. La filosofia cinese postula l'esistenza di due energie, lo *yin* e lo *yang*, che hanno un rapporto reciproco di polarità».

l'interno del corpo e l'interno della natura. Ma il principale ostacolo al riconoscimento di questo legame per Kasai è innanzitutto un equivoco che riguarda l'identità della materia. Che cos'è la materia?: "In Occidente la materia è il corpo – risponde – In Oriente in definitiva la materia non esiste"[10].

Vero è che, almeno fino all'avvento della fisica moderna, la materia è un concetto completamente differente nella tradizione culturale orientale e in quella occidentale. L'Occidente ha creato le scienze naturali sull'osservazione della materia dall'esterno, misurando un mondo pensato come oggettivo e immutabile, dove solo ciò che è fisicamente osservabile è reale e dove ogni causa produce un effetto. Il principio filosofico che ha fondato questo modello meccanicista è l'idea cartesiana di separazione fra spirito e materia: l'uomo è consapevole di se stesso come un io isolato che vive "all'interno" del proprio corpo, e il mondo viene descritto senza tener mai conto di colui che l'osserva.

Al contrario, gli orientali hanno sempre studiato la materia dall'interno, seguendo un modello organicista che prevede l'esistenza di un'energia cosmica, una forza attiva in un mondo in cui i fenomeni sono collegati fra loro e sono considerati tutti differenti manifestazioni della stessa realtà ultima: "Una realtà indivisibile, in eterno movimento, animata, organica, materiale e spirituale nello stesso tempo"[11]. Una prospettiva che determina anche un differente modo di considerare il corpo: "Gli occidentali sono abituati a considerare come corpo tutto ciò che è delimitato e contenuto dalla pelle – spiega Kasai – mentre per gli orientali questa dimensione è soltanto un'illusione: il corpo si espande all'infinito anche all'esterno della pelle"[12].

---

10. Cfr. Sondra Horton Fraleigh, *Interview with Akira Kasai*, in *Dancing into Darkness. Butoh, Zen and Japan*, Pittsburgh, University of Pittsburgh Press, 1999, pagg. 231-238.
11. Fritjof Capra, *Il Tao della fisica*, Milano, Adelphi, 1ª ed. digitale 2014, pos. 235; 1ª ed. 1975.
12. Akira Kasai durante un workshop a Tuscania, luglio 2011.

Oggi sappiamo che la materia non è altro che una forma di energia e le stesse particelle elementari che la compongono sono forme dinamiche che si trasformano incessantemente, creando un continuo movimento. Sappiamo che le entità materiali non sono entità individuali separate ma, attraverso questa energia cosmica, sono strettamente connesse al loro ambiente[13]. La teoria della relatività e la meccanica quantistica hanno modificato profondamente i parametri dell'osservazione scientifica, tanto che la fisica moderna rivendica oggi una corrispondenza e una condivisione dei medesimi concetti di base delle filosofie orientali: "L'unità e l'interdipendenza di tutti i fenomeni e la natura intrinsecamente dinamica dell'universo"[14]. Quando ci si occupa della materia a livello atomico, la natura diventa una complessa rete di relazioni tra le varie parti del tutto che include sempre l'osservatore come elemento essenziale, perché "le proprietà di qualsiasi oggetto atomico possono essere capite soltanto nei termini dell'interazione dell'oggetto con l'osservatore"[15]. Ciò significa che, nella fisica atomica, "non possiamo mai parlare della natura senza parlare, nello stesso tempo, di noi stessi"[16].

Allo stesso modo Kasai parte dal presupposto che la realtà è sempre una relazione fra l'interno, la coscienza e la materia – ovvero fra la dimensione energetica dell'esperienza, la forza

---

13. Cfr. per esempio Fritjof Capra: «Nel ventesimo secolo, l'esplorazione del mondo subatomico ha rivelato la natura intrinsecamente dinamica della materia; ha mostrato che i costituenti dell'atomo, le particelle subatomiche, sono configurazioni dinamiche che non esistono in quanto entità isolate, ma in quanto parti integranti di una inestricabile rete di interazioni. Queste interazioni comportano un flusso incessante di energia che si manifesta come scambio di particelle; un'azione reciproca dinamica in cui le particelle sono create e distrutte in un processo senza fine, in una continua variazione di configurazioni di energia. Le interazioni tra particelle danno origine alle strutture stabili che formano il mondo materiale, il quale a sua volta non rimane statico, ma oscilla in movimenti ritmici. L'intero universo è quindi impegnato in un movimento e in un'attività senza fine, in una incessante danza cosmica di energia» (cfr. Fritjof Capra, *cit.*, pos. 3248).
14. Fritjof Capra, *cit.*; pos. 247. Cfr. anche Amit Goswami, *Guida all'illuminazione quantica. L'integrazione fra scienza e coscienza*, cit.
15. Fritjof Capra, *cit.*; pos. 976.
16. Fritjof Capra, *cit.*; pos. 981.

un funambolo sospeso tra due mondi

che percepisce la vita e il corpo fisico. E se l'esoterismo parla dell'interno del corpo in termini di *corpo eterico* o di *corpo astrale*[17], queste espressioni per Kasai sono oramai inadeguate a evocare la realtà che rappresentano. Per indagare l'interno della materia lui preferisce piuttosto riformulare parole di uso abituale come *natura* e *cosmo*.
Natura è un paesaggio di fiumi mari e montagne. E, seppure distante migliaia di anni luce, se continua a restare accessibile alla vista è natura anche quello spazio di stelle e pianeti del cielo notturno che normalmente chiamiamo cosmo. Perché il cosmo non è lo spazio infinito, ma è un mondo che pur non essendo immediatamente visibile può essere percepito come forma di energia. Kasai lo definisce "il mondo interiore della natura" e, come il "mondo interiore dell'uomo", non può essere osservato con i metodi abituali della scienza perché non riguarda rapporti di causalità tra fenomeni, ma qualcosa che identifichiamo

---

17. Cfr. Heiner Ullrich, *Rudolf Steiner (1861-1925)* in «Prospects: the quarterly review of comparative education» (Prospettive: la rassegna trimestrale di educazione comparata), Parigi, Unesco: Ufficio internazionale dell'Educazione, vol.XXIV, n. 3/4, 1994, pagg. 555-572: «Nel metodo antroposofico, la natura umana è presentata come combinazione genetica di quattro forze o elementi cosmici: il *corpo fisico* che è il solo visibile e nel quale si applicano le leggi meccaniche del regno minerale; secondariamente, nascosto, il *corpo eterico* o vitale, in cui le forze di sviluppo e della riproduzione sono attive proprio quanto lo sono nel regno vegetale; in terzo luogo, l'occulto *corpo astrale* o sensibile che porta le forze animali degli istinti, dei desideri e delle passioni; e, in quarto luogo, il *corpo umano individuale* che è costantemente reincarnato e raffina e interpreta gli altri elementi con la propria essenza». Si tratta di una prima formulazione alla quale, nei suoi scritti successivi, Steiner aggiunge anche una triade spirituale di sentimento, pensiero e volontà arrivando all'individuazione di sette parti costitutive dell'uomo: «Sono di carattere corporeo: il corpo fisico, il corpo eterico e il corpo astrale. Sono animici: l'anima senziente, l'anima razionale e l'anima cosciente. Nell'anima diffonde la sua luce l'io. E sono spirituali: il sé spirituale, lo spirito vitale, l'uomo-spirito. L'anima senziente e il corpo astrale sono strettamente uniti e in un certo modo formano una cosa sola; altrettanto si fa dell'anima cosciente e del sé spirituale e si può in breve indicare come "io" l'anima razionale, perché è partecipe della natura dell'io e in un certo senso è già "io", se anche non ancora cosciente della sua essenza spirituale. Si arriva così a sette parti dell'uomo: il corpo fisico, il corpo eterico, il corpo astrale, l'io, il sé spirituale, lo spirito vitale, l'uomo-spirito» (Rudolf Steiner, *La scienza occulta nelle sue linee generali*, Milano, Oscar Mondadori, 2012, pagg. 44-61; 1ª ed. 1910).

piuttosto come emozioni, pensieri, parole o desideri. Secondo la meccanica dei quanti, la materia è sia particella sia onda. Allora si può pensare che le emozioni, i pensieri, le parole o i desideri così come la realtà tangibile, possiedano una propria vibrazione energetica che irradiano nello spazio circostante. Nello stesso tempo sono le ambizioni, i sogni e le passioni a motivare le azioni di un uomo. E sarebbero azioni prive di senso se tutti gli sforzi che un uomo compie per realizzare i suoi obiettivi fossero destinati a essere annullati con la morte. Si può ammettere allora che questi sforzi corrispondano a un percorso evolutivo dell'anima, che non si annullano con la fine dell'esistenza corporea e che esiste uno spazio popolato dai desideri di chi non ha più corpo[18]. Nella dimensione interiore

---

18. Kasai presuppone che prima di essere corpo siamo stati spirito e torniamo a essere spirito dopo la morte, in uno spazio cosmico all'interno del quale restano i desideri e le emozioni degli spiriti in attesa di una nuova reincarnazione. A questo spazio fa riferimento il danzatore per dare voce a chi non ha più un corpo. Secondo Steiner «alla morte soltanto il corpo fisico muore immediatamente. Il *corpo eterico*, che ha registrato le qualità essenziali della persona nel corso della sua vita, presenta un dettagliato riassunto di questa vita al *corpo astrale*. (...) Dopo che ha assorbito il racconto panoramico del *corpo eterico*, il *corpo astrale* rimane in esistenza approssimativamente per un terzo della durata della vita di una persona. Durante questo periodo, *il corpo astrale*, in cui sono incorporati i desideri e le emozioni dell'individuo, continua a cercare il tipo di soddisfazioni che godeva sulla terra e, nella misura in cui si attacca alle soddisfazioni fisiche ed egoistiche, non può che essere frustrato. Nella seconda fase di questo processo, lo spirito dell'individuo rivive interamente la sua vita passata dalla morte alla nascita, ricevendo tutto il tempo le conseguenze delle sue azioni sulla terra così come le hanno provate i destinatari di quelle azioni. Questi ultimi restituiscono le giuste simpatie e antipatie come esperienze di apprendimento preparatorie per la prossima vita dell'individuo. La legge, o fatto spirituale, del *karma* si riferisce a un complesso processo attraverso il quale le qualità durature di ciascuna azione e dell'intera vita formano le possibilità e i compiti del momento successivo – e della prossima vita. Sulla base dell'esperienza di vita precedente, come è stata riassunta e di nuovo esperita tra la vita e la morte, il Sé individuale, o "Io", sceglie le condizioni personali e ambientali della prossime vita, compresa la scelta dei genitori, del corpo, delle disposizioni e capacità, così come le influenze importanti e gli obiettivi. I propri compiti sono significativamente condizionati dalla scelta karmica di ogni persona, proprio come i contributi karmici di ognuno di noi contribuiscono a formare, nel bene e nel male, il carattere di ogni cultura» (Robert A. McDermott, *Rudolf Steiner and Antroposophy*, in *Modern Esoteric Spirituality*, edited by Antoine Faivre - Jacob Needleman, New York, The Crossroad Publishing

l'uomo e la natura sono collegati e condividono questo spazio saturo di esseri che vivono senza possedere un corpo, come pure delle vibrazioni energetiche di parole ed emozioni. Il mondo interiore di ogni individuo è collegato al cosmo perché "tutto ciò che si genera dall'interno dell'uomo, amore e odio, condivisione e avversione, fluisce nel cosmo".

Kasai è convinto che "il corpo umano, superato un determinato periodo della vita che gli è assegnata, può espandersi nello spazio-tempo infinito che precede la nascita e segue la morte raggiungendo la sua piena fioritura"[19]. Nella sua parentesi corporea normalmente accede alla dimensione fenomenica della vita, e riesce a toccare la forza che la sostiene soltanto quando provoca una trasformazione della forma di un organismo: una foglia che nasce su una pianta, un bambino che cresce, un corpo che si ammala. Tuttavia esiste una possibilità di accedere a questa dimensione vitale prima che il corpo si espanda materialmente nel cosmo, grazie all'immaginazione – e dunque all'azione volontaria dei sensi – e alla forza della vocalizzazione.

Secondo Kasai noi possediamo apparentemente un solo corpo, il corpo "a dimensione naturale" limitato dall'epidermide che segna il confine fra interno ed esterno. Ma questo corpo, che possiamo chiamare *corpo individuale*, contiene a sua volta altri tre corpi: il *corpo etnico* che è comune a tutti coloro che condividono una medesima lingua materna e si forma entro i tre anni, il *corpo terrestre* che esiste in comunione con il pianeta Terra e corrisponde al periodo che va dal concepimento alla nascita, e il *corpo cosmico* che è condiviso con il cosmo intero e corrisponde a qualcosa che chiamiamo spirito e coscienza, alla forza che percepisce la vita la orienta e ne è il motore. La sua idea è che vivere – e danzare – usando solo il *corpo individuale* finisce per impoverire e distruggere il corpo stesso[20]. Ma imparando a

---

Company, 1992, pag. 297). Sullo stesso argomento, confronta anche: Rudolf Steiner, *La scienza occulta nelle sue linee generali*, cit., pagg. 73-80.
19. Cfr. il paragrafo *L'azione delle cinque vocali* nel capitolo 2 del testo di Kasai che segue.
20. Akira Kasai durante un workshop a Tuscania, luglio 2011.

leggere il libro chiamato corpo, ovvero a leggere la vita nella sua essenza, possiamo trovare una nuova fonte di energia e sentire noi stessi parte di un tutto che oltrepassa e contiene il singolo. In particolare attraverso la forza della vocalizzazione è possibile riattivare, in maniera consapevole, quel processo di crescita del corpo che inconsapevolmente i suoni della lingua materna hanno innescato nello stadio fetale della nostra esistenza e fino ai tre anni, quando non c'è ancora nessuna differenza sostanziale tra io e mondo. Attraverso la forza della vocalizzazione ogni individuo può ricreare il *corpo terrestre* e il *corpo etnico* ed entrare in uno spazio puro creato dalla coscienza, dove ogni cosa esiste come potenzialità. E dove ogni cosa diventa reale grazie all'amore.

La finestra sull'oceano

Danza da cinquant'anni in tutto il mondo, ma quando presenta il suo lavoro Akira Kasai dice che "il vero risultato della danza è invisibile" e che "il successo, i premi, i riconoscimenti non significano niente" per un danzatore: la danza è solo "una ricerca sul proprio corpo"[21]. Il suo obiettivo è creare un corpo nuovo attraverso la ricostruzione della relazione corpo-parola. E per questo ha elaborato un sistema di allenamento ispirato al "legame cosmico fra consonante e vocale" che si realizza nella letteratura precedente la scrittura: un tempo mitico in cui la parola non è "paralizzata dall'ipertrofia del significato" ed è ancora in grado di generare un "flusso di vita" fra gli esseri umani. Con l'idea che utilizzare il linguaggio per costruire il corpo, possa restituire la ricchezza e l'originalità di ciascuna etnia all'interno di un mondo globalizzato. E possa ridare verità alle parole distratte di un'abitudine alla comunicazione superficiale, che ha perduto qualsiasi intimità e ridotto la politica a vuota propaganda di se stessa[22].

---

21. Da una conversazione con Maria Pia D'Orazi, Palermo, luglio 2012.
22. «La politica in era globale è un'apparenza senza contenuto, è solo menzogna e

Settantadue anni, fisico asciutto di muscoli e nervi, lo sguardo acceso di chi non ha mai smesso di farsi domande, Kasai danza da solo o con la sua compagnia di euritmisti, con danzatori di contemporanea, di butō, étoile del balletto, con musicisti del teatro tradizionale e pianisti di musica classica[23], insegna in giro per il mondo e porta avanti una scuola a Tōkyō da quasi cinquant'anni. Intorno a sé una moglie, tre figli maschi, decine di allievi ed ex allievi ormai professionisti indipendenti, una collettività di artisti e la memoria dell'incontro con alcuni uomini straordinari: Kazuo Ōno, Tatsumi Hijikata, Tatsuhiko Shibusawa, Yukio Mishima, Minoru Yoshioka, Taruho Inagaki.

Se ti chiedi da dove arriva puoi immaginare una grande penisola tutta verde stretta fra le montagne e l'Oceano Pacifico a ridosso di tre grandi città: Nagoya, Ōsaka e Kyōto. È la più grande penisola del Giappone al centro dell'isola di Honshū e si chiama Kii. Tanto ricca da essere ricordata come "la terra delle provvigioni imperiali" in memoria di un tempo in cui forniva a Corte alimenti di ogni tipo. Luogo dei misteriosi guerrieri *Ninja* e di *Ama*, leggendarie pescatrici di perle rese famose in Italia dagli scatti di Fosco Maraini[24]. Dimora del più importante

---

non possiede più morale (...) Credo che l'unica vera guerra del futuro sarà quella fra politica e cultura, perché nell'arte è ancora possibile creare rapporti veri basati sul sentimento e prima o poi la cultura comincerà a protestare contro la politica che non ha più cuore» (Akira Kasai, durante un'intervista inedita con Maria Pia D'Orazi a Tuscania, luglio 2011.)

23. Il riferimento è solo ad alcune delle sue numerose collaborazioni: i *Dairakudakan* di Akaji Maro, la compagnia *Batik* di Ikuyo Kuroda, Setsuko Yamada, Naoko Shirakawa, Kuniko Kisanuki e Kim Itoh, Pierre Darde (étoile della Paris Opéra Ballet Company), Farouk Ruzimatov (primo ballerino del Kirov Ballet di San Pietroburgo) o il pianista Yuji Takahashi. In Italia è arrivato per la prima volta nel 1998. Tra i suoi ultimi progetti anche: la presentazione dello spettacolo *Utsurobune – Il battello fantasma* (Japan Dance Forum Prize 2011) all'Accademia Nazionale di Danza di Roma (luglio 2012); la partecipazione alla prima edizione del Festival "Persefone - Danza al confine tra due mondi. Dal butō italiano all'euritmia giapponese" (Tuscania 2011) con *R-Mohals. Le mammelle dell'Italia*; il *Progetto Eliogabalo – Tre studi su Artaud* residenza coreografica per Liòs e NON-company sulla musica dei Carmina Burana di Carl Orff (Roma e Palermo, 2009-2010); l'intervento al Museo Nazionale Archeologico di Napoli all'interno del progetto Site Specific "Danza e mitologia" (2009 e 2010).

24. Fosco Maraini, *L'incanto delle donne del mare*, Firenze, Giunti Editore, 2012.

santuario scintoista del Giappone – il Tempio di Ise, dedicato alla dea del sole Amaterasu, progenitrice della famiglia imperiale – e della foresta sacra di Kumano – un groviglio di antiche vie di pellegrinaggio spirituale diventato patrimonio dell'umanità[25]. È la foresta dove abitano gli Dei, attraversata dal fiume Honmyōgawa, che Masaru Emoto ha seguito nel suo cammino verso il mare per fotografarne i cristalli d'acqua[26]. Kasai è nato nella città di Tsu, capoluogo della prefettura di Mie, un posto di circa duecentocinquantamila abitanti nella costa orientale della penisola affacciato sulla Baia di Ise. Padre giudice e mamma musicista, cresce in una famiglia di provincia molto sensibile all'istruzione, secondo la moda della buona borghesia della Tōkyō dell'epoca. Circondato da un ambiente aperto alle influenze della cultura Occidentale, ne assorbe i toni e gli umori come il "naturale stato delle cose"[27]. Il nonno e la madre sono

25. Si tratta di un'insieme di antichi sentieri di pellegrinaggio che attraversa la penisola di Kii in direzione del Kumano Senzan (熊野三山) un sito sacro che comprende i Tre grandi templi di Kumano: Hongū, Nachi e Hayatama, conosciuto come Kumano Kodō (熊野古道).
Esistenti fin dal periodo Heian (794-1192), questi sentieri sono stati classificati dall'Unesco Patrimonio Mondiale dell'Umanità nel luglio del 2004. Per circa 1000 anni credenti di ogni rango, dai nobili agli imperatori, hanno attraversato le montagne sottoponendosi a rituali di purificazione della mente e del corpo – come la tipica immersione nell'acqua fredda (*misogi*) – invocando l'aiuto delle divinità di Kumano e del Budda. Associato con la mitica terra dei morti (*Yumi-no-Kuni*) e con i paradisi celesti del Buddismo, Kumano è un nome legato a un profondo senso di mistero e timore.
26. Cfr. Masaru Emoto, *L'insegnamento dell'acqua. Il suo messaggio*, Roma, Edizioni Mediterranee, 2009, pagg. 120-124; 1ª ed. 2001. Masaru Emoto (1943-2014) è uno scienziato e ricercatore giapponese che ha sviluppato una tecnica per esaminare al microscopio e fotografare i cristalli che si formano durante il congelamento dell'acqua. Attraverso le sue fotografie ha gettato uno sguardo "sull'invisibile mondo delle *onde*", ovvero sulla dimensione energetica della materia, ricavandone la teoria della *memoria dell'acqua*. L'idea è che "tutto nell'universo vibra nella frequenza sua propria che può essere percepita come onda" e che l'acqua avverte con molta precisione le vibrazioni e ne prende atto. Esponendo l'acqua a diversi "messaggi" – parole scritte o parole pronunciate, musica o preghiere, luoghi diversi come un ambiente inquinato di città o incontaminato di montagna – ha dimostrato che la sua struttura si modifica e risponde creando cristalli con differenti gradazioni di armonia, perfezione e bellezza.
27. Cfr. Tatsuro Ishii, *Artist Interview. A look into the choreographic art of Akira Kasai, fifty years after entering the world of Butoh*, «PAJ Performing Arts Network Japan», 2013 February 26th, pag. 5.

attivi cristiani e nella sua casa, un vero e proprio "modello del modernismo del periodo Taishō"[28], si fermano spesso a dormire musicisti stranieri in viaggio. Per via del nonno banchiere che parlava bene l'inglese e faceva spesso l'interprete quando arrivavano dall'estero personalità di spicco del mondo culturale. Si trasferisce a Tōkyō alla fine degli anni Cinquanta, scomparso il padre nel naufragio di una nave. Da studente delle scuole superiori fa l'insegnante di sci e di aikidō, va in montagna e scrive poesie. A scuola conosce Hisako, che è ancora la sua più stretta collaboratrice. Sembra che l'abbia chiesta in moglie tre volte prima di ricevere un sì: la prima da studente, la seconda da laureato, la terza da impiegato; ma tre mesi dopo il matrimonio aveva già lasciato il suo impiego. Lei lo ha sposato perché ha capito all'istante che con quell'uomo non si sarebbe annoiata mai. Negli anni Sessanta entrambi partecipano alle attività teatrali dell'Università. È un momento di grande fermento politico e il teatro studentesco è legato ai movimenti culturali di protesta[29]. Kasai studia economia ma vuole fare l'attore: diventare "una star del cinema". Poi, l'idea di esprimersi attraverso tutto il corpo lo porta verso la danza[30] e, a 18 anni, entra nella di scuola di danza espressionista tenuta a Tōkyō da un ex allievo di Mary Wigman, Takaya Eguchi[31].

---

28. *Ibidem*. L'epoca Taishō va dal 1912 al 1926.
29. Il movimento d'avanguardia degli anni Sessanta proviene in parte dall'attività di propaganda che ebbe luogo intorno al contestato rinnovo del Trattato di Reciproca Sicurezza Stati Uniti – Giappone e in parte usò il proprio il teatro come espressione di un dissenso politico: «I più rappresentativi di questa tendenza sono stati il Teatro di situazione (*Jōkyō Gekijō*) di Jūrō Kara, il Piccolo teatro Waseda (*Waseda Shōgekijō*) di Tadashi Suzuki, la Tenda nera (*Kuro Tento*) di Tsuno Kaitaro e Saeki Ryūko, Les Enfants du Paradis (*Tenjō Sajiki*) di Shuji Terayama. Tutti influenzati, all'inizio della loro carriera artistica, dal *Seigei* (Seinen Geijutsu Gekijo), il Giovane Teatro d'Arte – un teatro impegnato e attivo politicamente, ispirato al teatro politico di Brecht – che si era costituito dopo aver avuto delle divergenze con la generazione più vecchia sul problema del Trattato di Sicurezza» (cfr. Maria Pia D'Orazi, *Kazuo Ōno*, Palermo, L'Epos, 2001, pagg. 99-100; e David Goodman, *Japanese Drama and Culture in the 1960s. The return of the gods*, New York, M.E. Sharp, 1988, pagg. 8-23).
30. Intervista inedita di Maria Pia D'Orazi con Hisako Kasai, Tōkyō, agosto 2010.
31. Takaya Eguchi (1900-1977) era stato allievo di Mary Wigman in Germania. Kasai studia nella sua scuola dal 1961 al 1964.

È là che sente parlare di Kazuo Ōno, un insegnante un po' originale che segue un metodo tutto suo: quando mostra una coreografia si mette a improvvisare tra una posizione di danza e l'altra invece di lasciar scorrere ciascuna figura; i suoi movimenti seguono percorsi immaginari prima di arrivare a destinazione e, cosa del tutto insolita, mette sempre i piedi rivolti leggermente all'interno. Di tanto in tanto Ōno sostituisce il suo insegnante di allora[32], ma Kasai non segue quelle lezioni. Poi gli capita di ascoltare negli spogliatoi alcuni allievi che parlano di uno spettacolo ridacchiando fra loro. Non capisce bene di cosa si tratti ma gli arrivano distintamente il nome di Ōno e tre concetti: un pezzo di carne; danza con le dita; vestito da donna. Dopo oltre dieci anni di attività nella danza moderna, Ōno ha iniziato a collaborare con un danzatore sperimentale di nome Tatsumi Hijikata. Hijikata, che aveva studiato danza espressionista ma anche balletto, jazz, flamenco e gli stili tradizionali giapponesi, si era convinto che il corpo ha una sua autonomia di linguaggio che non può essere ricondotta a nessuno stile. Insieme cercano nuove possibilità. Nel loro primo esperimento intitolato *Divine*[33], Ōno appare con un abito da donna – cosa scandalosa per l'epoca – e si muove accanto a un pezzo di carne di manzo sospeso in aria. La sua è una danza inconsueta che coinvolge persino le dita, e finisce con quella caratteristica posa della mano destra accanto al volto con il mignolo alzato, che resterà una delle sue immagini più famose. È allora che Kasai s'incuriosisce e pensa: "Quest'uomo non deve essere affatto un tipo banale". Decide di andare a studiare con lui. Chiede una lettera di presentazione

---

32. A memoria di Akira Kasai si tratta di un insegnante di nome Jean Nouveau.
33. Nel 1959 Tatsumi Hijikata coreografa il primo pezzo per Ōno ispirato al personaggio di Divine, dal romanzo *Notre Dame de Fleurs* di Jean Genet: un vecchio travestito malato di turbercolosi che va incontro alla sua fine. Il pezzo appare nella seconda versione di *Kinjiki* (Colori proibiti): cinque minuti di danza ispirati all'omonimo romanzo di Yukio Mishima, che quello stesso anno segnarono la nascita ufficiale della danza butō. *Divine* sarà anche l'inizio dello spettacolo *Ammirando L'Argentina* (1977) che per Ōno ha rappresentato la compiuta elaborazione di uno stile personale e segnato l'inizio di una fortunata carriera internazionale.

al suo insegnante che non gliela vuole fare. Gliela chiede una seconda volta e la ottiene. Si presenta nello studio di Yokohama un giorno di pioggia di primavera. Lui non ha ancora compiuto vent'anni; Kazuo Ōno ne ha 56 anni e non è ancora la leggenda di fama mondiale che diventerà circa vent'anni dopo. Kasai percorre la lunga salita della collina nel quartiere di Kamihoshigawa, apre la porta d'ingresso, vede il maestro in controluce e sente subito di essere di fronte a un tipo d'uomo che non aveva mai conosciuto prima: non aveva l'aria severa di chi è abituato a dare ordini come si usava nelle scuole di allora. Se ne andava in giro in motocicletta, insegnava in una scuola femminile, si esibiva nei teatri underground. Era una persona con cui avevi subito familiarità: "Era un uomo che aveva un'anima estremamente morbida e femminile, una persona capace di accettare qualsiasi cosa senza mai imporre nessuna regola agli altri"[34]. Kasai racconta d'essere stato colpito, più che dalla danza di Ōno, dal fatto che potesse esistere una persona così accogliente e incapace di discriminazione. Perché per lui "la danza è importante, ma ancora più importante è il corpo e la vita quotidiana che si trovano alla base della danza"[35]. Kasai poteva chiamare Ōno alle due del mattino perché gli era venuta in mente un'idea sulla danza e si sarebbero messi a discutere e lui lo avrebbe trovato del tutto normale. Non si arrabbiava mai. E se durante la lezione magari capitava che un operaio del cantiere vicino venisse a curiosare, allora Ōno lo invitava a danzare: "Stiamo danzando, vieni, vieni a danzare con noi". Niente a che vedere con una specie di santo o di illuminato: "C'era in lui anche qualcosa di torbido e di misterioso, lui era un re ed era un servo"[36]. E il suo lato oscuro era qualcosa che, secondo Kasai, era legato forse alla sua esperienza della guerra[37].

---

34. Cfr. Akira Kasai in *Ima mata odori hajimemashō* (Adesso cominciamo a danzare di nuovo!), «Gendaishi Techo», n° 9, September 2010, pagg. 76-85.
35. *Ibidem*.
36. Hisako Kasai in *Ima mata odori hajimemashō*, cit., pagg. 76-85.
37. Kazuo Ōno ha avuto a che fare con la guerra per otto anni dal 1938 al 1946,

All'epoca lo studio di Ōno è quasi deserto e per tre anni Kasai ha un maestro tutto per sé. Boschi e montagne tutt'intorno, il ritmo di un tamburo in sottofondo e Ōno che lancia parole come immagini per stimolare la danza. Le lezioni vanno avanti così. A volte si allena da solo perché Ōno è anche una specie di assistente del preside della scuola in cui insegna e capita che lavori fino a sera tardi. Ōno parla molto e spesso racconta di sua madre, che ha perso solo un anno prima[38]: "Parlava dei suoi ultimi

---

prima come tenente e poi come ufficiale del controspionaggio nel conflitto Sino-Giapponese, che è stato il più grande conflitto asiatico del XX Secolo; combattuto prima e durante la seconda guerra mondiale e terminato con la resa incondizionata del Giappone il 2 settembre del 1945, ha provocato la morte di circa 1 milione di soldati giapponesi e 20 milioni di cinesi di cui 17 milioni erano civili. Gli ultimi sei mesi Ōno è stato deportato in un campo di prigionia in Nuova Guinea.
Nel ricordo di Kasai: «Ōno era una specie di capo dello spionaggio e quindi, quando stava in Cina, una sera era riuscito a procurarsi due tonnellate di mercurio. Lui parlava di queste cose, però c'era una linea oltre la quale non si spingeva mai, oltre la quale c'era la morte e la sofferenza degli uomini. L'italiano Giorgio Agamben ha scritto un libro sul modo in cui interpretare le testimonianze dei sopravvissuti ai lager nel quale conclude che, dopo un'esperienza simile, l'unica possibilità è il silenzio. Quello che io penso è che tutta la parte indicibile dell'esperienza di Ōno era qualche cosa che non poteva diventare parola ma che, nello stesso tempo, doveva essere assolutamente accolta». Secondo Kasai, Ōno era un uomo "giapponese" al modo antico così come lo erano Shibusawa e Mishima. Qualcuno in grado di "prendersi cura di qualcun altro, anche al di fuori delle regole della società": «Ognuno di loro realizza questo valore in modi differenti, ma nel caso di Ōno si esprime con la volontà di saldare i conti con il passato del Giappone prendendosene carico. Perché lui pensava di avere una responsabilità nei confronti del presente che è stato consegnato alle nuove generazioni, e sentiva di non poter abbandonare i giovani a se stessi. Legava se stesso a qualsiasi cosa succedesse, per esempio se leggeva di un omicidio sulle pagine di cronaca, diceva sempre che c'era una sua complicità in quell'omicidio. (...) In qualche modo era una persona che aveva sulle spalle il peso della guerra ed è riuscito a fare con la danza tutto quello che ha fatto solo perché sentiva il bisogno di esternare questo peso legandolo alla danza» (cfr. Akira Kasai in *Ima mata odori hajimemashō*, cit., pagg. 76-85). Kasai si riferisce al libro di Giorgio Agamben, *Quel che resta di Auschwitz. L'archivio e il testimone*, Torino, Bollati Boringhieri, 1998.
38. Cfr. Kazuo Ōno, *Il testamento di mia madre*, trad. italiana in Maria Pia D'Orazi, *Butō. la nuova danza giapponese*, Roma, E&A Editori Associati, 1997, pag. 114: «Quando mia madre stava per morire, sudava tanto da bagnare istantaneamente sia il letto che il *tatami* di sotto. Continuavo a cambiare il materasso, ma subito lo ritrovavo fumante di vapore. Era una scena spaventosa a vedersi. Potevo sentire tutta la violenza con cui si manifestava l'ultimo bagliore di vita. Ho sentito mia madre mormorare inconsciamente: "Nel mio corpo sta nuotando una sogliola"».

giorni, di come sua madre sudasse così tanto che il materasso si bagnava al punto da doverlo cambiare di continuo"[39] racconta Kasai. Quando una sera arriva con un grillo dentro a una gabbia dicendo "questo grillo è mia madre", Kasai resta perplesso ma rimane in silenzio e assorbe la suggestione così profondamente che quella fantasia continuerà a scorrere nel suo corpo ancora per un decennio.

Durante la seconda lezione Ōno gli chiede di "osservare il mondo, con occhi di piombo". Lui allora "pianta due masse di piombo al posto dei globi oculari e comincia lentamente a muoversi sentendo se stesso discendere gradualmente nella quiete, nella tenebra che rifiuta tutto ciò che è umano, nel luogo dove il tempo e lo spazio non esistono più"[40]. Ripensando a quel periodo sintetizza la sua esperienza in una frase: il lavoro fatto con Kazuo Ōno consisteva in un modo di "entrare all'interno del corpo"[41]. Grazie all'immaginazione compare qui uno spazio senza limiti, dove ogni esperienza corrisponde a una diversa condizione sensoriale ed energetica. Quando ripropone l'esercizio agli allievi durante i suoi laboratori, spiega che se si dovesse considerare il piombo "dall'esterno" – secondo il metodo delle scienze naturali – bisognerebbe pensarlo come un elemento riconoscibile attraverso una serie di informazioni su massa, peso o colore. Ma se si considera la parola al di là del suo significato e si percepisce come un flusso d'energia – come accade a un bambino che non conosce ancora la lingua – allora si può guardare il piombo "dall'interno". Un esercizio simile secondo Kasai rappresenta "l'entrata nella respirazione branchiale", ovvero lo stesso tipo di respirazione che possiede il

---

(...) Una sogliola. Mentre si rassegnava al suo dolore, il corpo rannicchiato sul fondo del mare a poco a poco diventava piatto e i suoi occhi arrivavano lontano e scoprivano i segreti del mare».
39. Cfr. Akira Kasai in *Ima mata odori hajimemashō*, cit.
40. Cfr. Akira Kasai nel paragrafo *L'uomo comprende e riconosce la materia dall'interno*, capitolo 1 del testo che segue.
41. *Ibidem*.

feto nell'utero materno, quando è in grado di percepire tutto ciò che avviene nel mondo, anche se al mondo non può accedere tramite la vista: si tratta di "inspirare con le orecchie ed espirare con le narici", ascoltare ciò che dall'esterno arriva sotto forma di voce oppure d'immagine una volta che il corpo, avendo eliminato la vista, non è più solo ciò che è racchiuso dentro la pelle ma è "rovesciato" e si confonde con il mondo esterno. La memoria non esiste ancora a condizionare la percezione. La lingua non conosce ancora la distinzione tra forma e significato. E la parola produce un'esperienza di creazione che corrisponde ogni volta a una sorpresa. In quel momento – spiega – "qualcosa si genera nell'incontro tra me stesso e il piombo" e si apre uno spazio illimitato che offre la possibilità di attingere a stimoli infiniti: è lo spazio dell'immaginazione[42].

L'immaginazione lega l'uomo e la materia dall'interno. Kasai sostiene che "muovere il corpo vuol dire rovesciare il corpo, in modo che ciò che è interno diventa esterno e viceversa, tutto ciò che è esterno finisce all'interno del corpo"[43]. L'interno però non si può vedere, si può solo sentire. E per entrare all'interno della materia c'è un'unica via d'accesso: la porta dell'immaginazione. Come funziona? "Se prendo un sasso posso dire da un punto di vista scientifico che è una pietra e non è me, è un oggetto – spiega. All'inizio non c'è niente fra me e il sasso. Ma nel momento in cui l'oggetto sasso mi offre un'immagine, allora si forma un legame. Comincia qualcosa. Per esempio posso pensare che questo sasso è il mio dente e che con questo dente io mangio il mondo, mangio il tempo, mangio i vegetali e così avanti all'infinito. Perché l'immagine serve a estrarre un'immaginazione infinita dalla materia. È come l'incontro tra un uomo e una donna. S'incontrano due persone che non si conoscono. E nessuno sa come si svolgerà né come andrà a finire il loro legame. Ma è per questo che ci s'incontra"[44]. Nella danza, come nella vita,

---

42. Akira Kasai durante un workshop a Roma, maggio 2014.
43. *Ibidem*.
44. *Ibidem*.

bisogna essere disposti a fare un salto nell'ignoto e rinunciare a un po' di sé. È una grande avventura. Serve coraggio. Il coraggio di mettere a rischio la propria sicurezza e di essere disposti a "trasformarsi all'infinito"[45].
Kasai diventa allievo di Ōno nella primavera del '63 e sei mesi dopo è pronto per la scena. Sarà un anno "cruciale" e non solo per questo. Un amico gli propone di far scendere dall'alto una pioggia di cento pulcini e lui finisce per coinvolgere nel progetto il suo maestro. Al cattolicissimo Ōno non piace quell'idea che può provocare la morte di innocenti esseri viventi. Poi si convince e lascia fare. Ne viene fuori *Gigi* (Sacrificio rituale)[46]. Hijikata non assiste allo spettacolo ma qualcuno glielo racconta destando la sua curiosità. S'incontrano nel mese di dicembre e a primavera Kasai arriva nel suo studio. In quel momento Hijikata è impegnato in una serie di esperimenti destinati a cambiare il paesaggio della danza contemporanea e la stessa nozione di corpo. È l'epoca dei *Dance Experience*: sperimentazioni sulla percezione, sul peso, sulla gravità. È l'azzeramento della tecnica

---

45. *Ibidem*.
46. Lo spettacolo va in scena al Ginza Hall nel mese di ottobre. Kasai racconta quest'esperienza in un'intervista: «Inizialmente credo che Ōno abbia molto sofferto e sia stato molto combattuto. Non mi ricordo in concreto cosa mi ha detto però io credo che abbia cercato di convincermi a trovare qualche altro metodo. All'epoca anche per Ōno era un periodo di transizione dalla danza moderna al butō, questo periodo di sperimentazione per lui è durato veramente a lungo, sono stati decenni di tentennamenti... credo sia durato almeno vent'anni, almeno fino all'*Argentina* e al suo successo mondiale. Lui in tutto questo periodo era sempre tormentato dai dubbi e io, assieme a tutti gli altri che stavano intorno a lui, non riuscivo a capire perché non faceva il passo decisivo, che poi alla fine è riuscito a compiere, dopo venti anni di tormenti, mostrando un tipo di danza completamente diversa». (Akira Kasai in *Ima mata odori hajimemashō*, cit., pagg. 76-85). Kasai si riferisce qui allo spettacolo *Ammirando L'Argentina* (La Argentina Shō) che nella carriera di Kazuo Ōno rappresenta un punto di svolta. Lo spettacolo, diretto da Tatsumi Hijikata, è stato rappresentato per la prima volta nel novembre del 1977, (al Daiichi Seimei Hall, una sala da 700 posti in un quartiere residenziale al centro di Tōkyō). All'epoca Kazuo Ōno ha 71 anni, non sale su un palco da 10 e da circa 20 non si esibisce come solista. Proprio quando tutti si aspettavano che fosse tornato per celebrare il suo addio alle scene, con questo spettacolo inizia una nuova avventura artistica di successo in tutto il mondo.

in cerca di risposte per una domanda originaria: che cos'è il corpo che danza? È la nascita del butō.

Se la danza moderna era diventata un mezzo per manifestare idee, emozioni e stati d'animo riscattando il corpo che il balletto aveva messo a illustrare musica e libretti letterari con una serie di movimenti preordinati, nel butō i termini del rapporto cambiano radicalmente. Il danzatore si trasforma in scena in un *corpo morto,* "materia che non ha alcuna volontà d'espressione ma può presentare se stessa come un magazzino della memoria fisica dei suoi atti e della memoria dell'intero universo, percepito come l'insieme di sfumature diverse d'energia"[47]. Danzare non vuol dire più muovere il corpo, quanto piuttosto "mostrare il tipo di consapevolezza che spinge il corpo a muoversi". Anche se resta immobile, "è sufficiente che sia chiara la consapevolezza del motivo per cui il corpo non si muove per poter continuare a parlare di danza"[48]. È una rivoluzione.

Di quegli esperimenti Kasai vede *Anma* (Il Massaggiatore), rappresentato per un pubblico scelto d'invitati un solo giorno: 5 novembre 1963, Sōgetsu Hall, quartiere di Asakasa. Nella sua memoria "non ci sono poltrone né luci che si spengono", la danza è già cominciata quando entra il pubblico e gli spettatori semplicemente "s'immergono nello scorrere dell'azione"[49]. È il modo con cui Hijikata mette fuori gioco la dimensione espressiva rinunciando ai codici dello spettacolo. Kasai ricorda un'atmosfera carica di nostalgia, il suono di *shamisen* e una serie di "atti assolutamente impossibili da vedere nella vita reale"[50].

---

47. Cfr. Maria Pia D'Orazi, *Il demone di Mezzogiorno. A proposito di Trasform'azioni e del Butō,* in Samantha Marenzi a cura di, *Trasform'azioni, rassegna internazionale di danza butō. Fotografia di un'esperienza,* Roma, Editoria&Spettacolo, 2010, pagg. 24-25.
48. Cfr. Akira Kasai in *Ima mata odori hajimemashō,* cit., pagg. 76-85.
49. Akira Kasai durante un workshop a Tuscania, luglio 2011.
50. *Ibidem.* Cfr. anche Maria Pia D'Orazi, *Il corpo eretico,* Padova, CasadeiLibri, 2008, pagg. 44-46: «Hijikata installa lo spazio dell'azione tra la platea e la scena: un rettangolo di *tatami* distesi a terra con il pubblico distribuito sui due lati più

Resterà il suo spettacolo preferito. Assieme a Kazuo Ōno, che rimane il solo maestro riconosciuto, prende parte a due produzioni di Hijikata: *Bara iro dance* (Danza rosa, 1965) e *Tomato* (Pomodoro, 1966). Kasai è insoddisfatto di quella danza "da scimmie" fatta di "forme precise mutuate dalla danza tedesca"[51] che aveva studiato a scuola; ma non ama neppure la maniera in cui Hijikata "riduce i corpi a oggetti". Invece di eliminare il lato espressivo lui pensa piuttosto a sviluppare il "lato interiore" della danza. I tre anni di apprendistato con Ōno lo aiutano a consolidare la convinzione che "è la forza dello spirito a muovere il corpo dall'interno"[52]. Hijikata "non era il tipo da credere che lo spirito è eterno e la materia transiente, piuttosto era convinto del contrario: che la materia è eterna

lunghi. Qui, danzatori in calzoncini chiari, il corpo nudo coperto di un materiale bianco che forma sulla pelle grumi d'incrostazioni, vengono massaggiati, corrono avanti e indietro, si lanciano una palla da un'estremità all'altra, respirano rigidi gonfiando il petto in fuori, agitano scarpe da donna e bacchette, provano contorsioni del collo e spalancano la bocca, si ingozzano di dolci alla crema mentre corrono in cerchio. Alcuni sono inerti oggetti col volto imballato da spago e carta di giornale, depositati in scena e in seguito portati via dagli artisti neodada Kumi Kazekura, Genpei Akasegawa e dal pittore Natsuyuki Nakanishi. Altri, a gruppi di due, vestiti solo da una leggera sottoveste, eseguono assieme a Hijikata il giro acrobatico della grande ruota. Ai lati anziane donne in abito tradizionale suonano lo *shamisen*. Su uno dei muri della sala, l'opera di action painting che Georges Mathieu ha realizzato nel 1957 davanti ai grandi magazzini Shirokiya, nel quartiere di Nihonbashi. Hijikata appare con indosso un kimono leggero che monta su una bicicletta oppure a torso nudo con un berretto in testa e un pollo sottobraccio irrigidito nel saluto militare. E ancora lui, assieme a due ragazzi, mentre tutti e tre esibiscono un sacchetto pendulo fra le gambe colmo di un liquido colorato, che reciprocamente si palpano soppesandolo col palmo della mano: sono appena usciti da qualche bordello e vanno a curarsi la sifilide in una stazione termale, dove fanno scorrere il pus dalle loro piaghe nell'acqua dei bagni. Hijikata lavora sulla tensione e sulla durezza. Chiede ai suoi interpreti di ricordare la fiera esaltazione provata da bambini nel ricevere i complimenti dagli adulti dopo una corsa o una partita di baseball. Prepara ogni dettaglio per tutti eccetto che per Kazuo Ōno, al quale indica solo l'entrata e l'immagine su cui lavorare: una donna prigioniera della follia. Lui appare, come una figura d'altro mondo, impegnato a rincorrere i suoi fantasmi parlando con quelle sue mani grandi che Hijikata considera autentiche incarnazioni di una rosa».
51. Akira Kasai durante un workshop a Tuscania, luglio 2011.
52. Tatsuro Ishii, *Artist Interview. A look into the choreographic art of Akira Kasai, fifty years after entering the world of Butoh*, cit., pagg. 5-6.

e lo spirito alla fine svanisce". Ma per Kasai non è possibile "creare una danza sull'idea che la materia sia l'unica costante del mondo"[53].

Per la sua prima opera da solista – *Takkei Sebo* (La crocifissa Vergine Maria, 1966) – rifiuta la coreografia di Hijikata, ma non riesce a fare altrettanto con il maestro Ōno. Mentre Hijikata si propone per la direzione artistica e produce lo spettacolo che va in scena per un pubblico selezionato d'invitati: amici e intellettuali. Kasai si vergogna di associare al suo lavoro la parola *buyō*, normalmente usata per indicare il genere di danza classico presente nel teatro tradizionale[54]. Quel termine gli fa venire in mente "il movimento svolazzante delle vergini celesti, l'immagine di qualcosa che si espande e si allunga in orizzontale" mentre lui sente di portare avanti "un'azione molto più immediata nei confronti delle cose" che somiglia piuttosto al modo in cui "nel flamenco si calpesta la terra"[55]. Quindi sostituisce il secondo ideogramma "yō" con il termine "tō" che significa pestare e nasce butō[56]. A Hijikata piace e resterà quello il termine ufficiale per la nuova danza.

Kasai osserva questi due artisti così potenti e così ossequiosi. C'è qualcosa che non riesce a comprendere nella loro relazione. Ognuno chiama l'altro maestro, nonostante Ōno abbia circa vent'anni più di Hijikata. Ognuno ascolta l'altro e gli dà ragione. Salvo poi continuare a danzare ognuno a modo proprio. Lo scontro sempre sullo stesso punto: seguire l'oggettività dell'immagine o l'ispirazione personale? Ōno si perde nel lirismo,

---

53. *Ibidem.*
54. In particolare il *buyō* indica la danza del *Kabuki*, una delle più importanti forme di teatro tradizionale giapponese nato intorno al 1600. [Cfr. Tamotsu Watanabe, *La danza giapponese*, Città di Castello (Perugia), Ali&no Editrice, 2001, pag. 13 e pagg. 25-29].
55. Cfr. Akira Kasai in *Ima mata odori hajimemashō*, cit.
56. La parola *buyō* 舞踊 è composta da due ideogrammi: *bu* 舞, che nella lettura giapponese indica il verbo *mau* e vuol dire girare; e *yō* 踊, che si legge *odoru* e vuol dire danzare. Nella parola *butō* 舞踏 invece, il secondo ideogramma *tō* 踏, si legge *fumu* e vuol dire calpestare.

Hijikata si lascia andare a un materialismo che esclude qualsiasi dimensione spirituale. Per Ōno il motore della danza è il dialogo con se stesso, o meglio "il modo in cui nel suo animo nasceva un'immagine diventava la dialettica interiore che generava la danza. Hijikata invece tendeva a eliminare completamente questa dialettica"[57]. Kasai è affascinato dalla bellezza oggettiva del "cadavere" che Hijikata porta nella danza – un corpo senza volontà espressiva che è in grado di "oggettivare qualsiasi cosa"[58] ; e nello stesso tempo è interessato anche al modo in cui Ōno usa il potere dell'immaginazione per aprire uno spazio interiore. La sua danza nasce qui e porterà costantemente con sé questi due modelli[59].

Kasai prende da Ōno la convinzione che nell'improvvisazione sia lo spirito a muovere il corpo dall'interno, e da Hijikata un metodo coreografico che non stabilisce nulla in anticipo: "È un metodo che permette di concentrarsi su ciò che intuitivamente senti fra te stesso e il danzatore quando inizi un movimento fisico vero e proprio – precisa – perché nella coreografia la cosa importante è lavorare velocemente e in modo abile, come un cuoco di sushi che prepara il *sashimi* da un pezzo di pesce fresco per un cliente. Metti il pesce sul tagliere, dai una lavata veloce, lo tagli in fette svelte e precise e lo sistemi rapidamente e con cura sul piatto. Non dovresti spendere molto tempo a pensare a razionalizzare o spiegare quello che stai facendo"[60]. E quando parla di Hijikata e Ōno descrive due artisti "molto simili e nello stesso tempo molto diversi". Ciò che li separa è il modo

---

57. Cfr. Akira Kasai in *Ima mata odori hajimemashō*, cit.
58. Sondra Horton Fraleigh, *Interview with Akira Kasai*, in *Dancing into Darkness. Butoh, Zen and Japan*, Pittsburgh, University of Pittsburgh Press, 1999, pagg. 231-238.
59. «Potrei dire che dentro me esistono due persone. O più esattamente che la mia danza è nata a partire dall'incontro con due persone: Kazuo Ōno e Tatsumi Hijikata. Entrambi hanno avuto su di me una enorme influenza» (cfr. Akira Kasai, *L'eternità nell'istante*, in Maria Pia D'Orazi, *Il corpo eretico*, Padova, CasadeiLibri, 2008, pag. 120.)
60. Tatsuro Ishii, cit., pag. 6.

di danzare: Ōno usa l'improvvisazione, Hijikata la coreografia. Ciò che li accomuna invece riguarda la creazione dell'immagine. Secondo Kasai non è possibile salire su un palcoscenico "evitando al cento per cento l'espressione", ma si può scegliere fra due modalità: la strada di Dioniso e quella di Apollo. Lui le possiede entrambe. Ai suoi allievi precisa che "nel modo dionisiaco la danza ha come fondamento ricordi, idee, immagini dei propri dolori o tutto ciò che è interno, e si basa sull'improvvisazione. Nel modo apollineo invece i movimenti partono da elementi che apparentemente non appartengono al nostro corpo; non c'è alcuna improvvisazione e la coreografia è imposta dall'esterno"[61]. Quando parla di coreografia però non parla solo di forme e movimenti. Comporre un pezzo vuol dire "individuare l'energia sprigionata dagli organi sensoriali": "A che tipo di energia corrisponde un odore? Questo genere di domanda equivale alla strada apollinea – afferma – dove ascoltare un suono non significa udire ma chiedersi perché udiamo e che tipo di energia esiste nell'udito o nella vista o nell'organo dell'olfatto"[62]. Si tratta di diventare consapevoli dell'energia messa in campo dagli organi di senso e della possibilità di utilizzarla per il movimento. Se prendiamo per esempio un pezzo per organo di Bach, "danzare usando l'impressione emotiva che ne abbiamo corrisponde al modo dionisiaco. Se invece "riflettiamo sul perché Bach ha composto quel brano, o sulle motivazioni che lo hanno portato a comporre seguendo certi ritmi e suoni e certe modalità musicali; se analizziamo quel brano con oggettività scientifica eliminando ogni tipo di pensiero o ricordo strettamente personale, come uno scienziato che analizza la natura dall'interno, allora stiamo seguendo la strada di Apollo"[63].
La danza è un modo per osservare i fenomeni naturali dall'interno, dal punto di vista delle loro forze costitutive, un modo di entrare

---

61. Akira Kasai durante un workshop a Tuscania, luglio 2011.
62. *Ibidem*.
63. *Ibidem*. Cfr. anche la nota 12 del testo di Kasai che segue.

nella dimensione energetica della materia. E sentire il movimento dall'interno è un atto che riguarda la relazione che si stabilisce fra la coscienza e la materia attraverso l'immaginazione. Sia Hijikata che Ōno usano la parola per mettere in moto l'immaginazione e trasformare il corpo. Solo che Hijikata mira a produrre una modificazione nelle condizioni fisiche ed enfatizza il lavoro corporeo che rende possibile la materializzazione di un'immagine. Mentre Ōno privilegia il lavoro sulle risonanze emotive dell'immagine stessa incorporandola direttamente nel suo mondo. La composizione in entrambi i casi non riguarda tanto un susseguirsi di movimenti fisici, quanto l'alternarsi di variazioni interne, sensoriali e mentali. Entrambi partono dalla medesima visione: il corpo come materia/entità vivente/microcosmo; la danza come un susseguirsi di "stati corporei", cambiamenti che riguardano sempre una condizione fisica mentale e spirituale insieme, sia che la composizione preceda l'esecuzione – come nella coreografia – sia che avvenga nell'atto stesso dell'esecuzione – come nell'improvvisazione.

Tuttavia in questo momento il problema per Kasai non riguarda tanto la dicotomia improvvisazione/coreografia quanto invece la natura stessa dell'immagine, la sua oggettività e la possibilità di realizzare una danza che non abbia significato soltanto per il danzatore che la esegue. Un tema che orienterà le sue scelte e i suoi silenzi fino a convincersi poi che il concetto stesso d'immagine implica il suo carattere soggettivo, perché "sia sulla scena che nel quotidiano l'uomo non può affrontare le gelide folate della vita senza il calore del *cuore*[64]". Allora, quando Kazuo Ōno afferma "questo grillo è mia madre", non importa più se la sua affermazione è oggettiva o soggettiva: conta solo "averlo pensato, ovvero immaginato". Perché "questo bastava a Kazuo Ōno per *diventare* sulla scena, attraverso il grillo, 'sua madre' "[65]. In quella parola, *diventare*, c'è tutta la differenza che

---

64. Akira Kasai nel paragrafo *Il grillo nella gabbia è mia madre*, capitolo 3 del testo che segue.
65. *Ibidem*.

passa fra un corpo che racconta e un corpo che semplicemente esiste sulla scena, fra l'idea di rappresentazione e quella di metamorfosi o incarnazione. Nella rappresentazione il corpo è ancora usato come uno strumento per "dire". Nella metamorfosi o nell'incarnazione la ragione è nel corpo. È la fisicità a parlare. Ma per accettare l'idea di "incarnazione" bisogna riportare lo spirito nella materia e trovare il calore del *cuore*[66]. Dopo il suo spettacolo d'esordio nel 1966 Kasai lascia la scuola di Ōno. Comincia a esibirsi da solo e continua così per circa quindici anni. All'epoca la sua consapevolezza del fatto di danzare è "estremamente labile", sente solo di essere "spinto dall'urgenza di mettere a nudo di fronte a un pubblico i minuscoli frammenti

---

66. È ciò che la filosofia d'inizio secolo aveva già intuito e che il butō porta fino alle sue più estreme conseguenze. Quando la filosofia occidentale ha voluto ripensare radicalmente la verità dell'essere, ha usato la danza come punto di riferimento. È la stagione dei filosofi-poeti: Nietzsche, Hofmannsthal, Rilke, Mallarmé, Valéry, Otto e Fechner. Alla fine dell'Ottocento Nietzsche afferma che "il corpo è una grande ragione" e che, anche la "piccola ragione" che siamo abituati a chiamare "spirito", non è altro che "un piccolo strumento e un giocattolo della grande ragione" che è il corpo. Ed è a partire da Nietzsche, che si comincia a riflettere sul corpo come un microcosmo, un'entità dotata di una propria autonomia e non più uno strumento della ragione; fino alla concezione del corpo come "entità *vissuta*" elaborata negli anni Trenta dalla fenomenologia, quando Merlau-Ponty scriverà che "il mondo è ciò che percepiamo". E cercando di conoscere la sostanza di quel suo corpo nato dalle esperienze di un ragazzino che cresceva sperimentando il mondo in mezzo a una natura aspra, potente e incontrollabile, Tatsumi Hijikata è arrivato in un luogo invisibile dove si accumulano i gesti vissuti e i comportamenti osservati per portarli a nuova vita nella danza. Non a caso la conferenza del 1936 che Paul Valéry dedica alla filosofia della danza, è ispirata a Madame Argentina: la danzatrice alla quale Kazuo Ōno, 40 anni dopo averla incontrata, dedica lo spettacolo che segna il compimento del suo originale stile di butō incarnandone la presenza. Nelle parole di Valéry il corpo della danzatrice non è un mezzo che trasmette un messaggio, ma è un soggetto che incarna nella danza la verità dell'essere e dell'esserci: "Il corpo della danzatrice non è più un oggetto, ma un soggetto che non può esistere separatamente dalla danza che sta facendo". L'elemento fisico, psichico e spirituale non sono tre territori separati ma "nomi" di un'unica realtà che, in diversi modi e gradazioni, si trasferiscono nella corporeità che trova il suo più alto modo di manifestarsi nella danza. "L'esperienza della danza insegna l'azione senza scopo e senza risultato: insegna la piena e totale adesione al presente" (cfr. Clara Sinibaldi, *Essere e danza: il concetto fenomenologico e mistico di danza in Paul Valéry*, in AA.VV., *Annali di Studi Religiosi*, Bologna, EDB, 2000, pagg. 165-192).
67. Cfr. Akira Kasai, in *La desolazione del cielo (quasi una postfazione)*, nel testo che segue.

di percezione del corpo" che la danza gli permette di cogliere[67]: "Non devo fare praticamente alcun lavoro preparatorio – racconta – e il giorno dello spettacolo potevo quasi andare in scena prendendo a caso il primo disco e il primo costume che mi capitava a portata di mano: niente di più remoto dallo spettacolo preparato con cura"[68]. I testimoni parlano di opere cariche di un erotismo delicato, sospese nell'indecisione di un'identità sessuale mai definita e androgina, che si spostano a poco a poco verso i temi della teologia scintoista e la filosofia di Gurdjeff, il pensiero occulto e il misticismo[69].

Kasai concorda con l'idea di Hijikata che il corpo abbia un significato più ampio che non la pura esistenza fisica e che sia il *corpo morto* a creare la danza. Per lui un danzatore non può fare a meno di ricordare che il corpo esiste prima della nascita, continua a esistere dopo la morte ed è nello stesso tempo "qualcosa che si trasforma passando attraverso successive reincarnazioni, e qualcosa di sempre identico a se stesso in quanto risultato di una serie di reincarnazioni"[70]. La memoria che il *corpo morto* porta alla luce non è il vissuto personale ma una memoria dell'universo, della materia stessa e della vita in generale. Dal suo punto di vista danzare vuol dire "creare una prospettiva fra un corpo materiale e un corpo che ha vissuto per miliardi di anni, un corpo visibile e uno invisibile"[71]. Per creare una simile prospettiva bisogna prima di tutto "ricordare", ma i nostri corpi non ricordano nulla a meno che non siano in uno stato di crisi e mettere in crisi l'equilibrio del corpo è "la più importante tecnica di danza"[72]. Per Kasai, nella normale condizione di equilibrio ciò che identifichiamo come "Io" e ciò che chiamiamo "il mio

---

68. *Ibidem*.
69. Jean Viala - Nourit Masson-Sekine, *Butoh. Shades of Darkness*, Tōkyō, Shufunotomo, 1988, pag. 147.
70. Akira Kasai, *L'eternità nell'istante*, in Maria Pia D'Orazi, *Il corpo eretico*, cit., pagg. 54-55.
71. *Ibidem*.
72. Toshiro Kuwabara, *Dance closely related to matter. Kasai Akira Interview*, «Nikutaemo», n° 2, Summer 1996, pag. 30.

corpo" sono la stessa cosa, "Io" è immediatamente "il mio corpo". Quando si muore "Io" si stacca dal "mio corpo" e allora arrivano le memorie: "Quindi, a meno che non dai al tuo corpo tormenti che possono mettere in pericolo la tua vita, quelle memorie nel corpo non si risvegliano. Per fare in modo che un corpo umano richiami simili memorie dell'universo, devi dargli la costrizione di un letto di pietra che potrebbe distruggere il corpo. E solo allora può cominciare a ricordare"[73].

Secondo Kazuko Kuniyoshi prima del 1970 il butō di Kasai ha la chiara intenzione di avvicinarsi all'esistenza spirituale sublimando il corpo ed estenuandolo con la danza[74]. Nel 1971, a 28 anni, apre una scuola di butō e studi esoterici che chiama *Tenshikan* (La casa degli angeli) e l'anno seguente pubblica le sue tesi nel suo primo libro: *Tenshi ron* (Saggio sugli angeli). Non ha nessuna intenzione di "insegnare quello che facevano Ōno e Hijikata"[75], il *Tenshikan* nasce dal "desiderio di fornire un luogo in cui le persone che volevano danzare potessero danzare liberamente e aprirsi ai venti di cambiamento dell'epoca", un luogo ispirato a un modello di società ideale: "Era la visione di una società che aveva la possibilità di esistere senza alcun tipo di struttura di potere centrale"[76].

In questo momento per Kasai anarchia, riforma sociale e butō sono la stessa cosa. Vuol dire che si muove lasciando che ogni parte del corpo – testa, mano, cuore – segua il suo rispettivo ritmo. L'idea è che "il corpo diventa libero, quando ogni sua parte funziona autonomamente, come se avesse un'esistenza indipendente"[77]. La sua tecnica di formazione s'ispira a questo principio e, fin dall'inizio della sua carriera di danzatore, cerca di mettere insieme l'esistenza anarchica del corpo con la danza butō. Allo stesso modo è convinto che "una società non dovrebbe

---

73. Toshiro Kuwabara, cit., pag. 31.
74. Kazuko Kuniyoshi, *Contemporary Dance in Japan: New wave in dance and butoh after the 1990s*, U.S./Japan Cultural Trade Network, Arts Midwest, 2004.
75. Tatsuro Ishii, cit., pagg. 7-8.
76. *Ibidem*.
77. Toshiro Kuwabara, cit., pagg. 19-20.

essere governata da una struttura centrale" e che "le sue parti individuali dovrebbero funzionare in maniera indipendente"[78]. Si appassiona alle idee di Charles Fourier e Bakunin. E la sua sensazione è che la danza "può essere un sentiero migliore di qualsiasi forma di pensiero politico o religioso per arrivare alla radice delle cose"[79]. Ma è certo di non voler insegnare. Se lo avesse fatto, avrebbe creato un'altra forma di autorità centrale, una nuova gerarchia. Allora per sette anni mette a disposizione "un luogo per attività artistiche e culturali in uno stato di completa anarchia"[80]. Poi, a partire dallo spettacolo *Denju no mon* (La porta dell'iniziazione, 1974), subisce in modo sempre più evidente l'influenza delle teorie antroposofiche di Rudolf Steiner[81], il fondatore dell'euritmia e, nel 1979, lascia il Giappone per trasferirsi in Germania. Vuole "leggere il corpo" attraverso

---

78. Toshiro Kuwabara, cit., pag. 20.
79. Tatsuro Ishii, cit., pagg. 7-8.
80. *Ibidem*.
81. Il pensiero di Rudolf Steiner viene conosciuto in Giappone all'inizio del Novecento grazie a una serie di articoli divulgativi di Aritaka Kumamoto (1860–1943), eminente matematico e astrologo, che scrive per la rivista *Teiyū* (丁酉) nel 1913 e per il Bollettino del Monte Kōya (高野山時報), periodico della principale Setta di Buddismo Shingon, nel 1925. Le idee di Steiner vengono presentate come una forma di meditazione occidentale e di sviluppo del potenziale umano. Tuttavia gli studi di Kumamoto non trovano eredi e, dopo la Seconda guerra mondiale, Steiner cade in un quasi totale oblio fino agli anni Settanta, quando Iwao Takahashi (1928–), studioso di letteratura tedesca e professore di Estetica all'Università Keio di Tōkyō, comincia a tradurre direttamente le sue opere. Fu allora che Takahashi lasciò la sua attività universitaria per trasformare la sua casa in un luogo d'incontro per coloro che fossero interessati a studiare i libri di Steiner. Nel suo circolo gravita anche Akira Kasai (cfr. *Handbook of Contemporary Japanese Religion*, edited by Inken Prohl and John Nelson, Leiden/Boston, Brill, 2012, pagg. 433-457). Steiner ha descritto l'evoluzione della coscienza durante tre millenni di civiltà occidentale per dimostrare che il pensiero intuitivo-spirituale si è progressivamente indebolito lasciando sempre più spazio alla razionalità; mentre l'umanità ha perso la possibilità di accedere alla realtà interiore del sé e del mondo esterno. Il suo sistema filosofico, l'Antroposofia o Scienza spirituale, tenta di «raggiungere una conoscenza creativa dello spirituale nell'individuo e dello spirituale nell'universo e la relazione fra essi. Allo scopo di permettere agli esseri umani di sviluppare le loro facoltà spirituali e quindi di sviluppare la conoscenza dello spirituale nel cosmo». Il suo ideale di pensiero spirituale attivo è un richiamo al cuore, all'emotivo e all'artistico per superare l'alienazione dagli altri esseri umani e dai ritmi cosmici, considerata caratteristica della moderna coscienza occidentale. Con la

l'euritmia di Steiner e, nello stesso tempo, cercare di capire che tipo di rapporto può avere un artista con la società, perché "la relazione che una persona stabilisce con la società dovrebbe derivare dal modo in cui si relaziona con il proprio corpo"[82]. Non si tratta più solo di spettacolo. E questo suo desiderio arriva da un sommovimento più profondo.

L'anno della sua partenza Kasai si esibisce in una serie di pezzi ispirati a opere letterarie come *Justine. Le disavventure della virtù* e le *120 giornate di Sodoma* del Marchese de Sade, o ancora *La Bellezza e la morte* di Edgar Allan Poe. Non lo aveva mai fatto prima. Chiama questa serie: "I lavori di Kasai Akira". Usando quella parola – lavori – intende fare una distinzione fra se stesso come "autore" e se stesso come "opera". Perché sente che per andare avanti deve "separare molto chiaramente la vita quotidiana e il teatro"[83].

Mentre "di solito un artista e il suo lavoro sono due cose distinte", come un pittore e la sua tela, la danza è un processo in cui il danzatore trasforma se stesso in un'opera d'arte: "L'autore in se stesso è l'opera". E questo per Kasai è "il punto di partenza originario a cui ogni danzatore dovrebbe sempre ritornare"[84]. Se tuttavia affronta una simile attitudine senza alcun compromesso, il suo destino è perdere la ragione. Il simbolo di questa condizione è Vaslav Nijinsky, l'interprete feticcio della compagnia dei

---

convinzione che questo tipo di pensiero spirituale è responsabile dei grandi progressi della scienza e della cultura (cfr. Robert A. McDermott, *Rudolf Steiner and Antroposophy*, in *Modern Esoteric Spirituality* edited by Antoine Faivre - Jacob Needleman, New York, The Crossroad Publishing Company, 1992, pagg. 288-310). Come curatore degli scritti scientifici di Goethe, Steiner ne conosce profondamente il pensiero e a lui s'ispira per immaginare uno sviluppo evolutivo dell'uomo attuale verso l'uomo spirituale. In particolare, dall'idea di una "pianta originaria" soprasensibile, un concetto superiore che contiene tutte le singole piante sensibili, fa derivare l'esistenza di una "idea originaria" per gli uomini e tutto il cosmo, che raggiungerebbe la sua completa purezza nel corso di uno sviluppo evolutivo. Spirito e materia rappresentano un'unità in cui lo spirito è il principio generatore.
82. Toshiro Kuwabara, *Dance closely related to matter. Kasai Akira Interview*, «Nikutaemo», n° 2, Summer 1996, pag. 20.
83. Toshiro Kuwabara, cit., pag. 19.
84. Toshiro Kuwabara, cit., pagg., 18-19.

Balletti Russi di Diaghilev, che all'inizio del Novecento ha chiuso nella follia la sua carriera. È cosa comune oltrepassare nella vita quotidiana e nell'attività artistica le regole morali o espressive imposte dalla società, ma "questo processo diventa follia patologica quando la vita quotidiana di un danzatore si sovrappone alla sua attività artistica senza che la mente ne sia consapevole"[85]. Perché danzare è un modo di "stare sul confine della ragionevolezza per entrare in un'area ignota dell'esistenza" è "una follia esperita da una mente lucida"[86]. Secondo Kasai il caso Nijinski ha provocato una grande trasformazione nella storia della danza. Ovvero, se prima della sua follia la questione da affrontare per un danzatore è "cosa può esprimere con il corpo, o la limitazione cinetica del corpo, o quella del ritmo, o la relazione fra la musica e il corpo", dopo il caso Nijinsky è diventato impossibile per qualsiasi danzatore "guardare al suo corpo semplicemente come un mezzo d'espressione" senza affrontare la domanda "che cos'è il corpo, oppure che cosa sono le parti costitutive del corpo stesso dal punto di vista di una scienza non-naturalistica". E dopo aver affrontato una simile domanda, qualsiasi danzatore dovrebbe essere capace di "presentare la propria esistenza come un'azione definitiva"[87] all'interno della società in cui vive.

Kasai si trasferisce in Germania perché realizza che "non è più in grado di separare la danza e la vita quotidiana", se stesso come autore dal se stesso come opera[88], e sente di poter realizzare attraverso l'euritmia sia il suo impegno verso la conoscenza del corpo sia l'esplorazione di "una possibile e più concreta connessione del modo d'essere del corpo, nel suo rapporto con la società"[89]. Lascia tutto all'improvviso provocando stupore e indignazione nella comunità di artisti che attorno al *Tenshikan*

---

85. *Ibidem.*
86. *Ibidem.*
87. Toshiro Kuwabara, cit., pag. 19.
88. Toshiro Kuwabara, cit. pag. 20.
89. *Ibidem.*

si è radunata. A pensarci bene a muoverlo non è tanto il desiderio di approfondire le teorie di Steiner quanto piuttosto l'intenzione di "arrivare al vero cuore delle radici della cultura europea, un cuore che nessun giapponese ha toccato mai". Più precisamente, vuole "sperimentarlo con il suo stesso corpo"[90].
Se è vero che la cultura occidentale si è nutrita di una filosofia dualista, Kasai percepisce a livello più profondo l'esistenza di "una chiara metodologia che comporta la riunificazione di elementi che a un certo punto sono stati completamente divisi"[91]. La cultura giapponese è stata monista fin dall'inizio dei tempi e ha concepito "cielo e terra, uomo e donna sempre uniti in un medesimo flusso". Lui vuole portare nella danza "un tipo di energia che viene fuori prendendo cose come luce e oscurità, oppure ossigeno e idrogeno, per separarle completamente una volta e poi metterle di nuovo insieme con la forza"[92], con un'intensità simile a un'esplosione. È la forza che riconosce in personalità come Beethoven, Mozart e Steiner.
Il butō ha portato in primo piano la dimensione materiale del corpo e la natura energetica della materia. Ora si tratta di capire se questa consapevolezza può cambiare la relazione fra il corpo stesso e la società, influire sulla vita quotidiana e dare una nuova finalità al lavoro del danzatore.
Intanto, un anno dopo il suo arrivo in Germania partecipa al Festival di Nancy, in Francia. È il 1980: in programma ci sono Kazuo Ōno, Akira Kasai, Min Tanaka e i *Sankai Juku* di Ushio Amagatsu. È l'inizio di una carriera internazionale per tutti i presenti eccetto Kasai. Su quel palcoscenico pur sentendo di aver dato il "massimo" Kasai non conquista il suo pubblico e smette di danzare. A sentir lui non è una decisione ponderata. Semplicemente accade così: "Un giorno ho realizzato che non ero più capace di stare sul palco – ammette. Non è stata propriamente una decisione. Di conseguenza, non ho dato

---

90. Tatsuro Ishii, cit., pagg. 8-9.
91. *Ibidem*.
92. *Ibidem*.

molto peso alla ragione per cui ho lasciato il palcoscenico. È stato soltanto 14 o 15 anni dopo che ho cominciato a chiedermi perché ho smesso di danzare così all'improvviso"[93]. Abbandona la scena, ma è felice e semplicemente non ci pensa più. Pensa di aver danzato a sufficienza e si mette a studiare filosofia e fisiologia. Ma forse è vero che a Nancy è andato già troppo lontano. Mentre l'Europa conosce ufficialmente il butō vent'anni dopo la sua nascita, Kasai è entrato nella possibilità della sua evoluzione.

Succede a lui qualcosa di simile a quello che è successo al regista polacco Jerzy Grotowski, quando negli anni Settanta lascia la scena per ritirarsi a lavorare con i suoi attori e tentare di comprendere, in modo sempre più preciso e dettagliato, come funziona il corpo umano e in particolare ciò che s'intende per *energie umane*. Quando "abbandonando il rapporto tra attori e spettatori voleva avvicinare qualcosa di più intimo" e "ha cercato con due o tre persone, nella solitudine, con rigore scientifico, di valicare il grande mistero delle forme, con lo scopo di andare oltre la loro superficie"[94]. Questo non vuol dire che Grotowski abbia lasciato il teatro. I suoi studi erano pensati per il teatro e le conclusioni dei suoi studi dovevano servire il teatro. La sua "assenza al centro stesso della creatività teatrale" doveva "servire la presenza degli altri in quel luogo", doveva servire "il mestiere". Solo che, come ha precisato lo stesso Grotowski, se le forze da esplorare diventano troppo potenti, "bisogna fare l'esperimento nella foresta per non mettere in pericolo gli altri. Come in un ciclotrone"[95]. Kasai resta lontano dalla scena per 14 anni ma non lascia il butō. A Nancy è appena entrato in una nuova fase di sviluppo. E la Germania è il suo "esperimento nella foresta".

Attraverso l'euritmia Kasai approfondisce la relazione fra il

---

93. Toshiro Kuwabara, cit., pag. 18.
94. Cfr. Peter Brook, *Insieme a Grotowski*, Palermo, Edizioni rueBallu, 2011, pagg. 98-99; 1ª ed. 2009.
95. Peter Brook, *Insieme a Grotowski*, cit., pagg.129-130.

corpo e la parola che lo stesso Hijikata ha portato nel butō, e assegna alla danza nuovi compiti per il futuro. La danza diventa il mezzo per risvegliare la consapevolezza della forza della voce e la possibilità di costruire un corpo nuovo che conservi l'autenticità individuale nel globale livellamento di massa. Steiner ha costruito l'euritmia come una "forma di danza in cui i movimenti sono collegati con il suono della lingua attraverso la quale ogni etnia esprime la sua esistenza"[96]. E il butō è nato grazie a un forte legame con il *corpo nazionale*[97], riaffermando il valore dell'identità giapponese in un momento storico in cui esisteva ancora un concetto di Nazione che la globalizzazione ha frantumato. Ed è la percezione di questo corpo che conduce Kasai all'euritmia, perché il *corpo nazionale* è fortemente influenzato da consonanti e vocali della lingua madre e ogni popolo possiede un corpo differente e ne acquista consapevolezza in modo differente. O più esattamente, "il corpo si forma attraverso il suono". Una peculiarità di ogni cultura che la danza può preservare, perché "esiste la globalizzazione ma non esiste un uomo internazionale in carne e ossa"[98] e, senza rinunciare alle possibilità della nuova civiltà tecnologica, la danza può servire a mantenere un equilibrio fra le due dimensioni, quella individuale e quella globale.

Questo vuol dire anche che ogni paese può avere la "sua" euritmia. È per questo che negli ultimi vent'anni Kasai si è spostato verso un adattamento del lavoro di Steiner – basato sul tedesco – alla lingua giapponese e all'immaginazione giapponese. A rigor di termine non usa più neanche la parola euritmia, ma parla piuttosto di tecnica di Efeso[99]. La personalizzazione nel suo caso passa attraverso la mitologia giapponese e il *kotodama*[100], la

---

96. Toshiro Kuwabara, cit., pag. 20.
97. Akira Kasai, Conferenza all'Istituto Giapponese di Cultura di Roma, giugno 2008.
98. Akira Kasai durante un workshop a Roma, maggio 2014.
99. Il nome nasce in analogia con i culti del Tempio di Efeso (560 a.C.), in Turchia, dedicato alla dea Artemide, divinità greca della fertilità dalle origini antichissime.

teoria del suono che crea il mondo.

All'inizio degli anni Settanta, quando Hijikata comincia a dedicarsi esclusivamente alla coreografia, il suo lavoro viene identificato come un vero e proprio metodo di costruzione della danza attraverso le parole: i cosiddetti *butō fu*, stimoli verbali che mirano a provocare una trasformazione nelle condizioni fisiche dei suoi interpreti innescando il movimento. Yukio Waguri l'ha descritto come un modo di "fiscalizzare le immagini attraverso le parole"[101]. Nanako Kurihara ha parlato di "un tentativo di catturare ogni sorta di emozione, paesaggio, idea o altro, usando parole che *per lui* avevano una reale consistenza fisica" con lo scopo di "rendere i danzatori consapevoli delle loro percezioni

---

100. In particolare, Kasai si riferisce alla rilettura del *Kojiki* dal punto di vista del *kotodama* realizzata da Masumi Oishigōri (1832-1913), uno studioso di letteratura giapponese classica contemporaneo di Steiner. Il *Kojiki* è il libro che racconta il mito della creazione del Giappone e in apparenza è soltanto una cronaca di eventi. Tuttavia secondo alcuni studiosi, fra cui Masumi Oishigōri, sembra che in origine dietro il suono di ciascuna frase ci fossero un segreto e una regola nascosta. Cercando di portare alla luce questa storia segreta, Masumi Oishigōri ha riscritto il testo dal punto di vista della combinazione di vocali e consonanti, portando in primo piano l'energia del linguaggio piuttosto che il significato della storia. Originariamente il *Kojiki* apparteneva alla tradizione orale. Ciascun nome corrispondeva a un Dio e ciascuna divinità aveva la responsabilità di un suono. Dal momento in cui è stato scritto (intorno al VII secolo) ha perso l'energia del suono e gli eventi del racconto sono diventati più importanti. Masumi Oishigōri ha voluto riportare il testo a un tempo in cui parlava solo degli dèi, e nel suono c'era ancora il potere della creazione. Cercando di mostrare la forza creativa della lingua giapponese, per ogni forma del suono ha fornito un'immagine concreta. Per esempio a ogni suono, sia esso consonante o vocale, corrisponde un elemento: terra, acqua, aria, fuoco e luce. Il nostro corpo si trova tra gli elementi e possiede gli elementi dentro di sé. Il movimento corrispondente a ogni consonante e a ogni vocale, fa riferimento alla qualità dell'energia contenuta nelle immagini associate a ciascun suono: «Lo spazio creato da ciascuna vocale così come da ciascuna consonante è diverso. Vocali e consonanti rappresentano differenti tipi di energia. Le vocali sono connesse all'energia del linguaggio; le consonanti a quelle della coscienza e derivano sempre dall'unione di due direzioni: cielo e terra, coscienza nello spazio e coscienza nel corpo» spiega Kasai ai suoi allievi. Il movimento non è un segno, è l'energia dell'elemento. Rispetto alla teoria di Steiner resta ancora la griglia di corrispondenza fra microcosmo e macrocosmo, ma la classificazione di vocali e consonanti e la loro associazione con immagini concrete cambia in relazione all'esperienza della lingua giapponese. (Per il significato del *kotodama* cfr. anche le note 18, 24, 26 e 40 del testo di Kasai che segue).
101. Cfr. Yukio Waguri, *Butō Kaden* (Il fiore del butō), Cd Rom, Tokushima, Just System, 1998.

fisiologiche" e "insegnare loro a trasformare in oggetti i loro corpi"[102]. Il risultato della continua ripetizione di questo tipo di esercizi è che "i danzatori butō possono trasformarsi in qualsiasi cosa"[103].

In questo modo Hijikata ha creato il "suo" universo con il "suo" linguaggio. Ha costruito il "suo" mondo immaginario attraverso i corpi dei danzatori e lui stesso sembra consapevole dell'insidia nascosta nel metodo. Dopo aver confessato che la sua danza non ha altri maestri che se stesso ragazzino che sperimenta il mondo in mezzo alla natura, a Tatsuhiko Shibusawa che gli chiede come insegnare il butō a giovani con esperienze diverse dalle sue, risponde che "naturalmente ognuno ha una oggettività leggermente diversa" e tuttavia "ognuno ha un corpo", e così la sua speranza è di "condividere con loro elementi comuni"[104]. Di fronte a questa piccola crepa, Kasai si pone il problema della "oggettività" del metodo.

È quando si allontana dai maestri, perché Ōno "non muove un

---

[102]. Nanako Kurihara, *Hijikata Tatsumi. The Words of Butoh*, «The Drama Review», vol. 44, n. 1, Spring 2000, pagg. 15-16. Cfr. anche a questo proposito: Maria Pia D'Orazi, *Il corpo eretico*, cit., pagg. 32-33: «Gli stimoli verbali di Hijikata mirano a rendere i danzatori consapevoli del loro corpo come fascio di sensazioni. I suoi esercizi non sono figure da riprodurre ma stimoli che sviluppano l'immaginazione, accrescono la resistenza, sviluppano l'energia e la flessibilità. Suggestioni tipo restare intrappolati dal polline e scomparire, diventare trasparenti, evaporare. Volare come un uccello imbalsamato che ricorda d'essere stato vivo. Sentire foglie morte che cadono dentro la testa, una lumaca che striscia sul collo o una barba che appare nell'atmosfera. Muoversi come un leopardo con la schiena fatta di luce. Il suo insegnamento è un'iniziazione. Il corpo s'allena ad oltrepassare i propri limiti per annullare l'Ego. Diventa altro: "Bruciate, sacrificatevi". Hijikata teorizza la necessità di bruciare fino a consumare tutti i muscoli, ovvero annullare ogni volontà espressiva. Solo allora è possibile tentare di riflettere l'essenza del mondo. Far passare l'Altro attraverso il proprio corpo: "Il danzatore diventa un oggetto e l'oggetto chiama uno spirito, lo spirito del danzatore, il che vuol dire che un essere umano si trasforma in qualcosa di non umano. Anche nel balletto classico c'è una gerarchia: corpo al centro, dio in alto e la bambola in basso. Così un danzatore di *butō* che ostenta la sua umanità finisce superato da una bambola"».
[103]. Nanako Kurihara, cit., pagg. 15-16.
[104]. Tatsuhiko Shibusawa, *Hijikata Tatsumi. Plucking off the Darkness of the Flesh. An interview by Shibusawa Tatsuhiko*, «The Drama Review», vol. 44, n. 1, Spring 2000, pagg. 54-55.
[105]. Tatsuro Ishii, cit. pag 7.

passo prima di aver costruito una base nell'immaginazione"[105], però la sua immagine è sempre qualcosa di intimo e personale. Mentre Hijikata, che arriva a costruire i suoi pezzi in modo da "provocare le memorie nel corpo", di fatto riserva questa possibilità soltanto allo spettatore: "Solo il pubblico può richiamare la memoria"[106] ma non i danzatori, che mettono in forma le sue immagini e restano "isolati" nell'oggettività del 'cadavere'. Allora Kasai cerca una danza basata su un tipo di immaginazione di carattere universale alla quale chiunque possa fare riferimento e che possa avere la stessa funzione della metrica in poesia. E l'incontro con l'euritmia di Steiner – che individua un modo di collegare corpo e coscienza attraverso la parola – porta l'originaria ricerca del butō verso una "metrica" dell'immaginazione.

La danza nasce nel momento in cui l'immaginazione si lega al corpo e lo fa trasformare. E non riguarda più "che cosa si riesce a fare con il corpo", ma riguarda il "come ci si mette in relazione con il corpo"[107]. Il butō cerca di collegare il movimento all'energia dei sensi e all'energia delle parole utilizzando la consapevolezza del corpo. Ma "come controllare i sensi e come usare le parole per produrre energia è un tema esoterico" e la costruzione esoterica del corpo secondo Kasai "è ciò che hanno tentato in Germania alla fine del diciannovesimo secolo Rudolf Steiner e Rudolf Von Laban"[108]. L'euritmia è un sistema di organizzazione dell'energia del corpo attraverso l'immaginazione a partire dalla parola – o più precisamente dai suoi elementi costitutivi, vocali e consonanti – come già nel metodo di Hijikata[109]. Solo che, nel caso di Steiner, la classificazione delle immagini non è arbitraria ma segue uno schema preciso di corrispondenza fra microcosmo e macrocosmo che riguarda parti del corpo, organi interni, sangue, nervi, stelle, pianeti, costellazioni, elementi, metalli, colori. Un'idea di

---

106. Toshiro Kuwabara, cit., pag. 35.
107. Akira Kasai durante un workshop a Roma, maggio 2014.
108. *Ibidem*.
109. Yukio Waguri, *Butō Kaden*, cit.

corrispondenza che appartiene agli albori dell'umanità, quando la danza sacra nei templi serviva a ristabilire il collegamento fra l'uomo e l'universo[110]. E nella consapevolezza di questo legame giace la possibilità per il danzatore – e per ogni essere umano – di assumersi la responsabilità collettiva della propria esistenza. Vuol dire tramandare quella che Ōno chiama "la piccola tradizione individuale", che "non è un quadro d'appendere in un museo o un oggetto prezioso da conservare"[111], ma ciò che ereditiamo dai nostri morti, la voce di tutte le presenze che hanno reso possibile la nostra vita – come individui e come parte di un'umanità più grande e della sua storia – presenze alle quali possiamo dare nuovamente un corpo nella danza. Vuol dire compiere azioni che non abbiano valore solo per se stessi, ma che possano portare con sé la cognizione dell'Altro.

In Germania Kasai resta sette anni e, al suo ritorno nel 1986, dedica i seguenti sette all'insegnamento e alla diffusione dell'euritmia. Nella società della *bubble economy* non trova un posto per sé e prende a muoversi nel perimetro di una piccola comunità. Ritorna in un paese "straniero" e trova che "non solo il mondo della danza ma il Giappone stesso è stato distrutto fino alle sue radici"[112]. Il mondo culturale è completamente disgregato. Hijikata è scomparso quello stesso anno, Ōno è diventato un artista internazionale di grande successo e gli amici che avevano fatto parte della contestazione degli anni Sessanta –

---

110. Profondamente convinto che un generale rinnovamento sociale e culturale fosse possibile solo attraverso l'arte, Steiner ha affidato all'euritmia il compito di sviluppare una visione più ampia e non materialistica della realtà, e di mantenere una connessione tra la coscienza ordinaria e quella spirituale come nei Misteri dell'antichità greca. Inoltre: «Come tutte le vere forme d'arte, l'euritmia è spiritualmente rivitalizzante. In modo specifico, è un modo di formare e rafforzare il corpo sottile del performer, un aspetto eterico del corpo umano che circonda e pervade il corpo fisico. Steiner sviluppa l'euritmia per tre usi distinti: come arte performativa, come lavoro curativo, e per un uso pedagogico nelle scuole Waldorf» (cfr. Robert A. McDermott, *Rudolf Steiner and Antroposophy*, in *Modern Esoteric Spirituality* edited by Antoine Faivre - Jacob Needleman, New York, The Crossroad Publishing Company, 1992, pagg. 288-310).
111. *Kazuo Ōno long Interview*, Tōkyō, NHK Enterprise, 108 min. DVD4, 2006.
112. Akira Kasai, *Ima mata odori hajimemashō*, cit.

"tutte persone che fino ad allora si erano opposte anima e corpo contro il potere dello Stato" – da un momento all'altro si trovano "perfettamente inserite negli ingranaggi del potere"[113]. Quanto al butō è rimasta soltanto l'atmosfera esteriore e niente più. Mentre continua a praticare euritmia, Kasai sente che c'è qualcosa nella relazione fra il corpo e il linguaggio che non può risolvere più solo tramite l'euritmia: ha bisogno nuovamente del butō. "L'euritmia libera l'esistenza limitata del corpo mettendo in relazione il potere della parole con i movimenti corporei (...) ti svincola dal tuo corpo e ti libera in direzione dell'universo – afferma – ma per ottenere questo devi abbandonare il corpo"[114]. Kasai chiama questo tipo di liberazione una "iniziazione" nel mondo spirituale o nell'universo. Ma lo scopo della danza non è questa iniziazione, che pure è un processo importante per la danza: "Per danzare devi esperire l'iniziazione nella materia dopo quella nello spirito. Devi tornare indietro nel mondo materiale una volta ancora"[115]. Perché nella danza il punto non è "la trasformazione del sé nell'eterno, ma la trasformazione del corpo come prigione: la danza cerca di trasformare le cose stesse"[116].

Allora sente molto chiaramente che nel butō c'è ancora qualche cosa di incompiuto. In un'epoca in cui il corpo e la vita di ciascuno di noi sono diventati semplici informazioni, la danza è chiamata a rispondere a una domanda sulla natura del rapporto che l'uomo ha con il proprio corpo. Pensa anche che "una vera attività culturale non può esistere confinata nell'ambito di una piccola comunità"[117] e decide di tornare in scena con quel suo spettacolo del 1994, *Seraphita*, per il quale la critica saluterà il "Nijinski del Giappone". Per lui, salire sul palco è "come tornare improvvisamente indietro di 14 anni" e riprendere la danza esattamente dove l'aveva lasciata. Per colmare quella distanza e affrontare il presente, Kasai realizza 14 pezzi[118].

---

113. Akira Kasai, *Ima mata odori hajimemashō*, cit.
114. Toshiro Kuwabara, cit., pagg. 22-23.
115. *Ibidem*.
116. *Ibidem*.
117. Tatsuro Ishii, cit. pagg. 9-10.
118. Akira Kasai, *L'immagine allo specchio*, in Maria Pia D'Orazi, *Il corpo eretico*, cit., pag. 58.

Comincia un periodo di viaggi e collaborazioni. Dopo il tour americano del '96, smette di presentare i suoi spettacoli come rituali di un culto segreto e comincia a interagire con artisti di differente provenienza[119] fino alla fondazione di una nuova compagnia nel 2008[120] che mette insieme euritmia, butō e danza contemporanea.

Kasai danza per "cercare di esprimere la tensione verso una realtà più alta": "Alcuni per questo vanno in chiesa – afferma. Io cerco di percepire questa realtà vera attraverso la danza. Basterebbe percepirne anche un solo attimo". Per incontrare la realtà vera bisogna "dialogare con lo spazio" o meglio, con un "essere umano che noi chiamiamo spazio", perché la realtà vera nasce dalla fusione dell'uomo con il cosmo, la natura e il corpo. L'obiettivo della danza non è far vedere i movimenti, ma "far vedere l'aria e il calore che esiste nell'aria attraverso la danza"[121].

Secondo Kasai gli uomini oggi hanno bisogno di andare a teatro perché hanno bisogno dello "spazio dell'etere": uno spazio unico da condividere, dove la coscienza è attiva, dove il tempo si trasforma in spazio e diventa aria. È lo stesso tipo di spazio che si genera quando leggiamo un libro, guardiamo la tv o andiamo al cinema. Nel caso del danzatore però è diverso, perché se "nella vita quotidiana passiamo dal mondo materiale a quello dell'etere, nella danza dobbiamo scegliere l'etere e dunque questa scelta diventa una tecnica"[122]. Kasai individua due modi di vivere l'etere: singolare o plurale: "Nella vita quotidiana andare avanti e indietro fra i due mondi è quasi sempre vivere il mondo dell'etere in maniera singolare, con la coscienza rivolta all'interno del corpo. Al plurale invece è come immaginare di

---

119. Kazuko Kuniyoshi, *Contemporary Dance in Japan: New wave in dance and butoh after the 1990s*, cit.
120. Il nucleo iniziale è composto da Reiji Kasai, Sho Terasaki, Makoto Sadakata e Kentarō Kujirai. Nelle ultime produzione altri membri stabili sono stati: Mitsutake Kasai, Naoka Uemura, Hiroko Asami, Hitomi Hara e Izumi Noguchi.
121. Akira Kasai durante un workshop a Roma, 2004.
122. Akira Kasai durante le prove del *Progetto Eliogabalo*, Roma 2010.

emettere la voce con tutto il corpo, sentire l'etere che avvolge il corpo e gli organi interni uscire fuori nello spazio comune fra la gente"[123]. È questo che vuol dire "rivoltare" il corpo. Percepire l'esterno come se fosse l'interno e viceversa. Allora compaiono all'esterno tutte le parole dette, le emozioni provate e tutti gli innumerevoli stati d'animo attraverso i quali siamo passati; lo spazio perde ogni confine e il tempo ogni differenza fra presente passato e futuro. E il corpo può trasformarsi all'infinito.

Secondo Kasai, "Tatsumi Hijikata ha creato un *corpo plurale* legandolo esclusivamente all'identità giapponese e chiunque è libero di ripetere la forma del suo butō, ma la cosa più importante è creare un altro tipo di corpo plurale legato alle origini di ciascun popolo".[124] Quando gli chiedi che senso ha il butō nell'epoca contemporanea, Kasai ricorda che alla sua nascita ha dato cittadinanza a un corpo in rivolta contro il potere dominante rivendicando l'identità giapponese di fronte all'invasione incontrollata del modello culturale occidentale. Ma oggi, in un contesto di globalizzazione, anche il butō si trova ad agire all'interno del sistema. Allora, uno dei compiti per il futuro è trovare un modo per conservare l'energia contenuta nell'essenza della danza all'interno di un sistema globale. Nell'epoca dell'inautentico la danza non riguarda più solo i danzatori ma riguarda tutti: indica la possibilità di rigenerare un corpo completamente degradato. Si tratta di entrare nel corpo e decifrare il suo messaggio: "Siamo in grado di leggere il nostro corpo come se fosse un libro?"[125].

---

123. *Ibidem.*
124. *Ibidem.*
125. Akira Kasai durante un workshop a Roma, 2004.

il mio modo di fotografare somiglia al gesto di un cacciatore
che spara a un animale selvatico...
Nell'istante in cui catturo il danzatore chiudo l'obiettivo.
L'immagine è questo: un paesaggio creato dal fotografo

Teijiro Kamiyama (Tokyo, agosto 2010)

AKIRA KASAI
UN LIBRO CHIAMATO CORPO

Introduzione

Scrivere *Un libro chiamato corpo* è di per sé una contraddizione. Se già possediamo il più grande dei libri, il corpo appunto, allora non dovrebbe restarci altro che trascriverne i contenuti per mezzo delle parole. È quello che facciamo normalmente nella vita quotidiana. Qualsiasi conversazione, narrazione, poesia, opera teatrale o pensiero prende forma dalla lettura del corpo. Pur non dichiarando esplicitamente di considerare il corpo come un libro, pur non conoscendone il metodo di lettura, ogni giorno pronunciamo o scriviamo parole che riguardano i corpi. Pur senza bisogno di impararne il metodo di lettura, è considerando il corpo come un libro che noi, grazie alla parola, riusciamo a condurre la nostra vita.

Questo testo non intende esporre quel che è scritto nel corpo, ma vuole provare a spiegare in che modo si può leggere il libro-corpo e, ancora, che cosa sono i vocaboli, la grammatica e i significati di questo libro. Anche se esistono al mondo popolazioni intere che sono abituate a confrontarsi con il corpo trasponendone semplicemente i contenuti in parole, qui lavoriamo nella direzione opposta: vogliamo cominciare a leggerlo partendo da zero, da ogni singola parola e da ogni singola struttura grammaticale, come se dovessimo apprendere una lingua completamente ignota.

La neve scende dal cielo.
L'aurora danza sopra le distese dell'Artico.
Improvvisamente un terrorista ha compiuto una strage all'aeroporto.

Questi sono tutti fatti che fanno parte dell'esperienza dei nostri corpi. Noi siamo costantemente immersi nel mare di fatti e informazioni che il nostro corpo riceve continuamente giorno dopo giorno.
Perché sento il bisogno di riflettere nuovamente sul vocabolario e sulla grammatica del *libro chiamato corpo?* Perché sento che leggere questo libro non è più sufficiente. Quando mi confronto con le sue parole e la sua grammatica, sono assalito da un dubbio: penso che in realtà stiamo osservando soltanto la superficie delle parole, senza riuscire a raggiungere veramente il loro significato e a comprenderlo compiutamente secondo la grammatica del corpo. E forse è proprio il danzatore che si trova ad affrontare per primo queste domande.
Vi invito a una buona e attenta lettura del corpo
e di *Un libro chiamato corpo.*

Un libro chiamato corpo

Leggere il corpo

Se vi domandassi qual è il libro più letto nella storia dell'umanità, la risposta sarebbe probabilmente la Bibbia. Tuttavia c'è un altro libro che è stato sicuramente più letto: il libro chiamato corpo, anche se il corpo non potrà mai essere letto interamente e il modo in cui può essere letto varia da persona a persona e da epoca a epoca. E seppure tutta l'acqua dell'oceano si trasformasse in inchiostro, non riusciremmo mai a trascrivere tutto quel che è stato letto nel libro chiamato corpo.

Gli uomini hanno scritto migliaia di libri anche su "Dio". Ma Dio è un'entità invisibile e intangibile. Al contrario, il corpo è qualcosa che ognuno di noi possiede ed è quanto di più concreto e certo abbiamo, tanto che senza di esso non potremmo vivere neppure per un istante; tuttavia non esiste un solo uomo che possa vantare una conoscenza completa del corpo. Niente è così vicino a noi e contemporaneamente così lontano: più lontano degli spazi siderali e più carico di mistero.

Naturalmente possiamo benissimo vivere senza cercare di conoscere il corpo. Ma se consideriamo la vita "un lungo viaggio da affrontare con un pesante fardello", allora questo fardello è il corpo. E l'uomo che non desidera sapere che cosa sia il fardello chiamato "corpo" e per quale ragione debba caricarselo sulle spalle, continuerà a vivere in condizione di schiavitù. Nostro malgrado siamo costretti ad averne una consapevolezza quando ci ammaliamo gravemente o subiamo un serio infortunio. In questi casi non sono i medici ma siamo noi stessi che decidiamo in via definitiva sul destino del nostro corpo. Allora, la malattia può essere l'occasione per rivolgere lo sguardo per la prima volta verso quel libro chiamato corpo che altrimenti non ci saremmo preoccupati di leggere.

Vivere e possedere un corpo significa anche dover saziare di continuo il suo bisogno di cibo, ma la pulsione cognitiva verso la conoscenza del corpo dovrebbe essere una necessità ancor più impellente, perché l'energia che si sprigiona dalla conoscenza, ovvero dalla *lettura* del corpo, è migliaia di volte maggiore di quella generata dall'assunzione di cibo. Forse l'uomo è nato per leggere questo libro chiamato corpo. Perché più si legge il corpo, più il corpo si apre: più si apre, più matura. E il libro chiamato corpo, che non è stato letto neppure una volta dal suo padrone, è come un bambino che non ha ricevuto neanche per un solo istante l'amore dei genitori.

L'oggetto chiamato corpo

Il corpo appartiene all'uomo, ma *uomo* e *corpo* non sono la stessa cosa. L'uomo è un "soggetto" che nasce e cresce, ha una vita familiare e sociale; il corpo non è un soggetto ma, in quanto "fardello" che ogni individuo porta con sé, è un "oggetto". Il corpo "oggetto" è presente non solo quando conduciamo la nostra vita sociale o quando ci mettiamo in relazione con gli altri, ma continua a essere presente come oggetto anche durante il sonno ed è connesso persino all'oggetto che chiamiamo "cadavere"[1].

---

1. Nell'agosto del 2009, durante le prove del *Progetto Eliogabalo* al Teatro Furio Camillo di Roma, Akira Kasai ha parlato sovente di questa differenza fra l'*essere umano* e il *corpo umano*, specificando che l'ingrediente della danza butō non è l'*essere umano* ma il *corpo umano*: «L'essere umano ha una vita sociale e quando muore lascia il cadavere in quanto oggetto. Dal punto di vista del corpo umano invece questo oggetto è ancora vivo. Vuol dire che se l'essere umano ha un'esistenza limitata nel tempo – questo luogo, questo secolo – il corpo umano non ha nessun limite di tempo né di spazio, può andare indietro di tremila anni e può raggiungere il futuro. Il corpo umano può esistere in qualunque luogo, non solo nello spazio in cui si trova» (cfr. Maria Pia D'Orazi, *Il demone di Mezzogiorno. A proposito di Trasform'azioni e del Butō*, in *Trasform'azioni, rassegna internazionа-*

akira kasai

La dimensione di "uomo" si limita al soggetto vivente: l'idea di "vivere in quanto uomo" non conosce l'illimitatezza del corpo. Al contrario, il "corpo" non è solo il componente della famiglia, della società o della nazione, ma è legato alla natura e all'universo e persino, come cadavere, all'aldilà. La danza diventa interessante nella misura in cui riesce a rendere distinti l'uomo e il corpo, mentre la sua valenza artistica comincia a sbiadire quando il discrimine tra essi diventa impreciso[2]. Attraverso gli sforzi per cercare di distinguere con chiarezza il soggetto uomo dall'oggetto corpo, comprendiamo quanto sia difficile per l'uomo maneggiare il corpo come oggetto e, nello stesso tempo, cominciamo a percepire l'illimitata estensione del corpo e le sue infinite possibilità.

Nel caso degli animali, come per esempio i cavalli e i cani, il corpo è quasi completo sin dal momento in cui viene alla luce: alla nascita il corpo animale è un "piccolo corpo di animale adulto". Poco dopo la nascita il cavallo è già in grado di reggersi sulle sue

---

Ie di danza butō. Fotografia di un'esperienza, a cura di Samantha Marenzi, Roma, Editoria&Spettacolo, 2010, pagg. 41-42). In altre parole, il *corpo umano* in quanto oggetto è la materia in cui dissolto l'Io la vita universale non cessa di fluire e trasformarsi. Inoltre, poiché è libero da vincoli di spazio e tempo, il *corpo umano* è anche il luogo in cui "l'immaginazione ha una sostanzialità concreta", mentre "l'*essere umano* guarda all'importanza logica della parola". Nel concetto di *corpo umano* Kasai comprende anche "l'*essere umano*" nella sua dimensione "invisibile" eppure "presente nell'aria", ovvero la sua dimensione energetica: «L'essere umano è nell'aria anche se non è visibile. E questo fenomeno riguarda qualcosa come un'energia infinita che in Europa si chiama *plērōma*, in India *prana*, in Cina e Giappone *ki*» (cfr. Maria Pia D'Orazi, *Il demone di Mezzogiorno...*, cit., pag. 49). È l'energia vitale che accomuna l'anima (*corpo eterico*) e il resto della natura. Subito dopo però, dice anche che il corpo è legato all'universo e all'aldilà, e dunque rimanda a una dimensione spirituale che il *corpo umano* condivide con il cosmo (in quanto *corpo astrale*), da lui stesso definita sia come "la coscienza che percepisce la vita e la orienta" sia come il luogo dei desideri, dei sentimenti e delle passioni dell'individuo che, secondo la teoria del *karma*, restano nell'aria anche dopo la morte e per un certo tempo prima di una successiva reincarnazione.
2. Perché secondo Kasai «ciò che rende possibile la danza è il potere dell'immaginazione: "La danza non si può costruire solo con lo spazio e con il tempo. La prima cosa che serve è l'energia. E i danzatori possono prendere l'immaginazione e trasformarla in energia". Dal punto di vista del corpo la vera realtà è la danza, mentre la nostra quotidianità, basata su convenzioni prestabilite, è una condizione artificiale» (cfr. Maria Pia D'Orazi, *Il demone di Mezzogiorno...*, cit., pag. 42).

zampe e di nutrirsi. Il corpo dell'uomo invece nasce imperfetto e prematuro e ha bisogno di un ambiente che lo istruisca su ogni cosa, dalla capacità della parola alla necessità di nutrirsi e di evacuare al modo di impostare il ritmo tra il sonno e la veglia. L'uomo non è capace con le sue sole forze nemmeno di trovare la posizione eretta. Se un neonato venisse allevato da animali, come si legge nelle storie dei bambini selvaggi, non riuscirebbe nemmeno a camminare su due gambe. Il corpo umano riesce a crescere e a trasformarsi solo attraverso un apprendimento consapevole fatto di esercizio, ripetizione e studio che si sviluppa in un ambiente educativo. Il lavoro degli adulti, in particolare dei genitori, nei confronti del corpo del bambino, cessa nel momento in cui questo si è sviluppato in modo da poter affrontare una normale vita sociale: da questo istante il corpo comincia a percorrere la parabola discendente. Ma se il processo di conoscenza non s'interrompesse, il corpo continuerebbe a crescere e a trasformarsi senza limiti. Come una cicala si muta da larva a insetto adulto, anche il corpo contiene un altro corpo che cerca di trasformarsi e al cui interno giace in attesa del risveglio un altro corpo ancora.

Quando pensiamo alla danza utilizziamo queste due categorie: la danza, intesa come spettacolo che si realizza sulla scena attraverso musica, immagini e coreografia, e la formazione del corpo in funzione dello spettacolo. Esiste uno stretto legame tra la danza come spettacolo e la formazione del corpo. Realizzare uno spettacolo significa anche formare il corpo adatto a esso: nel caso del balletto attraverso lezioni di danza classica, nel caso della danza contemporanea attraverso un lavoro di formazione che ogni danzatore ritiene opportuno per il proprio personale allestimento[3].

---

3. «Nella danza Kasai parla di due livelli compositivi: il lavoro che viene portato sul palco, la danza visibile, la coreografia registrata che rimane nella storia, e qualcosa di più profondo come la costruzione del corpo, il corpo del danzatore in se stesso, il corpo come opera. Sono due modi di danzare profondamente legati, che possono convivere oppure scorrere paralleli. Nel balletto classico, per esempio, l'opera nasce attraverso la costruzione del corpo, perché in questo caso "per danzare bisogna essere padroni delle tecniche del balletto". Mentre nella danza

Ma se l'atto del danzare o lo spettacolo di danza sono le premesse su cui formare il "corpo che danza", in nessun'altra epoca lo spettacolo di danza e la formazione del corpo sono stati così profondamente divisi come adesso. La ragione è che sia il pubblico sia i danzatori stessi non si accontentano più di osservare il corpo che danza. La perfezione dei movimenti del danzatore non riesce più a emozionare. Questo significa che l'attenzione, sia del pubblico che dei danzatori non è più rivolta alla combinazione tra corpo e spettacolo, bensì alla percezione della corporeità in quanto tale. Il tema non è più il corpo in movimento o la formazione del corpo in funzione dello spettacolo, ma il corpo in sé. Credo che ormai la luna di miele tra lo spettacolo di danza e il corpo del danzatore sia conclusa, e che il pubblico venga attratto piuttosto dall'azione distruttiva dello spettacolo nei confronti del corpo del danzatore o dalla tensione dialettica che si crea tra questi due elementi. Quello che risalta sul palcoscenico non è più la perfezione dell'opera, ma il processo che dal corpo porta

contemporanea succede spesso il contrario: "Il punto di partenza è l'opera, s'improvvisa e da un'improvvisazione nasce lo spettacolo". Il butō nella sua intenzione di "mostrare al pubblico che cos'è il corpo umano" sembra muoversi nell'ambito del "corpo come opera", ma non ha esclusivamente questa direzione: "La sua caratteristica principale è dissolvere l'Io – spiega Kasai. E da questo punto di vista mostrare il corpo per quello che è può non essere sufficiente come opera di danza, anche se nel concetto totale del butō il corpo nella sua presenza è già un'opera e non serve una coreografia perfetta". Oltre al balletto in Europa esiste un ulteriore metodo per costruire il corpo e che, secondo Kasai, non è stato ancora usato dai danzatori perché si è sviluppato in un ambiente esoterico ed è poco conosciuto. Si tratta appunto dell'euritmia, una tecnica per costruire il corpo attraverso la parola che stabilisce un legame fra il movimento e l'energia di emissione della voce, restaurando l'azione generatrice della parola prima della sua cristallizzazione nel significato. Durante il suo soggiorno in Germania, Kasai matura la cognizione del "potere delle parole": "Se prendiamo il termine 'mare' – spiega – il suo potere non risiede nel significato, ma nel fatto che quella parola può creare il mare nella mia mente. In altri termini, l'intero 'mondo esterno' esiste nel corpo umano e sono le parole che lo generano dentro di noi". La danza nasce nel momento in cui l'immaginazione si lega al corpo e lo fa trasformare. E non riguarda più "che cosa si riesce a fare con il corpo", ma riguarda il "come ci si mette in relazione con il corpo"» (Maria Pia D'Orazi, *Il Butō in Italia e l'esperienza di Akira Kasai*, in *Butō. Prospettive europee e sguardi dal Giappone*, a cura di Matteo Casari - Elena Cervellati, Bologna, Dipartimento delle Arti, 2015, pagg. 138-139. http://amsacta.unibo.it/4352/).

all'opera o la corporeità che sfugge involontariamente all'azione consapevole portata in scena. Non formiamo il corpo per costruire un corpo danzante funzionale allo spettacolo, ma siamo costretti a ritornare al *punto d'origine della formazione del corpo*[4].

Scrittura e danza

L'unico modo per mantenere in vita il mito è far affluire la vita nella parola, tramandando a voce il racconto dell'origine degli dei e delle parole stesse. Il mito non può morire fintantoché sarà trasmesso a voce. Il mito – ovvero il luogo in cui si concentra lo spirito vitale dell'universo – muore nel momento in cui viene sostituito dalla parola scritta.

---

4. Kasai sostiene che "tornare all'origine del corpo" è la nuova sfida che la danza deve affrontare per essere davvero contemporanea. Se alla sua nascita alla fine degli anni Sessanta il butō è stato fortemente caratterizzato dalla riflessione sull'identità giapponese e dalla sua espressione attraverso la danza – in un momento storico in cui una parte del mondo culturale rivendicava l'autonomia del Giappone contro un'occidentalizzazione diffusa e forzata – oggi quella stessa riflessione si muove in un contesto globalizzato e deve trovare un diverso canale di espressione: «Tra i vari elementi che hanno caratterizzato il butō delle origini, così come lo hanno realizzato Kazuo Ōno e Tatsumi Hijikata, l'espressione dell'identità giapponese attraverso la danza è sicuramente quello che più ha marcato una differenza rispetto alla danza di matrice europea. Una differenza che si è manifestata anche con il suo forte valore di opposizione allo Stato e al sistema di potere dominante. Il butō si presentava come una sfida al potere. Adesso invece, in un contesto di globalizzazione, anche il butō si trova ad agire all'interno del sistema. D'altra parte, l'affermazione della cultura dell'informazione, e le nuove possibilità di comunicazione offerte dallo sviluppo tecnologico, rendono insufficiente affrontare il corpo dal solo punto di vista della sua identità etnica nel movimento. Credo invece che uno dei problemi da affrontare oggi sia come conservare l'energia che appartiene all'essenza della danza, pur all'interno di un sistema globalizzato. E questo è un problema completamente diverso da quelli che il butō ha affrontato fino ad ora. Ed è un problema che non riguarda soltanto la danza ma l'arte in generale. Perché tutta l'attività artistica si è integrata al sistema economico e sta diventando nient'altro che un settore dell'economia. Allora la cosa più importante è gettare via la danza e tornare al *punto d'origine del corpo*. Non dico di tornare alle origini della danza, ma di tornare alle origini del corpo: *ursprung*, la sua sorgente primaria» (Akira Kasai durante un'intervista inedita con Maria Pia D'Orazi a Tōkyō, 29.11.2012). Un punto d'origine che Kasai individua, nel presente testo, nella coincidenza di parola e movimento, dove la parola è il suono che ha creato il mondo, vale a dire l'energia della vocalizzazione in quanto energia creatrice originaria.

In Giappone il mito delle origini raccolto nel *Kojiki*[5] è stato tramandato da Hieda no Are. Quindi, per ordine dell'imperatore Temmu, Ō no Yasumaro lo ha trasferito in un testo scritto utilizzando gli ideogrammi cinesi. Nell'istante in cui Ō no Yasumaro lo ha trasferito sulla carta, è avvenuta la prima morte del mito: per questo motivo tra Hieda no Are e Ō no Yasumaro ci fu una lotta intensa.

La cultura del Giappone era stata tramandata attraverso una narrazione orale che non prevedeva la conversione in forma scritta. Dall'utilizzo della scrittura, peraltro di provenienza straniera, sorgevano due difficoltà. Anche se nella premessa del *Kojiki* è scritto che "gli ideogrammi non hanno significato", resta il fatto che gli ideogrammi sono una rappresentazione diretta non solo di un valore fonetico ma anche di un significato. Nella trascrizione in ideogrammi del nome del dio Izanagi [伊邪那岐] si usa per rappresentare il suono "na" il carattere 邪 che significa "malvagio". Un giapponese non può non trovare singolare che si utilizzi questo carattere nel nome di un dio. E così Hieda no Are non poteva trovare accettabili gli ideogrammi proposti da Ō no Yasumaro.

Tuttavia l'essenza della contesa non riguardava tanto l'utilizzo degli ideogrammi cinesi quanto il fatto che la trasposizione in forma scritta significava la "morte del mito". Finché è detta, la parola è piena di vita, energia e spirito che prevalgono di gran lunga sul significato. L'atto del narrare non è una trasmissione di significati, quanto piuttosto un flusso di forze diretto verso chi ascolta. Nel momento in cui è scritta, il significato incatena la parola. Quando alla fine la parola si trasforma in segno, si riduce a dato e a valore numerico: il degrado della parola in segno standardizzato fa seccare la fonte che tiene in vita l'umanità. Come Omero in Grecia, anche Hieda no Are riteneva che la parola scritta uccidesse il mito.

---

5. Il *Kojiki* (Cronaca degli antichi eventi) è il più antico testo di storia e mitologia giapponese; è datato 712 d.C.

Tutto questo è estremamente importante quando vogliamo riflettere sull'origine della danza. Nelle culture orali non c'è alcuna differenza tra danza e parola: parlare è già una "piccola danza" che coinvolge le labbra, la lingua, il palato, la laringe, i polmoni e infine il cuore stesso. In particolare, quando emettiamo un suono i muscoli della gola eseguono un movimento straordinario, di una delicatezza serica di cui nemmeno il più grande dei danzatori sarebbe capace, attraverso il quale danno forma all'immagine e alla parola. A partire dalla gola, il movimento si trasmette alla bocca, alla respirazione, al cuore e all'apparato circolatorio per arrivare alle mani e ai piedi che in questo modo riescono a "narrare". In particolare nella narrazione mitica e misterica delle origini di un popolo, danza e racconto sono sempre stati un tutt'uno, poiché attraverso la danza le parole che sgorgavano dalla bocca si riempivano della profonda vitalità cosmica. Allora, movimento e parola si fondevano e la danza nasceva direttamente dalla parola. Il corpo riusciva così a stare sempre nel suo *punto d'origine*.

Il *punto d'origine* del corpo è il luogo dove nasce la forza creatrice di cultura. La cultura non nasce solo con la forza delle parole, ma dalla fusione tra corpo e parola. Nella danza precedente all'avvento della scrittura, il corpo e il movimento erano creati per mezzo della parola. Nella danza successiva all'avvento della scrittura, il corpo e la parola sono profondamente divisi poiché la parola, attraverso la scrittura, si ritrova prigioniera del significato. La parola parlata nasce attraverso la voce di un determinato individuo, ma la scrittura ne annulla il calore generalizzando il significato. La stessa cosa è successa con l'introduzione della moneta, che ha trasformato il valore delle cose in un'astratta dimensione numerica. Un tessuto di seta è un dono della natura che otteniamo dipanando il filo dal bozzolo e lavorandolo sul telaio: la moneta trasforma tutto questo in un numero astratto. Il corpo cerca sempre di tornare al suo *punto d'origine* per poter essere capace di creare cultura, ma la danza successiva all'avvento della scrittura non è più in grado di fondere corpo e parola e di riportare il corpo al suo *punto d'origine*. La ragione è che questa danza cerca di generarsi dal caos che essa stessa crea attraverso il rifiuto e la distruzione della parola ormai sclerotizzata dal significato. Soprattutto nella tradizione europea incentrata sul balletto classico è esistita per lungo tempo una scissione tra danza e vocalizzazione, tra danza e parola. Quando è nato il balletto si sosteneva che "il corpo in quanto tale comunica meglio della parola" e mancava l'idea che potesse essere la parola a formare il corpo. Il balletto e la danza successiva all'avvento della scrittura sono, nel loro profondo, afflitte da un immenso e disperato rancore nei confronti della parola istituzionalizzata e ridotta a significato.

Tuttora è talmente radicato il risentimento verso la parola che fa dire a molti: "Danzo perché ho perso la fede nella parola". In realtà si tratta di un ragionamento assurdo. Noi ci mettiamo in relazione con gli altri esseri umani soltanto attraverso la parola e se sostituissimo al termine "parola" quello di "uomo" diremmo: "Danzo perché ho perso la fede negli uomini". Avvicinarsi alla danza con questo atteggiamento ci impedisce di comprendere con chiarezza il rapporto tra corpo e danza e lo avvolge in una fitta nebbia. Le uniche parole in cui il danzatore avrebbe fede sarebbero per assurdo solo le proprie, che dicono: "Non ho fede nella parola". Quando danziamo dobbiamo sempre essere consapevoli di quel profondo strato di risentimento verso la parola che giace nel fondo della danza: la realizzazione di un'opera di danza si accompagna sempre a una grande sofferenza. Ciò di cui la danza ha più bisogno adesso, è comprendere fino in fondo la relazione tra parola e danza[6].

---

[6]. «A chi gli chiede oggi che cos'è il butō, Kasai risponde che non gli interessa saperlo. Quello che cerca invece è "un corpo autentico che possa far nascere la parola vera": "Perché danzo? Dentro di me ci sono cose che non posso esprimere con le parole e allora danzo. Questo non vuol dire però che io non abbia fiducia nelle parole o che non creda nelle parole. Al contrario, io cerco di riconoscere la vera forza della parola. Le nostre parole sono un puro strumento per trasmettere il significato, hanno perso il potere di guarire. Ma la parola vera è un fluire di vita. Io voglio trasformare parole ridotte a simboli in parole di vita. E se nascerà questa parola potrò smettere di danzare"» (Maria Pia D'Orazi, *Akira Kasai, il fantasma di Eliogabalo. Tre studi su Artaud*, «Biblioteca Teatrale», vol. 99-100, Roma, Bulzoni, 2011, pag. 79).

Per liberare la parola dal sortilegio del significato esistono due strade: la vocalizzazione o la trasformazione in caos. Sono direzioni opposte e, nel caso di uno spettacolo di danza, è necessario assolutamente procedere lungo la strada che porta al caos, poiché non c'è niente di più insignificante e mediocre dei movimenti della danza ridotti semplicemente a significato. Ma è altrettanto insignificante e mediocre costringere *il corpo capace di danzare* ad accompagnare l'opera che pur si dirige verso il caos: il corpo non esiste in funzione dello spettacolo di danza. Attualmente nelle opere che sembrano richiedere *il corpo capace di danzare*, il corpo aderisce completamente alla danza. Mentre invece, rispetto alla danza, il corpo dovrebbe diventare autonomo, perché solo allora nasce il "rapporto di tensione cosmica" tra opera e corpo. Ed è allora che la danza precedente all'avvento della scrittura e la danza successiva all'avvento della scrittura, le cui vie si erano divise in un punto remoto della storia, possono ritrovarsi all'interno del corpo del singolo danzatore. Questo danzatore, attraverso l'azione verbale che precede la scrittura e per mezzo della quale la parola forma il corpo, ovvero attraverso la vocalizzazione, raggiunge il *punto di origine del corpo*.

Il punto d'origine del corpo

Ancora oggi sento sempre una leggera vertigine quando provo a pensare al corpo. Pur avendo danzato per decenni ed essendomi quindi confrontato quotidianamente con il mio corpo, farne l'oggetto di un atto cognitivo equivale al problema che la moderna neurologia si pone rispetto al "cervello che pensa il cervello", e mi fa addentrare in uno spazio ricco di ambiguità simile al piano del nastro di Moebius.
Fino a un certo punto dell'infanzia non avevo coscienza di possedere un corpo. Mi chiedo cosa sarebbe successo se questa condizione fosse rimasta viva fino all'ultimo, e spesso mi trovo a desiderare di tornare a quell'età dell'oro precedente alla nascita della consapevolezza del corpo. Tuttavia tale consapevolezza,

una volta risvegliata, non può più essere negata. Se anche ciò diventasse possibile, non potremmo comunque ritornare a quell'età dell'oro. L'inconsapevolezza può essere guadagnata solamente rendendo incandescente la stessa consapevolezza già acquisita, vale a dire che si può ritornare al *punto d'origine* del corpo raggiungendo i limiti estremi della consapevolezza del corpo. Se osserviamo gli animali, possiamo notare che in questo punto sono diversi dall'uomo. Se facciamo vedere uno specchio a un cane, non dimostrerà alcun interesse per la figura che vi si riflette e non darà il minimo segno di avervi riconosciuto l'aspetto del proprio corpo. Se d'un tratto il suo padrone morisse per un improvviso attacco cardiaco, il cane non mostrerebbe ugualmente alcun interesse per il cadavere: è come se per lui il corpo del padrone fosse lì e nello stesso tempo non ci fosse più.

La maggior parte dei pesci ha gli occhi sui lati opposti del corpo e, a differenza delle specie animali superiori, non riesce a focalizzare in un punto il proprio sguardo che, al contrario, spazia costantemente su un angolo di quasi trecento gradi. I pesci quindi, per quanto si possano impegnare, non riescono mai a vedere il proprio corpo coperto di squame: l'unica cosa che sono in grado vedere è l'azzurro dell'oceano. Se chiedessimo a un pesce: "Dov'è il tuo corpo?". Quello potrebbe rispondere solamente: "È l'azzurro dell'oceano". Lo stesso si può dire per gli organismi unicellulari. Da questi esempi comprendiamo che ci sono due modi di intendere lo stato che precede la consapevolezza del corpo. In un caso, come per i pesci, vi è l'impossibilità fisica di vedere il corpo. Nell'altro vi è, come per i cani, la mancanza di consapevolezza del corpo anche se questo rientra nel proprio campo visivo. Tuttavia i pesci non sono prigionieri dei loro corpi luccicanti di squame, come in cani non lo sono dei loro corpi irti di peli. Né gli uni né gli altri considerano il corpo come prigione e da questo punto di vista sono veramente liberi rispetto al corpo.

Al contrario l'uomo, dall'istante in cui si accende la consapevolezza del corpo, vi si ritrova rinchiuso e la liberazione avviene con la morte, il sonno o l'assunzione di alcol o droghe: in ogni caso attraverso metodi che non puntano a rendere incandescente

tale consapevolezza, ma a soffocarla il più possibile. Tuttavia la ricerca del *punto d'origine* del corpo deve prendere la direzione contraria, verso un luogo situato sull'orizzonte in cui la consapevolezza raggiunge il suo grado massimo.
Per quale ragione noi siamo imprigionati nel corpo? Il motivo è uno solo: l'uomo ha il senso del tatto. Per quanto possano essere sviluppati gli altri sensi come la vista o l'udito, senza il tatto l'uomo non riuscirebbe a rinchiudere se stesso nello spazio limitato dall'epidermide. Senza il tatto, interno ed esterno del corpo sarebbero indistinti: il tavolo che abbiamo sotto gli occhi si presenterebbe come il prolungamento del nostro braccio e non avrebbe soluzione di continuità con il resto del nostro corpo, così come la stella polare alta nel cielo non sarebbe altro che una brillante luminescenza all'interno della nostra testa. Senza il tatto non riusciremmo a comprendere che sia il tavolo sia la stella polare sono fuori del nostro corpo. È il tatto che sospinge la luce della stella fuori della nostra testa e che per reazione rinchiude noi all'interno dei nostri corpi[7].
Ma dove si trova in realtà questo spazio che chiamiamo "interno"?

---

7. Nei suoi workshop Kasai insiste molto sulla differenza fra interno ed esterno del corpo: «Quello che chiamiamo corpo è solo esterno; mentre non conosciamo affatto l'interno che ha caratteristiche completamente differenti. Il corpo esterno ha uno spessore, un peso, una grandezza che non esistono per quello interno. Qualora riuscissimo a osservare il corpo interno ci apparirebbe l'infinito, un universo illimitato a differenza dell'esterno che è limitato. Nelle varie lingue pronunciamo: Io; Ich; I; Ego. Ma quando i differenti "Io" dall'esterno penetrano all'interno, allora l'ego esiste in un mondo infinito. Se per ipotesi fossimo cresciuti dalla nascita nelle più completa tenebra e se non possedessimo il senso del tatto, allora vivremmo come ego percependo un ente illimitato quanto l'universo. Nel momento in cui inizia il ricordo la voce perde la sua forza. Allo stesso modo il tatto ha limitato il corpo alla sua dimensione fisica. Una persona che non vede o che non sente è immaginabile, ma una persona che non ha tatto? All'istante sperimenterebbe l'illimitatezza del corpo interno. Una persona senza tatto non potrebbe distinguere la vita dalla morte, non percepirebbe il limite fra sé e lo spazio esterno. Come la memoria ha cancellato la forza della voce, il tatto ha rinchiuso l'uomo nel suo corpo» (Akira Kasai durante un workshop a Roma, maggio 2014).

Riflessioni sul tatto

Possiamo farci un'idea dello stato di chi è privo della vista o dell'udito sin dalla nascita, ma ci occorre uno sforzo di fantasia ben maggiore per immaginare lo stato di chi non possiede il tatto dalla nascita. "Toccare" significa creare un punto di contatto tra se stessi e il mondo. Il suono *fu* che costituisce la radice della parola giapponese *fureru* [触れる, toccare] si trova anche in altri vocaboli come *fusu* [付す, attaccare], *fusagu* [ふさぐ, chiudere], *fusu* [伏す, abbassare, nascondere], *fumu* [ふむ, calpestare], *fuchi* [淵, bordo], *futa* [ふた, coperchio]: tutti termini che hanno in comune l'idea di "tracciare un confine". L'ideogramma 巫 [sacerdote, sciamano] si legge *fu* perché indica il confine tra questo e l'altro mondo. Il "toccare" è la radice di tutti i sensi. Per esempio, negli organismi unicellulari il tatto è un senso che già comprende in uno stato embrionale i sensi dell'udito, del gusto e dell'olfatto, e tende sempre a trasformarsi in un altro senso in reazione agli stimoli provenienti dall'esterno. Possiamo dire che il tatto è il "senso originario" che genera gli altri sensi.

Vedere è "toccare con gli occhi", sentire è "toccare con le orecchie": nell'uomo vista udito gusto e olfatto sono tutti legati a vicenda grazie al tatto. Mettere sullo stesso piano i cinque sensi sarebbe come mettere sullo stesso piano una madre e i suoi figli. Il tatto è la madre che ha generato vista, udito, gusto e olfatto. Questo "senso originario", attraverso l'atto del "toccare", crea la superficie che divide l'io dal mondo. Senza il tatto sarebbe impossibile distinguere l'*io* dall'*altro*.

Nel considerare la funzione del tatto occorre distinguere due tipologie di animali: quelli come i pesci che, vedendo solo il mare attorno a loro e non avendo la percezione visiva del proprio corpo, non sono consapevoli di possedere un corpo; e gli animali come i cani, che non hanno la consapevolezza del proprio corpo pur potendolo vedere.

Gli animali come i pesci o i cani vivono in totale simbiosi con l'ambiente che li circonda. Per i pesci il loro corpo è il mare, per gli animali il loro corpo è il bosco. Nei pesci in particolare il tatto e l'udito sono totalmente fusi. Per essi la pressione dell'acqua, le variazioni della temperatura, il movimento delle correnti marine rappresentano una sorta di esperienza musicale tattile; grazie a questo genere di percezione sensoriale i pesci sono parte integrante del flusso vitale dell'oceano. Non dobbiamo dire che i "pesci sentono il mare", ma che "il mare sente se stesso per mezzo dei pesci", come se i pesci fossero un organo di senso del mare inteso come singola forma di vita. Pur essendo mammiferi, anche nelle balene, né più né meno che nei pesci, tatto e udito funzionano come un unico senso. Le balene vivono con il mare e percepiscono ogni minimo cambiamento del suo stato. È straordinario come, nonostante la loro mole eccezionale, le balene non possano mai vedere il proprio corpo. Anche nel loro caso possiamo affermare che non sono le balene a sentire il mare con il proprio corpo, ma è il mare che per mezzo delle balene riesce a sentire se stesso. Il rapporto tra il mare e i pesci o le balene è identico a quello tra l'uomo e il proprio orecchio. Né i pesci né le balene hanno, a differenza dell'uomo, "percezione di sé", come non potrebbe d'altronde averlo il timpano. La percezione di sé appartiene all'uomo e, in modo identico, al "mare vivente" che percepisce se stesso per mezzo di tutte le forme di vita che ospita. Se invece di "mare" dicessimo "dio del mare", non dovremmo più considerare l'idea di ritenere i pesci e le balene "messaggeri del dio del mare" come una primitiva rappresentazione della fantasia.

Un uomo può dire che le balene sono grandi e le alici sono piccole, ma chi non ha mai visto il proprio corpo non può avere la minima idea delle proprie dimensioni: può credersi minuscolo come un puntino o immenso come l'oceano. I mammiferi riescono a vedere parzialmente il proprio corpo e possiedono il tatto, eppure non distinguono l'interno del corpo dall'esterno. La ragione è che nei mammiferi il tatto non crea una superficie di confine, ma agisce esclusivamente verso l'esterno. Quando un cane sbatte contro un palo, non è il cane che crea la sensazione tattile del palo, ma il palo che conferisce la sensazione al cane. Il mondo esterno non entra all'interno dell'animale attraverso il "filtro" costituito dai sensi. Negli animali i sensi funzionano non come filtri ma come specchi che riflettono l'esterno senza trasferirlo all'interno. In questo modo "il mondo esterno di partenza" e "il mondo esterno come riflesso dei sensi" sono un'unica entità indifferenziata. Negli animali il corpo si espande nell'intero mondo esterno creato dall'azione di riflesso dei sensi, e il corpo diventa un tutt'uno con questo mondo esterno. Il corpo degli animali è la natura nella sua interezza, l'intero universo che si estende al di là del tatto. Il corpo è ciò che sta fuori, non dentro l'epidermide: questa è una verità fondamentale. Al contrario l'uomo ha completamente perduto il senso del corpo che si unisce al mondo esterno, il corpo al di là dei sensi, ha perduto addirittura la capacità di immaginare questo "corpo esterno". Il motivo è sempre il tatto. Mentre negli animali il tatto agisce verso l'esterno, nell'uomo agisce verso l'interno e ciò crea un involucro. "Toccare" significa distinguere l'interno dall'esterno e generare, nel punto dove avviene il contatto, una minuscola "percezione di sé". Diversamente dagli animali, nell'uomo il corpo plasma all'interno dell'involucro tattile questa percezione ed è per questo che viene imprigionato all'interno dell'epidermide. Questo stato presenta in realtà un'analogia con gli animali: anche loro sono imprigionati, ma lo sono all'esterno della cute. Attraverso la categoria del tatto ricaviamo così due modelli di corpo. Nel caso di pesci o mammiferi, nei quali i sensi non si rivolgono all'interno ma si riflettono totalmente verso l'esterno, è il mondo esterno che prende coscienza di sé attraverso gli animali: i pesci sono i sensi dell'organismo mare, i lombrichi sono i sensi dell'organismo terra, gli uccelli sono i sensi dell'organismo aria. Solamente l'uomo percepisce a favore di se stesso il mondo esterno e di conseguenza ha finito per crearsi un corpo a grandezza naturale.

Animali e cosmo

Quando si ragiona intorno al corpo degli animali, non bisogna mai commettere l'errore di considerarlo simile a quello umano, anche se entrambi sono costituiti da arti, testa e torso.

un libro chiamato corpo

Gli animali vivono in totale unità con il mondo naturale. Anche l'uomo, ovviamente, fa parte di questo mondo, ma lo ha oggettivato e separato da sé diventando completamente indipendente dalla natura. Gli animali al contrario, per mezzo della natura sono legati alla totalità del *cosmo*.

Cosa s'intende qui per *cosmo* [宇宙, *uchū*]? Attraverso gli occhi e gli altri organi di senso noi percepiamo semplicemente l'aspetto esteriore della natura, ma come ogni persona nasconde dentro di sé un proprio mondo interiore, anche la natura possiede il proprio mondo interiore. Il cosmo è quindi "il mondo interiore della natura". Non possiamo vedere materialmente il cosmo. Il mondo interiore di ogni individuo è collegato al cosmo di modo che tutto ciò che si genera dall'interno dell'uomo – amore e odio, condivisione e avversione – fluisce nel cosmo.

Siamo abituati a chiamare "cosmo" lo spazio popolato di stelle e pianeti che ammiriamo alzando gli occhi al cielo notturno, i cui esploratori sono appunto "cosmonauti". Ma se ci atteniamo a una definizione più precisa di questo termine, quello che vediamo con i nostri occhi non è altro che un aspetto della natura, non il cosmo. Quest'ultimo non è l'apparenza della natura fatta di stelle e pianeti, ma la totalità del suo mondo interiore.

Se da un aereo osserviamo le catene di monti o le distese marine, noi pensiamo di stare a guardare il paesaggio della natura, non il cosmo. Se rivolgiamo lo sguardo alle stelle che punteggiano le alte tenebre del cielo, pensiamo di ammirare lo spazio cosmico. Ma per quante migliaia di anni luce possano essere distanti da noi, finché sono visibili all'occhio anche le stelle sono solo parte della natura, non sono il cosmo.

Occorre definire con precisione i concetti di "natura" e di "cosmo". A causa di un uso poco consapevole di questo termine, spesso finiamo per considerare il cosmo "la natura che si estende senza limiti". Ma la natura rimane natura, sia che si tratti di una limitata estensione di terre e di acque sulla superficie della Terra, sia che si tratti dello spazio infinito. Anche il Sole o Giove o Sirio, dal momento che sono materialmente visibili, sono solo parte della natura. Se vediamo una persona o ne vediamo cento milioni, comunque noi osserviamo l'aspetto esteriore dell'essere umano. Per arrivare al mondo interiore dell'uomo non basta semplicemente osservarne tanti. Analogamente non riusciamo a percepire il cosmo osservando solo la natura, per quanto questa si espanda all'infinito. Anche il Sole e la Terra, finché sono vivi, possiedono il loro mondo interiore, e lo stesso vale per i monti, i mari e i continenti. Così definito, il cosmo coincide con il termine 天 [*ame* ovvero *ten*, cielo] utilizzato dai giapponesi.

Gli animali sono integralmente fusi con la natura e anche con il cosmo inteso come interiorità. Per vedere il cosmo, così come per vedere il mondo interiore dell'uomo, occorre un metodo di osservazione completamente differente da quello delle scienze naturali[8].

Gli animali si rivolgono costantemente verso il cosmo: gli uccelli che cinguettano, il leone che insegue la preda, i pesci che nuotano nell'oceano sono rivolti verso il cosmo e non se ne separano mai. Non è così per l'uomo che è separato dalla natura: la distrugge oppure ne fa uso come un proprio strumento e così ha perso il cosmo in quanto lato interiore della natura. Come gli altri mammiferi anche gli uomini sono dotati di una testa e di quattro arti, ma la natura del corpo degli uni e degli altri è distante quanto il cielo dalla terra.

---

8. Kasai definisce la dimensione interiore come un flusso di energia e da questo punto di vista oppone due sistemi d'indagine scientifica differenti, ovvero un modello newtoniano meccanicistico a un paradigma energetico, come spiega lui stesso: «L'Occidente ha creato le scienze naturali moderne basandole sull'osservazione della materia dall'esterno. Mentre al contrario gli orientali hanno sempre percepito la materia dall'interno. Le scienze naturali misurano altezza profondità ampiezza e collocano un oggetto in uno spazio tridimensionale. La cultura orientale si è sviluppata invece come se ogni cosa fosse trasparente e si potesse guardare nel suo interno, come se il mondo intero non fosse altro che un enorme cristallo. Lo sguardo non si posa, attraversa le cose, e con questo stesso sguardo entriamo nel butō (...) Nel butō il corpo nella sua totalità è un organo di senso per sentire lo spazio, il suo esterno e il suo interno» (Akira Kasai durante un workshop a Tuscania, luglio-agosto 2011). Poco più avanti nel testo, precisa anche che la scienza si occupa dei rapporti di causalità tra i fenomeni secondo le leggi della logica, ma non indaga affatto sul "fine" di questi fenomeni. Allora lo spazio interno diventa anche uno spazio di relazione che mette in gioco il potere dell'immaginazione.

un libro chiamato corpo

Gli animali e la natura sono indissolubilmente legati dal "cosmo come lato interiore". L'affermazione "i pesci sono l'organo di senso del mare" non è assolutamente un semplice artificio retorico, perché se i pesci si estinguessero il mare diventerebbe un "mare senza occhi". I pesci non percepiscono le correnti, la pressione o la temperatura ai fini della propria sopravvivenza: è il mare che li ha creati come suoi organi di senso in modo che le informazioni sensoriali raccolte dai pesci fluiscano nel cosmo. Niente è inutile in natura, perché anche l'essere in apparenza più insignificante assolve al suo compito di organo percettore del cosmo. Sono addirittura gli animali invertebrati come lumache, lombrichi o meduse a fornire al cosmo le informazioni più preziose, perché quelle che provengono dai mammiferi, come maiali, mucche o pecore, sono disturbate da elementi emotivi relativi al proprio stato di benessere fisico. Gli invertebrati non provano sensazioni di benessere, né più né meno degli occhi o delle orecchie, e come questi riescono a trasmettere informazioni sensoriali pure.

Il grado di salinità dei mari è regolato in maniera molto delicata tanto che, se subisse uno sconvolgimento, la vita nei mari si estinguerebbe. Lo stesso vale per la proporzione di ossigeno nell'atmosfera. Chi è responsabile di questo delicato meccanismo di regolazione? Sono tutti gli animali – escluso l'uomo – che, in qualità di "organi di senso del cosmo", assolvono a questa funzione.

Se l'uomo continua a distruggere la natura sconvolgendo gli equilibri dell'ecosistema, gli organi di senso impazziranno perdendo la capacità di regolazione e il cosmo si avvierà verso l'autodistruzione. Allora l'uomo sarà chiamato a rendere conto di responsabilità incalcolabili nei confronti della natura e del cosmo. Certo è che il corpo dell'uomo è completamente differente da quello degli animali. Di conseguenza l'uomo ha funzioni e compiti nei confronti della natura e del cosmo completamente diversi dagli altri animali, ma per assolverli deve impegnarsi seriamente nella *lettura del libro chiamato corpo*.

Il mondo interiore

Per iniziare la riflessione sul corpo bisogna prima di tutto chiedersi se l'uomo si mette in relazione con l'esterno o con l'interno del proprio corpo. Ma occorre prima ancora domandarsi quale sia il soggetto che si mette effettivamente in relazione con questa interiorità o esteriorità. Per rispondere è necessario considerare il soggetto che chiamiamo "Io".
L'*Io* agisce come soggetto nei confronti del corpo come anche di ogni altro aspetto dell'esistenza. Se ci domandiamo in che modo esista questo *Io-soggetto*, troviamo tre differenti risposte relative al punto di vista adottato.

La prima prospettiva fa dipendere l'esistenza sostanziale dell'*Io* dal funzionamento delle cellule neurali costituenti il fulcro di quella complessa organizzazione biologica che è il corpo umano. L'esistenza dell'Io è indubitabile perché siamo in grado di percepirla come reale, ma la morte dell'organismo biologico determinerà necessariamente l'annullamento dell'Io.

La seconda prospettiva, senza negare l'esistenza reale dell'organismo materiale animato dai neuroni, contemporaneamente assegna all'*Io* una realtà autonoma rispetto alla materia: si tratta di una visione dualista secondo cui coscienza e materia coesistono in modo parallelo.

Esiste infine una terza prospettiva secondo la quale ogni cosa è generata dalla coscienza immateriale. La materia in quanto tale non esiste poiché abbiamo la percezione della sua esistenza esclusivamente attraverso la coscienza: è un'esistenza che *appare* reale. L'*Io* è il soggetto che prende coscienza dell'atto cognitivo.

Si tratta dei tre approcci classici della riflessione sulla natura dell'*Io* che si sono susseguiti e alternati nel corso della storia del pensiero: la prospettiva materialista (unicità della materia), dualista (coesistenza di materia e coscienza) e idealista (unicità della coscienza). Anche le neuroscienze e scienze della vita contemporanee, nonostante la loro apparente varietà di soluzioni, finiscono sempre con il fare riferimento all'una o l'altra di queste prospettive. Gli scienziati combinano gli elementi delle tre teorie nel modo che fa loro più comodo evitando di uscire dai limiti imposti dall'ortodossia accademica, non riuscendo però mai a raggiungere conclusioni definitive.

Se la coscienza nasce esclusivamente dall'ammasso di neuroni che costituisce il nostro cervello, l'Io-soggetto sarà solo il frutto di un processo fisico la cui esistenza avrà fine non appena il cervello cesserà di funzionare: questa è la visione che sta alla radice dell'inconsapevole nichilismo dell'uomo contemporaneo.

Sarebbe anzi più corretto affermare che è il pensiero scientifico in quanto tale a contenere il germe del nichilismo, poiché esso pretende di poter comprendere la realtà quando riesce a dare una spiegazione logica dei fenomeni. Per esempio la scienza spiega l'ipermetropia negli anziani con l'eccessiva vicinanza tra la retina e il cristallino, per cui i raggi provenienti dall'oggetto osservato si concentrano in un punto situato al di là della retina stessa. Questa è la spiegazione del fenomeno che tuttavia non riguarda affatto la sua "realtà". Nel caso in questione, ricercare la realtà significherebbe domandarsi quali siano le forze che causano la distorsione dello spazio tra la retina e il cristallino. Solo in questo modo potremmo scoprire la realtà, ovvero che l'ipermetropia si sviluppa quando lo spirito tende a distaccarsi dal corpo. Si ritiene che l'ipermetropia abbia un'incidenza di gran lunga superiore tra gli affiliati delle organizzazioni malavitose, perché sono costretti a sottomettere il *corpo* dell'individuo allo *spirito* dell'organizzazione. Un affiliato miope non potrebbe sottrarsi al sospetto di privilegiare il proprio corpo rispetto allo spirito del clan.

La scienza spiega i rapporti di causalità tra i fenomeni secondo le leggi della logica, ma non indaga affatto sul fine di questi fenomeni. La scienza può spiegare il vento come un fenomeno prodotto dalle differenze di pressione atmosferica, ma non si domanda quale sia lo scopo per cui il vento soffia. Il fine potrebbe essere individuato soltanto se ci trasferiamo in una dimensione religiosa, utilizzando per esempio la categoria del "vento divino"[9]. Se osserviamo l'uomo soltanto attraverso gli schemi di

---

9. *kamikaze* in giapponese (*ndt*).

pensiero imposti dalla scienza, non potremo mai riflettere sullo scopo della vita o sul ruolo dei sogni nella nostra esistenza. L'uomo però non vive senza obiettivi e senza sogni e infatti, ignorando la logica scientifica, si dedica con passione a tutto ciò che gli detta la propria volontà. Tuttavia quel che facciamo sarebbe comunque vuoto di senso se pensassimo che tutte le capacità che mobilitiamo, le fatiche che affrontiamo e i risultati che raggiungiamo in funzione dei nostri scopi dovranno annullarsi con la morte. Se fossi certo che l'Io è solo il frutto dei processi chimici del cervello e che la sua distruzione comporta l'annullamento completo dell'Io nel tempo e nello spazio, non esiterei un istante a estirpare di mia volontà me stesso da questo mondo attraverso il suicidio. Tantomeno potrei minimamente sentire la necessità di danzare: preferirei rimanere a osservare le immagini di automi che danzano. Sostenere quindi che non esiste coscienza senza che funzionino i neuroni è un modo di spiegare la genesi della coscienza attraverso l'individuazione di processi di causalità materiali, ma siamo ben lontani dal comprendere la reale natura della coscienza.

Che sia qualcosa di lineare o che, come spiegano le moderne scienze della vita, sia organizzata in maniera incredibilmente complessa, la materia rimane materia, confinata nella dimensione inerte di *oggetto*, di *materiale*. Per quanto possa essere complessa la sua organizzazione, è impossibile che dalla materia nasca la coscienza a sua volta generatrice dell'Io-soggetto. Equivarrebbe a sostenere che sia possibile generare il tempo dividendo lo spazio in particelle infinitesimali per poi riassemblarle insieme: il tempo non esiste in nessun luogo del mondo esteriore. Se lo spazio che consente l'esistenza della materia è il mondo esteriore, è nel mondo interiore che esiste il tempo. A questo medesimo mondo appartiene anche la coscienza.

L'uomo è l'unico soggetto capace di entrare in relazione "dall'interno" con il mondo, il corpo e la materia. Le scienze naturali riescono a toccare la materia solo dall'esterno, mai dall'interno, mentre un singolo uomo può percepire e comprendere la materia dall'interno riuscendo così a fare quello che le scienze naturali non potrebbero ottenere nemmeno con milioni di contorsioni. È questo il senso della *lettura del libro chiamato corpo*: leggere il lato interiore della materia è esattamente il contrario di ciò che è in grado di fare la scienza.

La relazione tra coscienza e materia varia a seconda della prospettiva di riferimento adottata: materialista, dualista o idealista. Per comprendere queste differenze nell'ambito della riflessione sui meccanismi del pensiero dobbiamo addentrarci nel "territorio della parola".

"Conoscere" significa unire il particolare al generale. Se indichiamo il muschio che copre una roccia e affermiamo: "Questo è un vegetale", con il termine "questo" designiamo l'oggetto particolare e distinto che abbiamo sotto gli occhi, mentre "vegetale" è un concetto generale che include tutto quel che non è né animale né minerale. Dicendo "questo è un vegetale" uniamo l'oggetto particolare al concetto universale. Questa azione genera conoscenza, ma le sue modalità appaiono completamente differenti a seconda della prospettiva di riferimento.

Secondo la prospettiva materialista, il concetto di "vegetale" non trova un corrispettivo nella realtà in quanto indica solamente un "significato", un'astrazione priva di esistenza sostanziale. Nella proposizione "questo è un vegetale", il concetto di "vegetale" deve necessariamente comprendere tutte le forme di vita vegetali della terra o meglio dell'universo intero, ma nella teoria materialista un tale concetto generale non esiste da nessuna parte in quanto realtà, perché l'unica realtà ammissibile è la realtà particolare di "questo muschio". Il concetto di "vegetale" è uno strumento che mi permette di classificare la particolare forma di vita che sto osservando distinguendola dagli animali o dai minerali, ma in nessun luogo dell'universo il concetto di "vegetale" si sostanzia in qualcosa di reale, allo stesso modo in cui i meridiani e i paralleli delle carte geografiche non sono realmente tracciati sulla superficie terrestre. L'unica realtà è l'oggetto particolare che viene specificato attraverso il concetto generale. Così è anche nel caso del concetto di "uomo" nella proposizione "costui è un uomo". Secondo la prospettiva materialista l'unica realtà è quella concreta del singolo individuo. Da questa prospettiva è impossibile generare la relazione che unisce "dall'interno" l'uomo con il mondo, la materia e il corpo: qui l'unica realtà è quella "esterna".

La prospettiva dualista assegna un'esistenza sostanziale sia all'oggetto "muschio" sia alla coscienza generatrice del concetto di "vegetale". In ragione dell'esistenza viva e reale del muschio, anche il concetto di "vegetale" non si limita al significato ma diventa anch'esso vivo e reale: i due termini della proposizione si specchiano l'uno nell'altro. L'essere particolare "muschio" si riflette nello specchio della coscienza: il legame tra "muschio" e coscienza permette la definizione operata dalla parola. Tuttavia rimanendo in un'ottica dualista non riuscirò mai a fondere i due termini in modo definitivo poiché nella proposizione "questo muschio è un vegetale" il concetto di "vegetale" non nasce affatto dalla realtà sostanziale costituita dall'*interno del vegetale*.

Se ad esempio riunisco cento uomini e assegno a ciascuno un numero da uno a cento e poi dico: "Rossi è il numero dodici", "Bianchi è il numero trentatré"; nell'affermare che "Rossi è il numero dodici" sto soltanto indicando un uomo per mezzo di un numero che, in quanto numero, gode di un'esistenza autonoma rispetto all'uomo. Inoltre poiché sto indicando un particolare per mezzo di un particolare, la mia operazione non genera alcuna forma di conoscenza. In questa situazione, *interno* ed *esterno* dell'uomo, del corpo e del mondo si volgono le spalle senza unirsi e la parola rimane confinata nel mondo della parola senza riuscire a incarnarsi nella materialità del particolare.

Di contro, la visione idealista afferma che l'esistenza del concetto non ha una dimensione astratta poiché la coscienza definita dalla parola "vegetale" è la "sostanza generatrice di tutti i singoli esemplari di vita vegetale del mondo". Le rose, i gigli o le margherite sono un "qualcosa" che appare all'interno della coscienza generatrice del concetto di "vegetale"; ma non ponendoci in una prospettiva dualista, si tratta di un "qualcosa" che non ha esistenza sostanziale ed è solamente l'ombra dell'unica realtà rappresentata dalla coscienza generatrice del concetto: è il *māyā* del pensiero orientale e corrisponde alla teoria di Platone che il mondo fenomenico è solamente l'ombra delle idee. Dal punto di vista idealista l'unica esistenza sostanziale è *l'interno*.

Riflettendo sull'Io-soggetto alla luce di queste teorie, comprendiamo che secondo la prospettiva materialista l'Io è solo illusione perché la sostanza sta nella materialità fisica dell'individuo; secondo quella idealista l'unica esistenza sostanziale è la coscienza soggettiva dell'Io mentre è illusoria la materia in quanto generata dalla coscienza; secondo quella dualista infine, le due realtà si toccano respingendosi come olio e acqua. Le tre prospettive sono comunque accomunate dall'idea di rappresentare processi mentali che tentano di dare una spiegazione al rapporto che si instaura tra coscienza e materia. Ma la "realtà" del rapporto coscienza-materia si trova oltre lo spazio definito da queste tre teorie. Questo è il destino della parola intesa come significato: la realtà tradisce la parola nell'istante stesso in cui essa si fa parola. Sostanza e realtà si trovano sempre al di là della definizione operata dalla parola. Ma non ne dobbiamo fare un dramma, poiché sia la coscienza che la materia si trasformano nella forza motrice della storia, della natura e del cosmo nel momento in cui superano il limite imposto dalla parola intesa come sistema di significati, e da quel momento questa forza non rimane più confinata in un singolo punto. È come un'opera musicale che il compositore compone una volta per sempre, ma che sprigiona nuova energia ogni volta che l'orchestra trasforma lo spartito in musica.

Anche il più convinto dei materialisti non potrebbe negare la realtà dell'Io che sente pulsare ogni istante della propria esistenza, né il più acceso degli idealisti potrebbe negare la realtà del solido cristallo che stringe con le proprie mani. Ma sarebbe impossibile avvicinarsi alla "realtà del corpo" senza costruire la tensione dialettica tra queste realtà e l'immagine del mondo che emerge dalla riflessione personale. Una nuova immagine del corpo deve ora nascere dal crogiolo in cui si mescolano semplicità e complessità, realtà viva e pensiero razionale.

akira kasai

L'uomo comprende e riconosce la materia dall'interno

Se vogliamo conoscere "l'interno dell'orologio", possiamo aprire la cassa e osservare i meccanismi che vi sono racchiusi; in modo analogo l'interno dell'essere umano può essere osservato aprendo il ventre con un bisturi e mettendo allo scoperto le viscere. Ma in realtà non osserveremmo l'interno, quanto piuttosto solamente un "ulteriore strato esterno" che fino ad allora era rimasto celato alla vista. Estraendo il cervello di un uomo, non vedremmo "l'interno della testa" ma sempre un nuovo genere di esterno. Allora dove si trova il vero interno del corpo?
L'uomo è l'unico essere al mondo capace di mettersi in relazione con il mondo, il corpo e la materia dal loro interno. L'uomo riesce a percepire e riconoscere la materia dal suo interno facendo qualcosa che è impossibile al metodo scientifico.
Occorre chiarire che il fatto stesso di chiedersi *dove* sia l'interno sia un modo sbagliato di impostare il problema. L'interrogativo "dove?" corrisponde a un luogo posto esclusivamente nello spazio esteriore. Prendiamo per esempio i celebri versi che Rainer Maria Rilke ha dedicato all'*interno delle rose*:

Dov'è per questo interno
un fuori? Su quale pena
lini come questi vanno a porsi?
Dentro, quanti cieli si riflettono...[10]

L'*interno delle rose* compare nel momento in cui le rose si uniscono all'uomo Rilke. L'*interno* non è un *luogo*, ma un *istante* in cui l'uomo si fonde con il cosmo, la natura e il corpo. Non esiste un metodo specifico per evocare questo "interno che appare nell'istante": esso compare come una piccola ferita nel momento in cui l'uomo e le cose s'incontrano, una piccola ferita tanto illimitata da inghiottire la volta celeste.

---

10. Traduzione dal tedesco di Lorenzo Gobbi (*ndt*).

un libro chiamato corpo

Nell'esistenza diurna l'uomo tratta il proprio corpo come oggetto o strumento: gambe per camminare, mani per afferrare, mascelle per masticare. Al corpo diurno si assegnano ruoli e funzioni, ma in realtà l'uomo compie anche questi movimenti funzionali *dall'interno*. Muovere il corpo *dall'interno* è impossibile per macchine e robot, ma l'uomo ci riesce perché cerca sempre di andare incontro al proprio corpo dall'interno. Poi di notte, quando scende il sonno, non appena il corpo funzionale si spegne, gli occhi si chiudono e nella quiete notturna le orecchie ascoltano il rumore del silenzio, nell'attimo in cui accade l'incontro puro tra l'Io e il corpo, scaturisce il sogno. Il sogno è il mondo d'immagini che compare nell'istante in cui l'Io incontra il proprio corpo *dall'interno*.

L'uomo entra all'interno del proprio corpo una volta al giorno durante quel sonno che interrompe l'azione del corpo funzionale. Nel sonno si placano i turbamenti dell'animo e le onde delle emozioni che si sono susseguite durante il giorno. Non appena il corpo viene avvolto dalla quiete comincia a espandersi lo spazio interiore. Ma nell'istante successivo l'uomo cade nello stato d'incoscienza che impedisce a noi che affondiamo nella tenebra di percepire direttamente tale spazio interiore. Se riuscissimo a "svegliarci durante il sonno" ai nostri occhi apparirebbe quello spazio interiore che è così differente dallo spazio fisico. Il sogno è uno dei paesaggi dell'interno del corpo.

Il sogno è saturo di fantasia. L'interno del corpo è saturo di fantasia illimitata. Durante il moto i muscoli si contraggono e si distendono con impeto. Se entrassimo all'interno dei muscoli in movimento, vi potremmo osservare una sorta di tessuto in cui s'intrecciano le parole dette, le emozioni provate e tutti gli innumerevoli stati d'animo attraverso cui siamo passati. Chi pensa che l'interno dei muscoli sia costituito da fibre naturalmente sta ancora osservando i muscoli dall'esterno. Osservandoli dall'interno troviamo una sorta di "cielo in cui il sussurrio delle parole soffia come vento", uno spazio in cui le parole compaiono in un istante e scompaiono in quello successivo.

Un profondo legame unisce il movimento del corpo alle parole

115

e alle emozioni, mentre l'interno dei muscoli rappresenta esso stesso un mondo illimitato cui a sua volta si lega il movimento. Non c'è niente di più misterioso del movimento del corpo. Alzare un braccio, fare un passo: in ciascuno di questi movimenti elementari turbinano come vento i sogni visti all'alba, le parole pronunciate ieri, le fantasie che hanno attraversato la nostra immaginazione. Il movimento del corpo è quanto di più lontano da una reiterazione meccanica e inorganica. Per esempio un attore del teatro *Nō*[11] impiega una vita intera per padroneggiare una sequenza di tre passi. Perché tutto ciò?

Nel turbine del tifone
una piuma solitaria
imperturbabile nel vento
traccia così una linea retta.
E nel silenzio scende.

Attraverso le orecchie arrivano all'uomo numerose parole, ma solamente la parola "Io" non può giungere mai dall'esterno. Nell'intero universo "Io" è l'unica parola che non può essere usata da altri: non possiamo venire interpellati con un: "ehi, Io!". Questa parola risuona solo a partire dall'interno del corpo, vibra come magia attraverso il corpo da luoghi e tempi distanti centinaia di milioni di anni.

Se la coscienza dell'Io e la parola "Io" risuonano dentro il corpo, significa che esse sono esistite nel corso dell'intero tempo cosmico fino a questo stesso istante in cui stanno facendo vibrare il suono "Io" dentro il mio corpo. Pensiamo a un sassolino che troviamo in giardino. L'esistenza di questo sassolino è una linea ininterrotta che ci conduce all'inizio dei tempi: questo sassolino si è staccato da una roccia più grande, la quale a sua volta si è sollevata dal sottosuolo nel corrugarsi della crosta terrestre, al

---

11. Si tratta di una delle forme di teatro tradizionale più antiche del Giappone (XIV secolo) che porta in scena un mondo soprannaturale popolato di divinità, spiriti, fantasmi, o ancora eroi leggendari e personaggi storici.

cui interno è esistita nelle ere precedenti, e ancora prima... Se risaliamo lungo le origini del sassolino giungiamo alla nascita dell'universo. In tutto questo tempo la sua esistenza si è perpetuata senza conoscere una sola interruzione. Anche con i vegetali e gli animali, se risaliamo lungo la linea dell'*origine delle specie*, giungiamo ugualmente alla nascita dell'universo. L'Io esiste ininterrottamente sin dalla nascita dell'universo. Anzi, da prima di esso: è lo stesso "Io" che ora risuona nel mio corpo. Per questo io esisto anche nell'interno dell'aria, della terra, dei mari, io esisto nell'interno dei vegetali, degli animali, dei rettili. L'aspetto di ogni cosa è completamente differente se la si osserva dall'esterno o dall'interno. Nell'*interno della rosa* si riflettono i cieli, le stelle e i sogni degli uomini perché ogni petalo è un occhio per osservare il mondo. Ogni vegetale e ogni animale è organo di senso del cosmo inteso come mondo interiore della natura intera. Tutto ciò che esiste nella natura vive in quanto "organo di senso del cosmo". Fiori, uccelli, fiumi, piogge, insetti: ogni forma di esistenza costituisce un ingresso per il cosmo come mondo interiore della natura. Guardare le cose dall'esterno è differente dal guardarle dall'interno, come osservare le infinite onde che increspano la superficie del mare è differente dal comprendere la totalità dell'oceano.

Quando avevo diciotto anni ho conosciuto un danzatore di nome Kazuo Ōno: è stato l'incontro decisivo nella mia vita dedicata alla danza. A quei tempi Ōno, che ancora doveva fare il suo esordio all'estero, aveva pochissimi allievi tanto che per quasi tre anni mi ha dato praticamente lezioni individuali. Posso sintetizzare l'esperienza di questo periodo in una frase: "Entrare all'interno del corpo". Durante la seconda lezione Ōno mi assegnò questo tema:

osservare il mondo
con occhi di piombo

Le lezioni si svolgevano in un edificio circondato di montagne coperte di boschi e attraverso le finestre potevo godere l'alternarsi delle fioriture nelle diverse stagioni. Al ritmo del tamburo ho lasciato fluire come vento le parole che Ōno andava improvvisando. Ho piantato due masse di piombo al posto dei globi oculari e ho cominciato lentamente a muovermi sentendo me stesso discendere gradualmente nella quiete, nella tenebra che rifiuta tutto ciò che è umano, nel luogo dove il tempo e lo spazio non esistono più. A questo punto non importava se avevo o meno raggiunto *l'interno del piombo*: avevo piuttosto la chiara consapevolezza che, se era quello veramente *l'interno del piombo*, io ne stavo percependo meno di un milionesimo. L'esterno del piombo è il "mondo di dati" che ci informano sulla massa, il peso o il colore. L'interno del piombo che si genera nell'incontro tra me stesso e il piombo è invece uno spazio tanto illimitato che non potrei mai terminare di attingervi, anche supponendo di sentire o immaginare senza limiti. La differenza tra spazio interno ed esterno è quella tra infinito e finito. Lo spazio interno non ha limiti: detto con altre parole è un *cadere nell'abisso*. Se uno spazio interno fosse limitato, allora vorrebbe dire che in realtà esso è solo parte dello spazio esterno. Lo spazio interno appare grazie alla continua azione immaginifica dell'uomo ed è quindi uno spazio completamente attivo. Se per esempio raggiungessi la superficie della Luna, potrei contemplarne il paesaggio tenendo aperti gli occhi. Ma per quanto fantastico possa sembrarci lo spettacolo, si tratterebbe di uno spazio in cui io non sto generando niente, uno spazio completamente passivo. Il fondamento dell'oggettività delle scienze naturali è proprio questa passività. Ma lo spazio interno che nasce attraverso la contemplazione della superficie lunare non avrebbe esistenza passiva. Lo spazio interno compare sempre grazie all'azione creatrice che nasce quando vi riverso il lavoro di tutti i miei sensi.

Pregiudizi ed equivoci intorno al corpo

All'inizio di *Sotoba Komachi*, un'opera del teatro *Nō* scritta da Kan'ami, ascoltiamo questi versi:

un libro chiamato corpo

Noi che siamo nati nell'interludio di un sogno, cosa possiamo pensare che sia la realtà?
Noi che solo per un caso fortuito abbiamo ricevuto forma umana...

Queste parole lasciano dedurre che l'universo è affollato da un numero infinito di esseri che vivono senza possedere un corpo. Solo pochissimi hanno la possibilità di entrare in possesso di un corpo. Il cosmo, inteso come interno della natura, è unito al mondo interiore del corpo umano perché quest'ultimo è saturo di "esseri che vivono senza corpo": è il mondo dei morti, dei sentimenti di gioia o di dolore di chi non ha corpo, di coloro che respirano le parole come se per loro fossero aria.
Se noi avessimo solo il coraggio e la forza di scrutare le profondità senza limiti dell'interno del corpo, potremmo incontrare in ogni momento gli esseri che lo popolano.
Tuttavia noi, pur stando all'interno del corpo, non riusciamo a entrare nella dimensione del mondo interiore unito al cosmo.
L'uomo è respinto persino dal proprio interno a causa del pregiudizio, dell'equivoco e dell'errore che riguardano il corpo. Il corpo non è ciò che è delimitato dalla superficie della pelle. Immaginiamo una piccola isola nel Pacifico meridionale che giorno per giorno cambia forma e posizione per effetto delle correnti, dei venti, della variazione della temperatura del mare. Quel che a uno sguardo distratto sembra uguale a ieri, in realtà oggi è già un'altra isola. Lo stesso succede con il corpo: anche se in apparenza è sempre lo stesso, cambia istante dopo istante per effetto delle correnti, dei venti e del calore dell'interno del corpo.
Forse invece di dire "interno", potrei farmi comprendere meglio parlando di "anima". Ma parole come "anima", "cuore" o "spirito" hanno perso la loro forza originaria per l'eccessiva sedimentazione di significati. Succede con moltissime parole: più un termine si avvicina al nucleo del lato interiore dell'uomo, più ci volta le spalle perdendo la capacità di penetrare l'essenza delle cose. Sono proprio termini come "amore", "fiducia" o "sincerità" che per la loro stretta relazione con l'essenza dell'uomo stanno diventando "cadaveri di parole".

Per indagare il lato interiore dell'uomo si fa generalmente riferimento a forme di conoscenza come l'esoterismo o lo spiritualismo. Ma per noi che cerchiamo di raggiungere l'interno della materia, l'interno delle cose, è molto difficile usare gli strumenti cognitivi che ci offrono le scienze specializzate nell'analisi dell'interno dell'essere umano.
Più si specializza, più la parola si trasforma in segno. L'esoterismo spiega l'interno del corpo in termini di *corpo eterico* o di *corpo astrale* ma ai nostri giorni queste espressioni sono già ridotte a segni che ci volgono le spalle. L'esoterismo e lo spiritualismo devono impegnarsi adesso a trovare un linguaggio completamente nuovo altrimenti sprofonderanno nella palude in un istante come *La Casa degli Usher* di Poe.
Per questo io cerco di concettualizzare nel modo più puntuale possibile parole che noi usiamo abitualmente, in particolare i termini "natura" e "cosmo". La terra e le stelle sono sempre "natura". Anche se si parla dell'esplorazione degli "spazi cosmici", lo spazio che si estende nel cielo è "natura". Pensiamo a una situazione inversa alla nostra. Se un abitante di un pianeta della costellazione del Centauro osservasse la Terra con un telescopio potrebbe dire: "Sto osservando il cosmo", ma noi terrestri ci considereremmo comunque parte della "natura" e non del "cosmo". Anche i pianeti rimangono natura. Il cosmo è qualcosa che non si vede a occhio nudo, è "il mondo interiore della natura".
Prima ancora di trasmettere un significato, le parole creano un "flusso vitale" tra uomo e uomo, o tra uomo e cosa. Il significato delle parole è solo l'involucro svuotato di questo flusso vitale ed è impossibile trasmettere direttamente la vita che vive dentro l'uomo con parole "svuotate".
"Leggere" l'interno del corpo e della natura significa costringere la parola degradata a segno e significato, la parola separata dalla realtà, sola e incapace di trovare la propria direzione, a ritornare alla "realtà del corpo". Significa riportare al corpo la parola paralizzata dall'ipertrofia del significato. In realtà niente quanto la parola nasce dai recessi più profondi della natura e dell'essenza dell'uomo.

Un tempo l'introduzione della scrittura ha sottratto enorme quantità di energia vitale alla parola, che fino ad allora si era accompagnata alla vita. Quando Ō no Yasumaro ha trasposto in forma scritta il mito del *Kojiki* narrato da Hieda no Are, gran parte dell'energia del mito è andata perduta. Oggi che la parola viene trasformata in semplice informazione e segno, sta perdendo un'incalcolabile quantità di energia vitale.

Tuttavia questa energia perduta dalla parola sta scorrendo di nuovo nel corpo dell'uomo: i nostri corpi devono risvegliarsi per prepararsi ad accogliere la vita che sta fuoriuscendo dalle salme delle parole. È un processo che sta preparando proprio ora la nascita di un nuovo corpo. Quando è comparsa la scrittura, per mezzo del caos della danza dionisiaca, il corpo ha spezzato il sortilegio del significato tipico della parola scritta; in un'epoca in cui la parola sta diventando segno a livello planetario, si sta formando un corpo completamente diverso dal passato.

Il libro chiamato corpo

Mi voglio soffermare sulla peculiarità della danza rispetto ad altre espressioni artistiche come la pittura, la scultura, la musica o il teatro. La caratteristica che rende unica la danza è il fatto che "il danzatore stesso è l'opera", per cui realizzare un'opera implica la creazione del suo autore, ovvero il danzatore. L'unione tra autore e opera è una caratteristica fondamentale ed esclusiva della danza. Nella scultura l'opera esiste fuori dell'artista; nella danza è assolutamente impossibile scindere l'opera dall'artista. Qualcosa di simile accade quando leggiamo *il libro chiamato corpo*: si verifica un'identità fra colui che legge e il libro che è letto, anche in questo caso i due termini sono inscindibili. Ed è per questo che, pur essendo possibile leggere il libro chiamato corpo, è impossibile *finire* di leggerlo. Inoltre è il lettore che deve crearsi il proprio metodo di lettura.

La lettura del libro chiamato corpo, nella quale lettore e libro coincidono, comincia dalla graduale presa di coscienza delle più insignificanti azioni che compiamo ogni giorno quasi inconsapevolmente. Per esempio, quando incontriamo una persona noi non ci soffermiamo solo sulla sua identità o sull'aspetto fisico, ma prendiamo coscienza delle "sensazioni corporee" che genera al nostro interno: per esempio un'impressione di calore piuttosto che di freddezza. Allo stesso modo, quando visitiamo per la prima volta una città prendiamo coscienza dell'impressione che questa produce su di noi: luminosa o tetra, pesante o leggera. Qui siamo già sulla soglia della lettura del corpo. Quando girando un angolo ci troviamo davanti agli occhi un paesaggio nuovo, in quel momento cambia quasi impercettibilmente anche la nostra sensazione corporea interna. Se ci abituiamo ad avere coscienza di queste sensazioni riusciamo ad aumentare in maniera esponenziale la capacità di leggere il corpo.

La cosa importante è sapere che il problema non è soltanto riuscire ad avere coscienza delle sensazioni derivanti dalle nostre esperienze quotidiane. Il problema sta oltre: è quello di "cercare di leggere" con chiarezza queste sensazioni[12]. La nostra vita è un

---

12. Per Kasai "leggere le sensazioni" non vuol dire semplicemente essere consapevoli di provarle, quanto piuttosto osservarle come se appartenessero a qualcun altro: «Un corpo sente freddo quando è freddo e sente caldo quando è caldo. Questo è il modo in cui il corpo cerca di mantenere l'equilibrio biologico. Per esempio quando tocchi un oggetto caldo, ritiri istantaneamente la mano da quell'oggetto. Quella non è un'esperienza. Un'esperienza non può nascere fino a che non tocchi un oggetto caldo e senti che la tua mano è invasa dal calore. (...) Fare esperienza non è semplicemente sentire caldo o freddo o fame. Qualunque cosa sia non può essere un'esperienza per il danzatore, a meno che non la gusti come se stesse mangiando un pasto delizioso. Dunque avere un corpo sensibile non è veramente una buona cosa per un danzatore. Essere capaci di reagire a qualcosa all'istante vuol dire difendere te stesso dal pericolo attraverso il senso dell'equilibrio. Per allenarsi alla danza è necessario meditare il più possibile sull'esperienza dei propri sensi. Percepire i sensi. Questa doppia esperienza è un'esperienza reale per un danzatore. (...) Tu non fai esperienza di qualcosa. Tu crei la tua esperienza. Non è un'esperienza quando dici "era difficile", o "era meraviglioso", o "ho sofferto così tanto". L'esperienza pura delle cose è diversa da questo genere di esperienze. "Ho molto sofferto questo" non è un'esperienza per un danzatore. Questa è un'angoscia in una vita personale. Un danzatore dovrebbe rallegrarsene, anche se è un tormento. Un danzatore possiede al suo interno gli strumenti per trasformare questa condizione di sofferenza in gioia. Se un danzatore si trova in un tale stato di angoscia, dovrebbe riflettere su che cosa è in quanto esperienza. È l'esperienza

susseguirsi di sensazioni corporee. Inconsapevolmente noi decidiamo se la persona che stiamo incontrando in questo momento è gradita o sgradita, o decidiamo in base all'impressione che ci suscita se rimanere o meno nella città in cui siamo capitati. Se fossimo totalmente privi di queste sensazioni corporee, noi non potremmo prendere decisioni sul corso delle nostre azioni. In reazione a qualsiasi esperienza, produciamo sempre una sensazione corporea interna corrispondente.

L'importante è *leggere* queste sensazioni corporee e per questo dobbiamo volontariamente ignorare se una certa sensazione sia percepita come gradevole o sgradevole. Non si deve prendere coscienza solo delle sensazioni che ci sembrano utili o vantaggiose per eliminare tutte quelle che non condividiamo, ma occorre invece prendere coscienza della "sensazione corporea in quanto tale" senza considerare se sia piacevole o sgradevole, se la condividiamo o la avversiamo. Non dobbiamo afferrare "l'avversione", ma "la sensazione corporea dell'avversione". Questo è un punto di partenza fondamentale per leggere il corpo. Se noi cercassimo di prendere coscienza solamente delle sensazioni gradevoli, non si tratterebbe di leggere il corpo, ma sarebbe limitarsi soltanto a prendere coscienza del proprio carattere o della propria mentalità. Per riuscire a smettere di prendere coscienza solo delle sensazioni corporee per cui proviamo condivisione e per poter trattenere "la sensazione corporea pura" corrispondente a qualsiasi genere di esperienza, io propongo il seguente esercizio. Consideriamo questa sequenza di azioni: aspetto il treno sulla banchina; arriva il treno, si aprono le porte ed entro; poiché il treno è affollato, rimango in piedi sballottato dal movimento del treno; si libera un posto e mi ci siedo.

---

dell'esperienza. L'esperienza per un danzatore è vedere la sua esperienza come se "fosse caldo" o "fosse freddo". (...) Se impari come acquisire questo genere di esperienze, allo stesso tempo afferri l'essenza della tecnica di danza» (cfr. Toshiro Kuwabara, *Dance closely related to matter. Kasai Akira Interview*, «Nikutaemo», n°2, Summer 1996, pag. 31).

akira kasai

Questa sequenza di situazioni genera quattro sensazioni corporee. Il freddo durante l'attesa sulla banchina ventosa, il tepore del vagone pieno di viaggiatori, l'instabilità del corpo sballottato dal treno in corsa, la comodità di proseguire il viaggio seduto.

Nella nostra vita quotidiana questo genere di "sequenze di sensazioni corporee" affiorano di continuo alla superficie della nostra consapevolezza e s'immergono di nuovo senza che noi praticamente ce ne accorgiamo. Iniziamo allora a scomporre questa sequenza in "quattro sensazioni corporee autonome". Prima abbiamo la sensazione dell'aspettare il treno al freddo della stazione, poi la sensazione del passaggio dal freddo al tepore nell'istante in cui saliamo sul treno, quindi la sensazione di instabilità non appena il treno riprende la corsa, infine la sensazione che proviamo viaggiando seduti. Ognuna di queste sensazioni è così insignificante che è improbabile prenderne chiaramente coscienza. Ma per leggere il libro chiamato corpo è molto importante lo sforzo che ci porta a distinguere con chiarezza ognuna di esse. Nel corpo umano sono in realtà proprio le "sensazioni insignificanti" che hanno la massima influenza. Piuttosto che le "grandi" sensazioni d'ira, felicità o pianto, sono più importanti le "sensazioni lievi come brezza", così come un minuscolo virus che penetra nel nostro corpo può avere conseguenze molto più definitive della ferita di un coltello. Per il corpo, "quel che è piccolo, tanto più è grande". Per leggere il libro del corpo dobbiamo prendere coscienza non tanto dei sentimenti evidenti come la gioia o la tristezza, ma di quelle sensazioni infinitesimali di cui ignoreremmo l'esistenza se non ci impegnassimo a leggerle. Bisogna approfittare di ogni occasione per esercitarsi a comprendere una sequenza di sensazioni corporee come un unico flusso di sensazioni pure, magari mentre da casa ci dirigiamo alla stazione. Con una soddisfazione simile a quella di chi comincia pian piano a comprendere un libro scritto in una lingua fino ad allora ignota, dobbiamo abituarci a compiere con piacere questo esercizio per diventare consapevoli del flusso delle sensazioni corporee.

Una volta che siamo riusciti a scomporre in quattro sensazioni autonome la semplice azione quotidiana del "prendere il treno", dobbiamo esercitarci a "trattenere" queste sensazioni. Non dobbiamo abbandonare la sensazione che proviamo durante l'attesa non appena saliamo sul treno, ma dobbiamo cercare di trattenerla per ulteriori cinque secondi con la forza della volontà. Dobbiamo decidere volontariamente l'istante in cui passiamo alla sensazione di tepore all'interno del vagone: questo significa riuscire a controllare il flusso di una determinata sensazione corporea. Quando poi la sensazione di tepore viene distratta dall'instabilità provocata dalla partenza del treno, dobbiamo cercare di trattenere la sensazione del tepore per cinque secondi e solo allora decidere di passare alla sensazione di instabilità del corpo nel treno in movimento. Quando ci sediamo sul posto, dobbiamo trattenere ancora la sensazione di instabilità per poi raggiungere la sensazione di stabilità solo per una nostra decisione.

Chiamo questo esercizio "controllo delle sensazioni corporee". Per riuscire a trasformare in un flusso di sensazioni autonome le sensazioni corporee quotidiane, occorre un determinato atto di volontà. Per trattenere tali sensazioni occorre uno sforzo ancora maggiore. Potrebbe sembrare uno sforzo che serve a ben poco per vivere, ma è un elemento di enorme importanza quando s'impara a leggere il libro chiamato corpo. Per leggere un libro noi dobbiamo conoscere un gran numero di vocaboli. Come un libro non è una mera sequenza di lettere ma contiene significati, rendendo autonome le sensazioni e imparando a trattenerle, riusciamo a far nascere all'interno delle sensazioni corporee ciò che in una lingua corrisponde al significato.

Se si riesce a prendere coscienza e a trattenere ogni genere di sensazione corporea, questa da semplice sensazione si trasforma in "energia" interna al corpo. Come nel linguaggio alle parole corrispondono i significati, nel libro del corpo a una determinata sensazione corporea (vocabolo) corrisponde necessariamente un "flusso di energia" (significato)[13]. Ecco un altro esempio concreto.

13. Kasai quando parla della danza distingue sempre «tre elementi fondamentali: lo spazio come forma della danza; il tempo in quanto movimento; e l'energia

Anche se adesso accade molto di rado, quando io ero piccolo al cinema spesso la pellicola si interrompeva improvvisamente e lo schermo diventava una superficie bianca abbagliante. Dato che questo poteva succedere in un momento critico nel racconto del film, in quell'istante tutta la tensione concentrata sullo schermo si annullava in un attimo. E questo è un fenomeno inevitabile tuttavia, se nell'istante in cui il film s'interrompe riuscissimo a conservare anche solo per cinque secondi la sensazione corporea della concentrazione in cui fino ad allora eravamo immersi, cosa succederebbe all'interno del nostro corpo? Il flusso di energia che era concentrato sul film si trasformerebbe d'un tratto in una tempesta turbinante. Il flusso di energia che accompagnava la visione del film era un flusso di cui non avevamo coscienza. Ma nel momento in cui il film si interrompe, la sensazione corporea conservata per cinque secondi con un atto della volontà fa eruttare in un sol colpo sulla superficie della coscienza l'intero flusso di energia che fino ad allora scorreva inconsapevolmente. L'energia all'interno del nostro corpo scorre sempre inconsapevolmente accompagnando tutto quel che succede fuori di noi. Questo flusso di energia ha una potenza enorme. Nel momento in cui ciò che accade fuori si interrompe, anche il flusso di energia si interrompe automaticamente. La nostra vita quotidiana consiste in un flusso di energia che si accompagna a tutti i fatti che ci coinvolgono dall'esterno. Per questo ogni imprevisto, o ancora ogni interruzione improvvisa del flusso, costituisce un istante di estrema importanza. In quell'istante si apre all'interno del corpo una crepa dalla quale comincia a fuoriuscire un'enorme quantità di energia. Generalmente lasciamo passare questi istanti senza farci caso. Da un certo punto di vista si tratta di una grande

---

come l'insieme dello spazio e del tempo. Quando immaginiamo la danza pensiamo a semplici movimenti nello spazio. Ma nel butō la cosa più importante è l'energia che costituisce la base stessa del tempo e dello spazio. L'energia riguarda la dimensione interiore del corpo. E il butō cerca di utilizzare questa dimensione interna per creare il movimento o meglio, collega il movimento all'energia dei sensi e delle parole per mezzo dell'immaginazione» (Akira Kasai durante un workshop a Tuscania, luglio-agosto 2011).

perdita. Sarebbe come gettare un mozzicone di sigaretta in una polveriera che racchiude un'enorme potenza. Ma se noi cerchiamo di leggere nel libro del corpo, forse i momenti più importanti sono proprio questi "accidenti imprevisti". Conservando la sensazione corporea di questi istanti, riusciamo improvvisamente a leggere il corpo che fino allora ci era rimasto incomprensibile.

Leggere il corpo significa introdurre la volontà di trattenere le sensazioni corporee all'interno del flusso di azioni quotidiane. La quotidianità è una sequenza di energie illimitate ma noi non riusciamo ad averne coscienza precisa, tanto che questa energia ogni volta si disperde insieme all'evento che l'ha generata. Qualche volta succede il contrario di quanto appena detto. Per esempio immaginiamo di vedere un incidente stradale mentre camminiamo per la strada. All'istante si genera un potente flusso di energia completamente differente dalla sensazione corporea che stavamo provando fino ad allora. Normalmente siamo inghiottiti dall'evento "incidente stradale", ma se per ipotesi fossimo in grado di trattenere per cinque secondi la sensazione corporea generata dalla vista dell'incidente, riusciremmo in quell'istante a "catturare" un'enorme energia. Naturalmente noi invece saremmo realisticamente distratti dal fatto grave e straordinario costituito dall'incidente, e non staremmo lì a preoccuparci di trattenere la sensazione corporea scaturita in quell'istante. Ma per leggere il libro chiamato corpo, anche simili istanti sono importanti. Impadronendoci gradualmente di questa tecnica che consiste nel trattenere le sensazioni corporee, noi riusciamo a ritornare in possesso dell'asse del corpo rimasto in balia del turbine degli eventi esterni, sempre pronto a crollare nella direzione in cui viene spinto. Solo allora riusciremo a osservare con oggettività i fenomeni nel loro complesso, come parti di un unico grande paesaggio.

Noi possediamo apparentemente un solo corpo, il corpo "a dimensione naturale" limitato dall'epidermide che segna il confine fra interno ed esterno. Ma questo corpo, che possiamo chiamare *corpo individuale*, contiene a sua volta altri tre corpi. Il *corpo etnico* che è comune a tutti coloro che condividono una medesima lingua materna, il *corpo terrestre* che esiste in comunione con il pianeta Terra, e il *corpo cosmico* che è condiviso con il cosmo intero. L'energia della parola, che si sta liberando dal processo di degradazione della parola in segno, sta per dare rinnovata vitalità proprio al *corpo etnico* e al *corpo terrestre* che sono compresi nel *corpo individuale*.

Il corpo a respirazione branchiale

Il corpo etnico

Il *corpo etnico* è creato dall'energia linguistica che appartiene alla lingua madre di ciascuno di noi. Il corpo stesso non può formarsi se si separa dalla lingua madre: come ogni pianta cresce su un terreno adatto a essa, così il corpo cresce sul suolo costituito dalla sua lingua madre. Tutti noi ci ergiamo sul suolo che è la lingua madre: un bambino riesce ad acquisire la corretta posizione eretta soltanto se riceve dalle persone che ha intorno, per mezzo della lingua madre, la forza necessaria ad alzarsi in piedi. Inoltre questa formazione del corpo attraverso la lingua madre è un processo che va avanti anche nell'adulto che ha finito di acquisire la lingua: il corpo è costantemente sottoposto all'azione della lingua madre e di conseguenza cerca di continuare a crescere. Questo succede perché la grande mole di energia generata dalla trasformazione della parola in segno, ora si sta riversando all'interno del *corpo etnico* ed è quella forza che, proprio attraverso la lingua madre, va a formare il corpo.

Il *corpo etnico* non è un concetto astratto, è anzi centinaia di volte più reale del *corpo individuale*: in realtà è *il corpo formato dall'energia vitale stessa*[14]. La parola degradata a segno e informazione facilmente trasforma in segno anche il corpo umano: infatti, men-

---

14. Nella formulazione di Kasai, il *corpo etnico* presenta una somiglianza con quello che Rudolf Steiner definisce come *corpo eterico*: una forza vitale che impedisce alla componente puramente fisica e materiale del corpo di disgregarsi o ancora "il costruttore, l'architetto del corpo fisico" (cfr. Rudolf Steiner, *La scienza occulta nelle sue linee generali*, Milano, Oscar Mondadori, 2012, pagg. 45-66; 1ª ed. 1910).

tre in teoria dovrebbe essere l'uomo a utilizzare la parola come strumento per comunicare, nella cultura dell'informazione è *l'informazione a utilizzare l'uomo come strumento per comunicare*. Ci troviamo di fronte a un'inversione tra soggetto e oggetto.
Vorrei riflettere sulla distinzione tra *corpo individuale*, *corpo etnico* e *corpo terrestre* prima di tutto dal punto di vista della nutrizione. Se noi intendiamo l'alimentazione in senso lato come "fornire nutrimento ed energia al corpo", possiamo dire che noi non ci alimentiamo soltanto di cibo, inteso come ciò che entrando dalla bocca viene assimilato attraverso l'apparato digerente: la fonte di energia del corpo non è solo il cibo. Il corpo riceve nutrimento ed energia anche dalla respirazione e da azioni sensoriali come vedere o sentire. Se riusciamo a comprendere e percepire in profondità la respirazione e l'azione sensoriale, diventa immediatamente chiaro come questi fenomeni forniscano al corpo molta più energia del cibo. Non possiamo comprendere il corpo se non diventiamo pienamente coscienti del modo in cui la respirazione e l'azione sensoriale producono energia. Tutto ciò vale ovviamente non solo per l'uomo, ma anche per piante e animali: la fotosintesi è il modo con cui le piante assorbono energia attraverso la respirazione, gli animali durante il letargo riescono a creare un flusso di energia solamente con la respirazione e l'azione sensoriale. Tuttavia l'uomo ha un modo del tutto particolare di alimentarsi per mezzo della respirazione e dell'azione sensoriale, perché nell'uomo tale processo è strettamente legato all'attività linguistica.
L'attività linguistica dell'uomo si compone di due azioni fondamentali: "ascoltare" e "parlare". Dal punto di vista della nutrizione "ascoltare" corrisponde all'assimilazione di energia, mentre "parlare" alla sua escrezione. Queste due azioni sono inoltre strettamente connesse all'inspirazione e all'espirazione, rispettivamente le fasi di assimilazione e di escrezione della respirazione. Tuttavia se noi analizziamo accuratamente i meccanismi del corpo, nel caso del cibo l'escrezione non è assolutamente legata al consumo di energia: al contrario l'escrezione produce un'energia completamente differente da quella che si crea con l'assimilazione. Per esempio il corpo fa morire quotidianamente

numerose cellule create attraverso i nutrienti assimilati: queste cellule però sono di nuovo assimilate dal corpo che le usa per produrre energia. Le cellule epiteliali dell'intestino quando muoiono sono assimilate da altre cellule. Nel corpo umano l'energia generata dall'escrezione ha un ruolo incommensurabile. Il materiale escreto all'interno del corpo diventa soprattutto materia costitutiva del cervello. All'interno del corpo si assimila con l'escrezione e si elimina con l'assimilazione: i due atti sono contemporanei. Lo stesso vale per l'attività linguistica: sia "ascoltare" sia "parlare" sono atti che generano un'enorme energia. "Ascoltare" genera energia non solo per mezzo dell'apparato uditivo, ma anche per mezzo della vista e degli altri organi di senso. "Parlare", ovvero "narrare", si lega direttamente all'attività respiratoria e genera un'energia completamente differente da quella che nasce dagli organi sensoriali. L'attività linguistica umana si lega quindi sia all'azione dei sensi sia a quella della vocalizzazione generando un'energia altra rispetto a quella prodotta dal cibo.

Annullamento sensoriale e respirazione sensoriale

Fin dal momento della nascita noi introduciamo il mondo esterno nel nostro corpo attraverso gli organi di senso: occhi, orecchie, naso e bocca che sono il punto di contatto tra mondo e corpo e funzionano come dispositivi di raccolta d'informazioni. Tuttavia gli organi di senso assumono questa funzione soprattutto a partire dai tre anni, ovvero nel momento in cui nel corpo umano si sviluppa la capacità della memoria; prima di allora, tra la nascita e i tre anni – quando passando per l'assunzione della posizione eretta si comincia a parlare la lingua madre composta da sostantivi, aggettivi e verbi – più che dispositivi per la raccolta d'informazioni i sensi sono organi di nutrizione. Gli organi di senso di un corpo che è in fase di assorbimento della lingua madre, quando la parola ancora non possiede un'attività autonoma dentro il corpo, sono organi di acquisizione di energia.

Prendiamo per esempio un bambino di un anno che impara a pronunciare il sostantivo "mamma". Questo sostantivo comprende tutta una serie di realtà. È un sostantivo che ingloba i verbi e gli aggettivi che formano il concetto: "Io sono felice che la mamma sia qui". Ma poiché il bambino ancora non possiede la capacità di distinguere il sé dall'altro, il sostantivo "mamma" non viene assimilato dal corpo solo nella sua dimensione di informazione esterna: questo sostantivo vale anche come "io sono la mamma", "io esisto in quanto mamma", "quello che penso io è ciò che pensa la mamma", "quello che dico io è ciò che dice la mamma". Questa è una peculiarità dei bambini in fase di acquisizione della lingua madre che non mi stancherò mai di sottolineare, e che ha conseguenze sugli organi di senso. Organi come la vista, l'udito o il tatto messi in moto dalla pronuncia della parola "mamma", sono la fonte di quell'energia che lega l'esistenza stessa del singolo bambino e di sua madre. Prima ancora di essere dispositivi di raccolta d'informazioni, gli organi di senso sono strumenti di generazione di energia. Senza questa energia dei sensi l'individuo non può fondersi con il mondo. La funzione di generazione di energia è estremamente attiva nei bambini fino a circa tre anni, quando ancora non si sono completamente formate le capacità mnemoniche. Una volta che si è formata la memoria, gli organi di senso da dispositivi di generazione di energia gradualmente si trasformano in dispositivi di raccolta d'informazioni.

Da allora in poi gli organi di senso funzionano perennemente come dispositivi di raccolta d'informazioni e tuttavia, a un certo punto della vita, cercano di trasformarsi nuovamente in organi di generazione di energia. Questo accade perché, quando siamo riusciti a fondere noi stessi con il mondo per mezzo dei sensi, contemporaneamente per mezzo dei sensi abbiamo anche isolato noi stessi dal mondo. Nell'istante in cui gli organi di senso riescono ad assolvere completamente alla funzione di raccolta di informazioni, allora cercano di trasformarsi nuovamente in organi di generazione di energia.

Per fare in modo che ciò accada dobbiamo però essere in grado di avere coscienza di ogni minima attività dei sensi e ciò può realizzarsi attraverso l'*annullamento sensoriale* e la *respirazione sensoriale*.

Vorrei illustrare un facile esperimento di *annullamento sensoriale*. Osserviamo la parete di una stanza: da sinistra a destra ci sono una colonna, un tavolo, un vaso con i crisantemi, una bambola giapponese, un orologio da tavolo, una colonna analoga a quella di sinistra. Spostiamo lo sguardo in circa dieci secondi dalla colonna di sinistra a quella di destra: la nostra vista intercetta in successione i quattro oggetti e arriva alla colonna di destra. Rifacciamo la stessa cosa, ma questa volta cancelliamo dal *campo visivo della coscienza* i quattro oggetti (tavolo, vaso, bambola, orologio) che si trovano tra le colonne e ripetiamo l'operazione finché si genera una sottile sensazione corporea dovuta alla discrepanza tra i due campi visivi. Allora ci accorgiamo che quando cerchiamo di cancellare nella nostra coscienza un oggetto dal campo visivo, dobbiamo anche interrompere un determinato flusso di energia che accompagna lo sguardo: questo richiede uno sforzo. Facendo un ragionamento inverso l'esperimento ci dimostra che "vedere" corrisponde sempre a un flusso di energia diretta verso l'oggetto.

Possiamo fare esercizi analoghi anche con altri organi di senso. Per esempio, l'unico cibo che detesto sono le cipolline che si mettono nello stufato: non ne sopporto l'odore e la sensazione viscida al palato. Se tuttavia mangiassi le cipolline come esercizio di annullamento sensoriale, dovrei interrompere completamente l'energia che fluisce attraverso il gusto: allora mi accorgerei dell'irruente flusso di energia che sgorga dalla lingua stessa. Discorso analogo si può fare per il tatto. Io non riesco ad afferrare i serpenti a mani nude, anche se non sono velenosi, ma se riuscissi a farlo come esercizio di annullamento sensoriale, mi renderei conto dell'enorme energia tattile che sgorga dal palmo delle mani.

Annullamento sensoriale non significa affatto intorpidire le sensazioni, al contrario, è un modo per cominciare a mettere in moto sensazioni infinitesimali di cui normalmente non si ha percezione. È annullando le sensazioni che si mette in azione la vista o l'udito, e che si percepiscono colori o suoni che in genere sfuggono. È possibile sentire una gioia completamente nuova quando, nell'atto stesso di vedere o sentire, si immette nel corpo una smisurata energia proveniente dall'esterno. Se l'esercizio dell'annullamento sensoriale diventa un'abitudine quotidiana è possibile comprendere che le sensazioni non sono semplicemente raccolta di informazioni, ma immissione di energia.

Se ascoltando un brano musicale, provassimo a creare all'interno del corpo una quiete completamente priva di suoni, potremmo allora provare un'esperienza musicale del tutto differente dall'ordinario.

Quando ascoltiamo una musica o osserviamo un dipinto giungono a noi i loro contenuti fenomenici: questi contenuti sono molto importanti per la nostra esistenza, tuttavia leggere il libro chiamato corpo implica che con l'intera energia ottenuta dall'annullamento sensoriale noi percepiamo, per esempio, un *dipinto cosmico* che *osserviamo* con tutto il corpo. Attraverso l'energia sensoriale generata leggendo il libro chiamato corpo è il corpo stesso che si modifica.

Cancellando l'oggetto della percezione sensoriale appaiono suoni, colori e odori totalmente sconosciuti. Analogamente all'esperimento precedente, proviamo a osservare un paesaggio dopo aver creato al nostro interno un vuoto totale, assolutamente trasparente e privo di colori, quindi sovrapponiamo il vuoto al paesaggio visibile: attraverso questo tipo di annullamento delle sensazioni, nello spazio percepito compaiono elementi completamente nuovi. Entro lo spazio trasparente e il paesaggio visibile compare lo spazio della illimitata energia della coscienza. Questo è il grande segreto delle sensazioni. Nella vita quotidiana noi non realizziamo questo annullamento sensoriale, né ci capita di creare uno spazio di vuoto assoluto mentre conversiamo con qualcuno e di porre il nostro interlocutore in quello spazio. Tuttavia se con uno sforzo di coscienza lo facessimo, potremmo cominciare a vedere qualcosa dell'animo dell'interlocutore che prima ci sfuggiva.

un libro chiamato corpo

Ognuno vive e crea relazioni con gli altri in base alla propria sensibilità, percezione e sistema di pensiero: quando le differenti sensibilità di persone diverse si scontrano in maniera violenta si generano grandi muri e a volte esplosioni di rabbia incontrollabili. Quando mi trovo in situazioni simili smetto di osservare gli occhi o la bocca del mio interlocutore e mi concentro sull'attaccatura delle orecchie: mentre percepisco la forza del corpo che ha modellato le orecchie, la rabbia si allenta e compare nel mio interno un vuoto generato dall'immagine della bellezza della forma. In quel momento tra il vuoto e la rabbia sgorga improvvisamente un enorme flusso di energia della coscienza. L'annullamento sensoriale non comporta quindi la negazione dell'oggetto dei sensi, al contrario crea un ponte di energia vitale tra il soggetto che percepisce e l'oggetto della percezione.

Nell'istante in cui ci lasciamo rapire da un brano musicale, l'interno del corpo si riempie di un silenzio e di una quiete totale, si annulla ogni ricordo, ogni pensiero della quotidianità e l'interno del corpo raggiunge un luogo che trascende la musica che stiamo ascoltando. Non stiamo più ascoltando l'esecuzione di uno specifico artista ma stiamo percependo la sorgente originaria del suono. Annullando la musica percepita dalle orecchie entriamo con tutto il nostro corpo nell'istante in cui sgorga la musica e allora, tra l'interno del corpo immerso nel silenzio totale e la musica che stiamo effettivamente ascoltando, si espande un vasto oceano di energia dove l'io si fonde totalmente con la musica e dove il corpo si immerge. Nella realtà che si genera dentro il corpo la musica non proviene dall'esecuzione del musicista, piuttosto siamo noi stessi a generarla e a eseguirla. Questa è un ulteriore forma di annullamento sensoriale.

Per quanto riguarda invece la *respirazione sensoriale*, riferisco un'esperienza che mi è capitata quando sono stato invitato a un grande festival internazionale che ha luogo ogni anno a Bogotá, in Colombia. Qualche giorno dopo aver terminato gli spettacoli di danza una guida colombiana mi accompagnò in cima a un'alta montagna da dove si potevano ammirare le Ande. La mia vista spaziava a 360 gradi su un infinito susseguirsi di montagne, come in Giappone non mi era mai capitato di vedere. Per la prima volta un panorama tanto grandioso si apriva davanti ai miei occhi e sentivo il mio corpo ribollire di energia, quando accanto a me scorsi un cane che volgeva anche lui lo sguardo all'orizzonte. Mi sono chiesto con quale espressione il cane guardasse lo stesso panorama e per un po' sono rimasto a fissarlo: la sua espressione non sembrava differente da quella che avrebbe avuto osservando un albero lì vicino. Mi resi conto allora di questa verità: negli animali l'osservazione di un oggetto come atto cosciente è totalmente assente. Solo l'uomo può percepire come esperienza di energia l'espandersi del campo visivo dall'albero che abbiamo di fronte a un panorama sconfinato: mentre l'uomo tutte le volte che cambia l'oggetto osservato sperimenta attraverso la percezione un fluire di forze simile al respiro dell'energia, il cane non ha questa respirazione della percezione.

Attraverso questa *respirazione della percezione* io ho provato dentro il mio corpo una grande gioia, a differenza del cane che stava accanto a me. Tuttavia, se contrariamente all'uomo osservando un paesaggio il cane non è cosciente del proprio punto di vista, è anche vero che ciò accade perché sin dal principio il cane stesso è parte integrante di quel paesaggio. Non è corretto dire che il cane non possiede la *respirazione della percezione* perché il cane, con tutto il suo corpo, è fuso con la vastità percepita. Quindi ciò che corrisponde alla gioia interiore da me provata è la gioia che il cane prova per l'esistenza stessa.

L'uomo può diventare cosciente della *respirazione della percezione* mentre gli animali sono immersi nella gioia che da essa scaturisce. Quindi se l'uomo non realizza la respirazione della percezione si trova in uno stato di coscienza inferiore a quello degli animali.

In seguito ho associato questa esperienza sulle Ande a un altro ricordo: una fotografia vista molti anni fa che ritraeva l'alpinista francese Gaston Rébuffat in cima a una guglia di roccia delle Alpi, sottile come un ago, mentre si godeva il paesaggio fumandosi la pipa con la nonchalance di chi sta aspettando il tram alla fermata. Una persona normale sarebbe stata completamente concentrata a mantenere l'equilibrio, altro che fumarsi la pipa. Credo che lui riuscisse a stare tanto tranquillo perché aveva riempito lo spazio sotto i suoi piedi con l'energia della propria coscienza, come si riempie d'acqua una piscina: per lui la *respirazione della percezione* era ormai un fatto istintivo.

Anche per quanto riguarda l'udito, se riusciamo a introdurvi l'azione della coscienza possiamo provare un'energia incommensurabile. Proviamo ad ascoltare un brano musicale nel modo più consapevole, a immergerci nella musica senza perdere lo scorrere dei suoni, trattenendoli anzi quanto più possibile dentro di noi. Raramente noi ascoltiamo un brano avendo chiara consapevolezza degli intervalli musicali; tuttavia se analogamente alla *respirazione della vista* noi riuscissimo a sentire la respirazione degli intervalli musicali come *respirazione dell'udito,* non ci limiteremmo a provare una semplice esperienza di ascolto ma potremmo sperimentare l'energia della respirazione dell'udito. Comprenderemmo per esempio che in un intervallo di un'ottava tra un Do e l'altro esiste un flusso di forze completamente differente da quello dell'intervallo di una sesta tra il Do e il La. Nell'ottava sentiamo il corpo pervaso da una pienezza simile a quando abbiamo raggiunto un risultato con un grande impegno, nella sesta sentiamo espandersi senza limiti la forza tesa al raggiungimento del risultato. Se le nostre esperienze sensoriali sono coscienti, otteniamo sempre questa *respirazione sensoriale.*

Attorno a noi vediamo un'infinità di colori ma non trasformiamo questa percezione in esperienza cromatica cosciente; se lo facessimo, ovvero provassimo come respirazione la percezione cosciente del passaggio cromatico per esempio dal blu al rosso, nascerebbe la *respirazione cromatica.* Nella vita quotidiana rimaniamo fondamentalmente incoscienti dell'azione dei sensi, che al contrario scivola via senza mai diventare esperienza di energia.

Estrarre l'energia vitale dalla voce

Nella vita quotidiana di solito non abbiamo coscienza della trasformazione delle esperienze sensoriali in energia, così come non siamo consapevoli della *vita in sé* che scorre nel corpo.

Il nostro corpo è in costante trasformazione: per esempio è evidente che il nostro corpo attuale è già molto differente da quello di un anno fa. E una simile osservazione ci consente di comprendere in maniera concreta *il fatto che noi viviamo*. Analogamente, in natura abbiamo la prova che un organismo vive attraverso la sua trasformazione: se in giardino sboccia un fiore su una pianta che fino a ieri era coperta solo di foglie, sappiamo che vive. Ci rendiamo conto della vita attraverso il *mutamento della forma*, ma questo non significa necessariamente che riusciamo ad afferrare anche *la vita in sé* che scorre dentro la forma. Arriviamo a percepire la vita principalmente come mutamento della forma, ma per arrivare a toccare *la vita in sé* occorre fare un certo lavoro, cosciente e intensivo, sul proprio corpo.

Se pensiamo alla vita come una corrente d'acqua, *la vita in sé* non la tocchiamo attraverso la percezione del mutamento della forma bensì immergendo le nostre mani dentro questa corrente, sentendone la forza e il calore. Il lavoro cosciente sul corpo che permette di incamminarsi verso un simile obiettivo non è l'*annullamento sensoriale* ma l'*annullamento della forma*, un esercizio che può consentire di entrare con tutto il corpo dentro il fluire della vita.

Prima di descrivere l'*annullamento della forma* mi voglio soffermare sul modo in cui la vita – energia senza forma che proprio in quanto tale non assumerà mai una dimensione materiale – opera nel corpo umano trasformandolo.

Innanzitutto occorre chiarire la differenza tra *vita* e *informazione della vita*. Nel Dna di un ovulo fecondato sono già racchiuse tutte le informazioni che genereranno le varie parti del corpo, dagli organi interni all'apparato neuro cerebrale agli organi di senso. Tuttavia il Dna non è la vita stessa, bensì l'informazione della vita. *La vita in sé* è una realtà immateriale costituita di energia: il corpo si forma dall'unione di questa energia con l'informazione della vita. Il legame tra informazione e vita è simile a quello tra un computer e la corrente elettrica che lo alimenta: l'informazione della vita si attiva solamente quando è attraversata dalla vita in quanto energia.

La vita trasforma la materialità del corpo attraverso quattro funzioni che si sviluppano nel corpo stesso:
- consentire al corpo la posizione eretta (forza della crescita)
- acquisire la lingua madre (forza della vocalizzazione)
- dare corso al pensiero (forza del pensiero)
- formare e distinguere il corpo maschile da quello femminile (forza della sessualità).

Per attivare queste quattro funzioni non è sufficiente la sola presenza dell'informazione della vita nelle cellule o della forma materiale del corpo. Come nel mare il sale è completamente fuso con l'acqua, nel corpo forma materiale e vita si fondono, e la vita arriva ad agire in ogni singola particella del corpo stesso. In questa prospettiva è fondamentale che il corpo possa agire senza alcun impedimento fino all'età di tre anni, quando comincia a formarsi la capacità mnemonica, poiché in seguito la memoria sclerotizza la forza vitale generando all'interno del corpo una forza opposta a quella della crescita. Se prima dei tre anni la capacità di ricordare comincia a essere eccessivamente attiva, quel corpo avrà in seguito problemi di crescita.

Nel bambino la formazione della lingua madre non deve avvenire attraverso la capacità mnemonica, ma per mezzo della *pura forza vitale* che consente di fondere se stessi con il mondo circostante. In questo periodo bisogna evitare di imporre al bambino un'acquisizione della lingua forzata attraverso la memoria. Il fondamento costante della formazione della lingua madre è "comunicare la parola con amore". Se s'insegnasse la parola scritta prematuramente, se attraverso questa si cercasse di formare la lingua madre nel bambino, non sarebbe assolutamente possibile far crescere il corpo in maniera corretta perché fino ai tre anni è realmente un *corpo mitico*: non un *corpo individuale* ma un *corpo etnico* formato puramente dalla forza della lingua madre. Il *corpo etnico* crea un legame con gli altri non attraverso la comunicazione verbale, ma per mezzo dell'energia che unisce il corpo stesso a tutti coloro che parlano la medesima lingua. Se la formazione della lingua madre prima dei tre anni avvenisse attraverso la parola scritta, il *corpo etnico* sarebbe distrutto e si formerebbe prematuramente il *corpo individuale*. Il *corpo etnico* è il corpo fino ai tre anni ed è anche la base per i successivi stadi di formazione del corpo perché, una volta diventato adulto, dal *corpo individuale* l'uomo forma nuovamente il *corpo etnico*. Compiuti i tre anni l'azione della forza vitale si concentra nella forza della crescita, della vocalizzazione, del pensiero e della sessualità. A prima vista la vocalizzazione non ha niente a che vedere con la sessualità, né quest'ultima sembra essere in alcun modo direttamente legata al pensiero. Tuttavia queste quattro forze hanno una radice comune quindi, se per esempio dopo i tre anni la forza del pensiero si sviluppa più del dovuto, si rompe l'equilibrio con la forza della sessualità o della crescita. Dopo i tre anni queste quattro forze devono essere attentamente guidate in uno sviluppo equilibrato da chi si prende cura del bambino.

Da questo punto di vista il momento cruciale della crescita s'incontra intorno ai tredici-quattordici anni, quando avviene la *muta vocale*. Fino ad allora la voce possiede una limpida luminosità, come se la vita intera si fosse tramutata in voce. Tuttavia attraverso la muta vocale avviene una netta divisione dell'attività vitale: quella rivolta verso il basso diventa forza della sessualità, quella rivolta verso l'alto diventa forza del pensiero. Inoltre la forza del pensiero in questa fase non è più legata alla semplice capacità mnemonica, poiché ora trasmette all'uomo quel *mondo astratto* che trascende ogni esperienza umana. Si tratta quindi di una forza del pensiero differente da quella che si è sviluppata dopo i tre anni, un pensiero astratto da cui è stata completamente eliminata la vita e che genera nel mare della vita numerosi *spazi di vuoto assoluto*.

L'*annullamento della forma* che sto per esporre consiste nell'estrarre in maniera tangibile la forza vitale dalle manifestazioni della vita ovvero la forza della crescita, del pensiero, della sessualità e della vocalizzazione. All'interno del corpo l'energia generata dall'*annullamento della forma* è completamente differente da quella che nasce dall'*annullamento sensoriale*. Entrambe sono le due grandi fonti di energia interne al corpo. Se quella sensoriale è un'energia che fluisce dall'esterno, quella vitale è un'energia endogena estremamente attiva nel corpo umano sin dalla nascita. Raramente noi percepiamo l'attività della *vita in sé*. Noi possiamo accorgerci dell'azione della vita solo nella sua dimensione formale e fisica, come la quotidiana trasformazione del corpo o il deperimento dovuto a una malattia: si tratta di manifestazioni dell'attività vitale, non della sua sostanza. Attraverso l'*annullamento della forma* si cancella la dimensione formale della vita per estrarne la sostanza che agisce all'interno dei fenomeni. Normalmente la vita è seppellita all'interno della forma e non accade mai che questa, come in un'eruzione vulcanica, si manifesti rompendo la crosta della forma stessa. Se, al contrario, la vita in quanto tale riuscisse a distaccarsi dalla forma al cui interno ha sempre svolto la propria azione, e iniziasse ad agire autonomamente contro la volontà del soggetto, ciò si manifesterebbe come una forma di disturbo mentale o di malattia fisica.

Abbiamo detto che la vita agisce attraverso quattro forze: della crescita, del pensiero, della sessualità e della vocalizzazione; oggetto dell'*annullamento della forma* sarà tuttavia solo la voce, mentre per il momento non saranno prese in considerazione le altre tre forme e ne spiego brevemente i motivi di seguito.

Innanzitutto riflettiamo su cosa significhi annullare la crescita. La Germania del XIX secolo conobbe il caso di Kaspar Hauser, un ragazzo rimasto segregato dalla prima infanzia all'età di sedici anni in una stanza così bassa che la testa sbatteva contro il soffitto e dunque costretto a crescere senza poter mai assumere la posizione eretta. Tuttavia, anche ricorrendo a una tale situazione limite come esempio, dobbiamo comunque ammettere che non è possibile annullare la crescita fisica; l'unico modo per annullare realmente la forma della crescita con un atto volontario sarebbe il suicidio.

Con il suicidio i fenomeni vitali che si manifestano nella materialità del corpo perdono improvvisamente il luogo in cui sostanziarsi e la vita rifluisce nel *mare della vita pura*. Senza addentrarci nella dimensione etica dell'opportunità del suicidio, il soggetto suicida proverebbe una sofferenza acuta simile a chi viene improvvisamente gettato tra fiamme ardenti. E questo perché il corpo possiede la volontà di conservare illimitatamente la vita. Il soggetto che sta per morire, che sia per malattia o per un incidente, può cercare di raggiungere un accordo con la volontà del corpo che è determinata a perpetuare la vita all'infinito. Nella dimensione della crescita corporea noi percepiamo la vita attraverso un filtro materiale. Poiché la morte implica entrare direttamente nel *mare della vita pura*, il suicida si trova in una condizione simile a un uomo costretto a gettarsi tra le fiamme senza una tuta ignifuga: perché scegliendo volontariamente la morte, non riesce a trovare un accordo con il corpo che cerca di perpetuare all'infinito la vita. Così a differenza dei morti ordinari il suicida non può sfuggire alle fiamme della vita e ha bisogno di un lungo tempo per superare questa situazione[15].

Passiamo ora al pensiero: che cosa significa annullare la forma di una manifestazione vitale come il pensiero?

15. Il ragionamento di Kasai presuppone l'idea che la vita sia governata dalla legge del *karma* e che l'individuo abbia un destino legato ai risultati delle azioni compiute nel corso delle varie reincarnazioni. Il *karma*, o legge di causa-effetto, è un concetto che deve la sua origine alla filosofia indiana e compare già nei Veda, testi sacri risalenti al 2000 a.C. Qui si propone come riferimento la formulazione di Steiner: «In ogni nuova incarnazione l'uomo viene a trovarsi entro un organismo fisico, sottoposto alle leggi della natura esteriore. E in ogni incarnazione esso è pur sempre il medesimo spirito umano, e come tale rappresenta l'*elemento eterno* nelle molteplici incarnazioni. *Corpo* e *spirito* si stanno di fronte: fra i due deve inserirsi qualcosa che, come la memoria, si interponga fra le mie azioni di ieri e quelle di oggi. Questo elemento è l'*anima*. Essa conserva gli effetti delle mie azioni compiute nelle vite precedenti; si deve ad essa che lo spirito appaia in una nuova incarnazione come il risultato dell'azione di precedenti vite sullo spirito stesso. *Questo è il nesso esistente fra corpo, anima e spirito*. Lo spirito è *eterno*; la corporeità è dominata da *nascita* e *morte*, secondo le leggi del mondo fisico; e questi due elementi vengono sempre di nuovo ricongiunti dall'anima, in quanto essa con le azioni compiute intesse il *destino*. (...) Lo spirito che si reincarna ritrova dunque, entro il mondo fisico, sotto forma del proprio destino, i risultati delle sue azioni; e l'anima che ad esso è legata effettua questo collegamento col destino. (...) A causa dell'esistenza corporea, nella mia anima vive dunque una somma di istinti, brame e passioni che viene denominato "corpo del desiderio" (*kama rupa*). (...) Lo spirito se ne deve liberare, in quanto per mezzo suo è stato connesso con la singola vita fisica. (...) Lo stato di tale estinzione viene chiamato "soggiorno nel luogo del desiderio" (nel *kamaloka*), ed è facile persuadersi che tale stato dovrà durare tanto più a lungo, quanto più strettamente l'uomo si sarà sentito legato al mondo sensibile» (cfr. Rudolf Steiner, *Reincarnazione e Karma*, Milano, Editrice Antroposofica, 2011, pagg. 43-49; 1ª ed. 1903).

Pensare non è solo attività cerebrale ma è anche il fluire della forza del pensiero. Quando ci troviamo di fronte a una difficoltà noi concentriamo le nostre facoltà mentali nello sforzo di superarla, ma in quel momento non abbiamo consapevolezza della forza che scorre attraverso il pensiero. Naturalmente per noi pensare significa creare elaborazioni mentali rivolte all'oggetto pensato, non all'atto stesso del pensare. Se noi pensassimo avendo al contempo piena coscienza dell'attività del pensiero, non riusciremmo a pensare limpidamente. È chiaro quindi come nell'atto del pensare scorra la *forza del pensiero in quanto forza vitale*, ma in questo caso l'*annullamento della forma* impedirebbe il pensiero stesso. Tuttavia, se anche in misura minima riuscissimo, in un momento di concentrazione, ad annullare improvvisamente il contenuto e l'oggetto del pensiero, allora dovremmo vagamente percepire nella nostra testa il fluire di una forza fuori dell'ordinario. Questa forza per il momento però rimane imprigionata nella mente, e non è possibile espanderla in tutto il corpo quale nuova fonte di energia.

Quanto alla forza della sessualità e all'annullamento della sua forma, questa forza è ampiamente trattata in psicologia e in medicina, in particolare la sessualità repressa e deviata. Quando viene impedito ogni sbocco alla sessualità, il soggetto si sfoga in esplosioni di violenza, oppure immergendosi forsennatamente nel lavoro, o ancora in azioni di autolesionismo come tagliarsi le vene dei polsi. Nella maggior parte dei casi queste trasformazioni dell'energia sessuale si verificano a livello inconscio, senza quindi il coinvolgimento della coscienza del soggetto.

La forza sessuale è molto più sottile e complessa di quanto si possa immaginare: è un fenomeno vitale che non si può controllare attraverso la propria volontà, allo stesso modo in cui non possiamo controllare il comportamento di un'altra persona. Se una persona pensa di essere riuscito con la forza della coscienza a cancellare un forte impulso sessuale, in realtà non l'ha annullato ma l'ha solo trasformato in una forma non più riconoscibile al soggetto stesso; inoltre è molto difficile coinvolgere la forza della propria coscienza in questa trasformazione. Poiché non è possibile avere coscienza del modo in cui si trasfigura l'energia sessuale, per il momento la escludiamo dalla trattazione dell'annullamento della forma.

Come ho appena detto, anche se intuiamo la presenza della vita all'interno della forza della crescita, del pensiero o della sessualità, possiamo percepire la vita solo attraverso la trasformazione delle forme in cui si manifesta: è impossibile immergersi direttamente con tutto il corpo nella vita in quanto tale.

Tuttavia il discorso cambia nel caso della forma vitale costituita dalla voce. A differenza delle altre tre forze, nel caso della voce attraverso l'annullamento della forma noi possiamo immergerci totalmente in quel *mare della vita* da cui la voce è stata generata. La voce è una manifestazione della vita completamente diversa dalle altre. La voce, quando viene annullata, non si trasforma inconsapevolmente in altre forme di energia né viene repressa. All'interno del corpo la vita e la voce sono talmente fusi che, se entriamo con tutto il nostro corpo all'interno dell'energia vocale, non sappiamo più se sia la voce a generare la vita o la vita a generare la voce.

La voce è la forza stessa della vita e noi sperimentiamo quotidianamente la trasformazione della vita in voce e, viceversa, della voce in vita. Anche la crescita è una manifestazione diretta della vita, ma a differenza della voce la nostra coscienza non può individuare l'istante in cui la vita si trasforma in crescita; si possono fare considerazioni analoghe anche per quanto riguarda il rapporto tra vita e forza della sessualità.

Nella voce sono costantemente presenti tre elementi. Prima di tutto il *significato*, nella misura in cui la vocalizzazione è finalizzata alla comunicazione; poi il *respiro*, che serve a materializzare il significato attraverso le vibrazioni dell'aria. Tuttavia significato e respiro non sono tutto: l'essenza della voce è la *forza della vocalizzazione* che è un elemento del tutto differente dal respiro. A differenza dei suoni emessi dagli animali, la forza della vocalizzazione genera un sistema di significati trasformando, all'interno di una struttura grammaticale, il flusso di sentimenti e di pensieri in vibrazioni dell'aria. Questa è la grande differenza tra la forza della vocalizzazione animale e quella umana.

Se studiamo con attenzione il legame tra le componenti della voce – ovvero il significato, il respiro e la forza della vocalizzazione – arriviamo al seguente risultato: emettendo la voce generiamo una vibrazione che nasce dall'unione della forza della vocalizzazione con i contenuti di significato orientati dal pensiero e dal sentimento del soggetto; tuttavia la forza della vocalizzazione non è un'energia caotica perché al suo interno sono già presenti in potenza tutti i contenuti di significato che la voce trasformerà in vibrazioni, allo stesso modo in cui il seme di una pianta contiene già i fiori, le foglie e il fusto. Il *pensiero originale* presente nella forza della vocalizzazione sfugge alla coscienza del soggetto; quando la coscienza si lega alla forza della vocalizzazione si genera, attraverso l'emissione della voce, il contenuto di significato.

In concreto per sperimentare l'*annullamento della forma* per quanto riguarda la voce possiamo fare l'esercizio seguente[16].

Innanzitutto pronunciamo lentamente la vocale A dopo una profonda inspirazione. In questo momento la A non è un semplice suono astratto perché comprende il *sentimento originale* o il *pensiero originale* generatore di tutte le parole. Quindi emettiamo lentamente questa A finché abbiamo fiato, possibilmente accompagnando la voce con il movimento del corpo, per esempio abbassando lentamente la mano destra da un punto sopra la testa verso il basso.

In questa prima A si concentra *il flusso della propria vita dalla nascita alla morte*. Se per esempio chiediamo a una persona di pronunciare in un solo lungo respiro la A, senza aver dato prima alcuna spiegazione, noi potremo intuire l'immagine completa della vita di quella persona.

Poi inspiriamo di nuovo profondamente e cominciamo a emettere con energia la A accompagnandola con il lento movimento discendente della mano. Questa volta interrompiamo subito l'e-

---

[16]. L'annullamento della forma applicato alla voce corrisponde a ciò che Kasai chiama nel suo insegnamento tecnica di Efeso e si fonda sull'individuazione e l'utilizzo dell'energia di emissione della voce.

missione della A, mantenendo però sia il movimento della mano sia la respirazione nello stesso stato della vocalizzazione: quindi anche dopo che la voce è stata annullata il respiro non deve tornare a essere una semplice espirazione, ma deve rimanere l'espirazione che si ha durante la vocalizzazione.

Le nostre corde vocali vibrano anche in assenza di emissione reale della voce. Per esempio quando noi leggiamo un libro in silenzio le corde vocali vibrano perché gli organi della vista, gli occhi, sono direttamente collegati alla laringe; se mentre leggiamo le corde vocali si bloccassero, percepiremmo il testo solo come una sequenza di caratteri. Il fenomeno è particolarmente evidente nel bambino in fase di acquisizione della lingua madre: solo ascoltando le parole che gli rivolge la madre, il bambino fa vibrare le proprie corde vocali. In questo stadio non è ancora avvenuta la separazione tra il timpano e le corde vocali. La vibrazione delle corde vocali attraverso l'udito è un elemento di fondamentale importanza per il corpo. Le corde vocali non vibrano solo quando per nostra volontà pronunciamo dei suoni, ma vibrano vivacemente anche mentre ascoltiamo gli altri. È così che il bambino riesce ad acquisire completamente la lingua madre con una modalità del tutto differente rispetto all'acquisizione attraverso la memoria.

Inizialmente, dopo aver inspirato profondamente, pronunciamo la A, ma subito dopo annulliamo la forma della voce, ovvero il suono stesso di A. In questa operazione bisogna stare attenti a:
1) mantenere la respirazione della vocalizzazione;
2) continuare a far vibrare le corde vocali anche quando la voce è stata interrotta.

Quindi inspiriamo profondamente ed emettiamo la A finché abbiamo fiato, poi emettiamo la A interrompendola subito dopo ma mantenendo il respiro e la vibrazione delle corde vocali, e continuiamo alternando le due operazioni.

In questo modo riusciamo a sentire nella laringe e nei polmoni l'energia vitale generatrice della voce: non si tratta né della voce né del respiro, ma del caldo fluire dell'energia. La forza della vocalizzazione separata dalla voce è pura energia vitale. Alter-

un libro chiamato corpo

nando le due vocalizzazioni pian piano riusciamo a immergerci completamente dentro la corrente stessa della vita che fluisce all'interno del corpo e che non potremmo altrimenti toccare direttamente. Se vogliamo entrare dentro *la vita in sé* la forza della vocalizzazione rappresenta l'ingresso più importante. Anche se questo tema lo approfondirò in seguito, ricordo per il momento che la *forza dell'immaginazione* è ugualmente generata dalla pura energia della vita. Quindi entrare dentro il mondo dell'immaginazione significa anche entrare direttamente nell'energia della vita: la forza della vocalizzazione e quella dell'immaginazione si fondono in un'unica cosa dentro il corpo. Facendo lavorare l'immaginazione noi entriamo dentro la vita in sé, ma la vocalizzazione e l'immaginazione hanno ingressi differenti. Nel caso della vocalizzazione non ci immergiamo nella vita in modo diretto, quanto piuttosto attraverso il graduale processo di separazione della forza della vocalizzazione dalla voce. Ripetendo l'esercizio di annullamento della forma della voce noi possiamo nondimeno raggiungere le profonde *radici della vita*.

Come possiamo verificare con un attento e costante esercizio, l'energia vitale che si scinde dalla voce permette di afferrare la *vita in sé* con il medesimo grado di realtà con cui respirando percepiamo l'esistenza dell'aria. A differenza dell'annullamento della forma nel caso della forza della sessualità o del pensiero, la forza vitale che si separa dalla voce non rischia né di trasformarsi in altra energia senza che ne abbiamo coscienza, né di essere repressa. Noi percepiamo come vivida realtà la *gioia vitale* che scaturisce dal fatto di poter entrare interamente nella vita in sé, mentre è del tutto assente ogni forma di dolore o di sforzo innaturale che accompagna altre modalità di annullamento della forma.

La scissione dalla forma nella voce ha un'ulteriore peculiarità. A differenza di quanto accade con la forza della sessualità e del pensiero, la forza vitale generata dall'annullamento della voce partendo dalla laringe e dai polmoni riesce a trasmettere facilmente la propria energia a tutto il corpo. È una caratteristica molto significativa della forza vitale della voce. Se per esempio emettiamo con forza il suono A da un'alta e silenziosa vetta, la voce si espande all'istante entro un'invisibile sfera a forma di pianeta con un raggio di svariati chilometri: questa è l'invisibile *forma vitale generata dalla voce*. L'energia della forza della vocalizzazione presente nella voce, riesce a modificare la propria forma senza limiti. Attraverso la voce, e usando i suoni paterni (le consonanti) e materni (le vocali), noi creiamo nell'aria numerose *sculture viventi della vita*. Analogamente, l'energia vitale della vocalizzazione si trasmette liberamente all'interno del corpo. La forza della vocalizzazione che si è separata dalla voce si espande facilmente nella laringe e nei polmoni per poi dirigersi in alto verso la testa oppure raggiungere le mani, tutti gli organi interni, o ancora i piedi e l'interno della colonna vertebrale; infine attraverso i pori della pelle, la punta delle dita e l'estremità del capo, o anche gli organi di senso come occhi e orecchie, la forza vitale si allarga a tutto il mondo esterno. La voce che passando per la bocca fa vibrare l'aria ha solo un'uscita, la bocca appunto, ma la forza della vocalizzazione separata dalla voce si espande all'esterno attraverso tutto il corpo. Per questo occorre accompagnare il moto del corpo e il flusso dell'energia della vocalizzazione con movimenti corporei che assecondino il flusso delle vocali A, E, I, O, U.

La sintesi proteica attraverso la forza della vocalizzazione

Il corpo umano crea al suo interno le proteine elaborando i nutrienti che assume dall'esterno anche se, sin dal principio, tutte le cellule sono in grado di sintetizzare le proteine al proprio interno utilizzando le informazioni contenute nell'Rna. In particolare l'ovulo fecondato ha la capacità di sintetizzare le proteine dentro il corpo senza assumerle dall'esterno. Anche le cellule differenziate che si sviluppano dopo la formazione dei tessuti e degli organi mantengono sostanzialmente questa capacità, tuttavia quasi tutte le cellule hanno disattivato l'interruttore della sintesi proteica. Se al contrario le cellule del corpo azionassero di nuovo questo interruttore, cambierebbe completamente la maniera con la quale il corpo assume i principi nutritivi; un corpo che continuasse a nutrirsi nel modo abituale anche dopo aver acceso l'interruttore della sintesi proteica, sarebbe distrutto da un eccesso di nutrimento. Esiste un forte legame tra questo fenomeno e la forza della vocalizzazione separata dalla voce. Quando la forza della vocalizzazione, invece di fluire all'esterno insieme alla voce, si separa da essa e dalla laringe, e passando per i polmoni si espande in tutto il corpo, allora questa forza accende l'interruttore della sintesi proteica nelle cellule differenziate che hanno completato la formazione degli organi e dei tessuti. Questo fenomeno – il più importante della forza della vocalizzazione separata dalla voce – si spiega con il fatto che la laringe è il primo organo che si genera quando la cellula fecondata è sottoposta all'azione della forza vitale della vocalizzazione[17]. La forza della vocalizzazione che dalla laringe scorre correttamente dentro tutto il nostro corpo crea proteine della massima qualità, molto migliori di qualsiasi proteina sia possibile assumere oralmente. Il corpo che ha imparato a sintetizzare le proteine attraverso la forza della vocalizzazione deve gradualmente modificare le proprie abitudini alimentari: in particolare, anche se ci sono differenze tra individui, fondamentalmente occorre diminuire l'assunzione di nutrienti esterni. Per capire questo fenomeno bisogna modificare la nostra comprensione della nutrizione e dell'energia del corpo sotto l'ottica dell'evoluzione umana.

Comunemente si ritiene che l'uomo assuma i nutrienti dalla bocca, li digerisca dentro il corpo e dalla loro combustione ottenga

---

17. Come spiega Thomas Poplawski in un testo dedicato all'euritmia di Steiner, la laringe in quanto organo del linguaggio ha sempre avuto un'importanza particolare nella tradizione mistica: «Nell'India era considerata il centro della creatività superiore per mezzo della ruota di potenza, o chakra, che è associata a essa sul piano eterico. La novantenne leader dell'Ashram di Auroville in India, una francese affettivamente chiamata "Mère" (la Madre), negli anni Settanta annunziò che avrebbe partorito attraverso la laringe, benché poi morisse senza che ciò fosse accaduto. Il principio che stava dietro le sue parole è che come la laringe fisica crea il fenomeno esclusivamente umano del linguaggio, così la laringe eterica è un centro dell'attività creativa della forza vitale» (Thomas Poplawski, *Iniziazione all'Euritmia. Le idee di Rudolf Steiner in pratica*, Roma, Edizioni Mediterranee, 2012, pag. 46).

energia, ma questo è solo una grande illusione. I principi nutritivi materiali assunti oralmente vengono sostanzialmente tutti espulsi: noi non creiamo energia per mezzo della combustione degli alimenti. Questi ultimi vengono liquefatti nella bocca grazie alla saliva per poi unirsi, insieme al gusto, all'*energia vitale che esiste con la voce* nella laringe e che viene così attratta verso il corpo e legata agli organi e ai tessuti interni. Anche se non si materializza in forma di voce, la forza della vocalizzazione esiste sempre in stato latente e si unisce ai nutrienti dentro il corpo in modo analogo a quello con cui si unisce alla voce. Questo processo inizia dalla laringe per poi manifestarsi nello stomaco, nell'intestino, nei vasi sanguigni e nelle altre parti del corpo. Questi principi nutritivi legano al corpo la forza vitale presente assieme alla voce in ogni angolo del corpo. Benché sembri che sia il cibo a bruciare dentro il corpo generando energia, questa è un'*illusione evolutiva*: i principi nutritivi non sono altro che il mezzo che lega al corpo la forza vitale presente nella voce. La forza vitale non è generata dai nutrienti, ma è la forza della vocalizzazione fusa ai nutrienti.

A questo punto ci troviamo di fronte a un'altra questione fondamentale. Non esiste solo una differenza qualitativa fra le proteine assunte dall'esterno e quelle sintetizzate all'interno delle cellule grazie alla forza della vocalizzazione. Le proteine assunte dall'esterno non hanno il potere di unirsi all'energia che fluisce attraverso i sensi o di fondere l'energia vitale e l'energia sensoriale. Finché continua ad assumere le proteine dall'esterno, il corpo umano rimane scisso dal punto di vista energetico: i principi nutritivi sono destinati esclusivamente al mantenimento del *corpo individuale* mentre gli organi di senso rimangono strumenti per la raccolta d'informazioni. Al contrario le proteine generate dalla stimolazione dell'Rna da parte della forza della vocalizzazione, riescono ad agire sugli organi sensoriali dando loro l'impulso che li trasforma in apparati energetici. Questo permette la fusione entro il corpo delle due energie (quella vitale e quella sensoriale). In uno stato naturale gli apparati vitali e quelli sensoriali sono completamente differenti. Quando nel corso della vita un uomo cerca di superare il *corpo etnico* per costituire nuovamente il *corpo terrestre* del periodo fetale, l'unione di queste due tipologie di appartati ha importanza incommensurabile. Anche se apparentemente l'attività dell'embrione sembra iniziare con la divisione del foglietto germinativo in endoderma, da cui derivano gli apparati vitali come quelli digerenti o respiratori, e in ectoderma, da cui derivano gli apparati sensoriali, in realtà per prima cosa si genera il mesoderma. Il mesoderma ha una funzione molto importante. Si ritiene che l'apparato della crescita e gli apparati sensoriali agiscano in modo del tutto separato e quindi non ci si pone il problema della loro fusione. Tuttavia le proteine stimolate dalla forza della vocalizzazione trasformano gli apparati sensoriali in apparati energetici fondendo dentro il corpo due energie qualitativamente differenti.

Solo in questo modo è possibile, in uno stadio successivo alla formazione del *corpo individuale*, risvegliare il ricordo e la condizione del periodo fetale: fino a un certo punto della loro crescita i feti attraversano la fase filogenetica degli anfibi e dei pesci in cui gli apparati sensoriali sono fusi con quello respiratorio. Una volta formatisi i tessuti e gli organi, è la sintesi proteica realizzata attraverso la forza della vocalizzazione che permette di ricostruire all'esterno del *corpo individuale* e del *corpo etnico* quel *corpo terrestre* che ha generato la fase ittica del periodo fetale.

Attualmente abbiamo l'impressione che le scienze della vita abbiano raggiunto i limiti estremi della conoscenza dei meccanismi della vita: in particolare la scoperta delle cellule staminali pluripotenti indotte (cellule iPS, Induced Pluripotent Stem) ha rivoluzionato la concezione consolidata della vita perché ha provato che non solo gli zigoti, ma anche le cellule differenziate successive alla formazione dei tessuti, hanno la potenzialità di generare qualsiasi tipo di apparato. Questo implica che almeno teoricamente è possibile creare riproduzioni dell'individuo come i cloni, o che da una cellula maschile si può creare un ovulo e viceversa da una cellula femminile uno spermatozoo: da questo punto di vista possiamo dire che l'identità stessa come uomo o come donna sia scomparsa.

Vorrei riflettere sulla relazione tra la forza della vocalizzazione separata dalla voce e le cellule staminali (iPS). Formare il *corpo etnico*, il *corpo terrestre* e il *corpo cosmico* partendo dal *corpo individuale*, rappresenta in un certo senso l'inizio di una vera e propria duplicazione o di una nuova attività riproduttiva dell'uomo: questi tre corpi indicano la transizione, contestuale alla trasformazione della biosfera dell'uomo, da una riproduzione bisessuata a una riproduzione monosessuata.

L'*assunzione di proteine da nutrimento esterno* (materialità) rispetto alla *sintesi proteica realizzata attraverso la forza della vocalizzazione* (corpo); e la *duplicazione dell'individuo attraverso le cellule iPS* (scienza) rispetto alla *formazione del corpo terrestre attraverso la fusione dell'energia sensoriale con la forza della vocalizzazione* (corpo), sono da considerarsi aspetti complementari di un medesimo fenomeno. Questi due aspetti sono due facce della stessa medaglia o, più precisamente, sono la realtà e la sua immagine riflessa. Fondamentalmente l'uomo possiede, a partire dal *corpo cosmico* precedente la fecondazione, il *corpo terrestre* e il *corpo etnico*. L'illimitata potenzialità di differenziazione delle cellule staminali (iPS), e la sintesi proteica artificialmente indotta all'interno delle cellule stimolando dall'esterno l'Rna, sono i doppioni nella dimensione materiale del *corpo terrestre* e del *corpo etnico*.

La vocalizzazione esogena o uditiva

Il *corpo etnico* viene formato dall'azione sensoriale e dall'attività linguistica legata all'assunzione di energia tramite la vocalizzazione. Questo corpo si forma nei primi tre anni di vita ed è la base su cui cresce il *corpo individuale*. I primi tre anni sono il periodo più interessante della nostra vita ma anche il più oscuro, in quanto precede l'attivazione della capacità mnemonica; in questo strato si formano molteplici consapevolezze inimmaginabili nella condizione ordinaria. Nei primi tre anni di vita la memoria non è ancora funzionante perché se fosse altrimenti la crescita del bambino sarebbe fortemente ostacolata: la memoria si forma *uccidendo* un'immensa quantità di energia vitale. Ogni volta che l'uomo ricorda, uccide la vita. L'attività linguistica fino ai tre anni è precedente all'attivazione della memoria: è legata esclusivamente all'attività sensoriale e respiratoria e si svolge in una condizione di annullamento dell'io, dato che la memoria è anche ricordo di sé stessi. Proprio perché cancelliamo il nostro io, mentre si forma il *corpo etnico* contemporaneamente noi riusciamo ad acquisire la lingua madre.

Nel *corpo etnico* si intrecciano due forze, ovvero le due differenti energie dei *suoni materni* e dei *suoni paterni* che formano la lingua madre. La parola stessa è generata dalle due energie cosmiche dei suoni materni e dei suoni paterni[18].

Nella lingua giapponese i cinque suoni materni sono:

A E I O U

---

18. La distinzione fra suoni paterni e suoni materni deriva dalla teoria del *kotodama* (vedi più avanti note 24, 26 e 40) e le due energie a cui si fa riferimento sono l'energia delle vocali e l'energia delle consonanti, che corrispondono rispettivamente alla forza della vita e alla forza della coscienza, al sangue e ai nervi, all'energia e alla forma per contenerla: «La consonante è l'idea, che deve usare la forza della vocale per scendere nella realtà. Non esiste una consonante pura. Senza l'aiuto della madre il padre non può esistere. L'uomo può apparire solo se si fa aiutare dalla donna. Non esisterebbe l'universo né la parola senza le vocali. La vocale traduce in realtà la consonante» (Akira Kasai durante un workshop a Roma, maggio 2014). Secondo il *kotodama* la lingua giapponese è il risultato della combinazione dei 5 suoni madre (vocali) e dei 12 suoni padre (consonanti). Poiché a ogni suono, sia esso vocale che consonante, corrisponde un elemento – terra acqua aria fuoco e luce – la lingua può essere considerata come una combinazione di elementi fra loro in consonanza o opposizione. Ad esempio: luce + luce = ki gi di; luce + terra = ka ga da). Dove per i suoni madre abbiamo: A/terra, O/acqua, U/aria, E/fuoco, I/luce. Per i suoni padre: K, G, D/luce; T, R, N/fuoco; H, S, Z/aria; P, B, M/acqua; J, W, A/terra» (Akira Kasai durante un workshop a Tuscania, luglio-agosto 2011). «Lo spazio creato da ciascuna vocale e quello creato da ciascuna consonante è differente: nel caso delle vocali abbiamo a che fare con la forza della vita, che "si muove sempre verso una mancanza, si muove per realizzare qualcosa e dunque dall'interno verso l'esterno"; nel caso delle consonanti, la forza della coscienza "si unisce a ciò che già esiste nello spazio, si muove perché qualcosa si è già realizzato e dunque dall'esterno verso l'interno» (Akira Kasai durante un workshop a Tuscania, luglio 2011).

I suoni paterni puri che si uniscono ai suoni materni sono:

K S T N H M Y R W

Vorrei illustrare brevemente cosa s'intende per *suoni materni, suoni paterni* e *suoni filiali*. I *suoni materni* sono generalmente noti come *vocali*, ma i *suoni filiali* esistono solamente nel giapponese. Per esempio il fonema giapponese "ki" nasce dalla completa fusione tra "k" e "i", un suono completamente autonomo rispetto ai suoi componenti allo stesso modo in cui una molecola d'acqua, pur essendo composta da idrogeno e ossigeno, non è né idrogeno né ossigeno. Se prendiamo per esempio parola tedesca "Kirche" (chiesa), nel suono "ki" la consonante "k" e la vocale "i" non si fondono in maniera così perfetta come nel giapponese tanto che quando lo si pronuncia la consonante e la vocale continuano ad affermare la propria individualità in modo per così dire conflittuale. In giapponese invece "k", "s", "t", "h" non vengono pronunciate autonomamente ma si legano ai suoni materni formando sillabe aperte. Chiamiamo quindi *suoni paterni puri* i suoni "k", "s", "t", "h" precedenti la fusione con i suoni materni. Quelle che normalmente sono definite sillabe[19] (per esempio "ko", "ku", "su", "da", "mo"), dal momento che sono unità completamente fuse sono qui chiamati *suoni filiali*. Nel giapponese esistono quindi i *suoni paterni* che non hanno mai esistenza autonoma, i *suoni materni* che hanno esistenza autonoma e tendono costantemente a legarsi ai *suoni paterni*, e i *suoni filiali* che nascono dalla loro unione. Dalle combinazioni di questi suoni nascono i vocaboli, per esempio la parola "fiore". Lo sviluppo della parola è strettamente legata alla crescita fisica: il bambino inizia ad articolare inizialmente i sostantivi, poi gli aggettivi e infine i verbi.

Fiore
Fiore rosso
È sbocciato un fiore rosso

19. In giapponese *onsetsu*, che può essere interpretato come "articolazione di suoni" (*ndt*).

La base delle parole come "fiore", ovvero il sostantivo, si forma entro il primo anno di vita, quando il bambino acquista la posizione eretta; nel secondo anno si formano gli aggettivi e infine la lingua madre, nella completezza grammaticale che permette di enunciare una frase completa di verbo, come per esempio "è sbocciato un fiore rosso", si forma entro i tre anni. Contemporaneamente l'energia vitale che fino ad allora è servita alla crescita e all'assorbimento dei nutrienti, gradualmente si trasforma in capacità mnemonica; a circa tre anni la lingua madre si lega alla memoria e si stabilizza profondamente all'interno del corpo. È opinione corrente che il bambino acquisisca la lingua attraverso uno sforzo mnemonico, ma ciò si discosta dai processi reali che si verificano all'interno del corpo del bambino. La memoria concettualizza in forma astratta la realtà e oggettivizza l'esperienza all'interno della coscienza individuale. Se un bambino evita di toccare un oggetto caldo con cui già in passato si è scottato, ciò non è dettato dalla memoria perché si tratta di un'azione istintiva e meccanica. Il ricordo implica un atto di giudizio, seppur minimo, e quindi le azioni causate dalla memoria sono sempre ritardate in quanto successive al giudizio. Il bambino in fase di apprendimento della lingua madre non acquisisce il sostantivo, l'aggettivo e il verbo per via mnemonica ma fondendosi con le persone che attorno a lui parlano la lingua madre: parlare è un atto intuitivo.

Anche se a noi sembra che il bambino stia parlando, in realtà sono le persone che lo circondano come la madre o i fratelli che *entrano dentro il corpo attraverso l'orecchio* e parlano dalla laringe del bambino. Le parole emesse dal bambino in fase di acquisizione della lingua madre non nascono dal bambino stesso: è una *vocalizzazione esogena*. Questo accade perché il bambino non distingue ancora tra il sé e l'altro: solo quando acquista questa capacità può svilupparsi la memoria. Da questo punto di vista gli animali, che mancano totalmente della distinzione tra il sé e l'altro, non agiscono in base alla memoria: non si sottomettono alla memoria che implica sempre un ritardo nell'azione, ma agiscono in base all'intuito che si pone oltre memoria e giudizio.

Nel corpo umano esistono vari tipi di muscoli: i muscoli striati scheletrici che servono nello sport o nella danza (muscoli animali), i muscoli lisci che compongono gli organi interni preposti alla respirazione e alla digestione (muscoli vegetali), i muscoli di tipo cardiaco del cuore e dei polmoni che hanno la natura sia dei muscoli scheletrici che di quelli lisci.

Tra i muscoli di tipo cardiaco quelli dell'apparato fonatorio della laringe sono i migliori e i più sensibili, in quanto sono in grado di reagire alle invisibili variazioni dell'animo e alle informazioni esterne che riceviamo attraverso organi di senso come gli occhi o le orecchie. Sottili come seta, i muscoli della laringe riverberano i movimenti del cuore.

L'uomo non inizia a utilizzare i muscoli della laringe quando ha imparato le parole con cui esprime agli altri emozioni e pensieri: i muscoli della laringe non iniziano l'attività quando il bambino comincia a parlare perché sono già attivi prima dell'acquisizione della lingua madre. Trattandosi infatti di muscoli estremamente sensibili, il bambino che ancora non ha appreso la lingua può già vocalizzare attraverso l'udito le parole pronunciate dalle persone attorno a lui: chiamiamo questo fenomeno *vocalizzazione esogena* o *uditiva*. Questo tipo di vocalizzazione che precede quella autogena è fondamentale sia per l'acquisizione della lingua madre sia per la formazione del corpo. Noi non potremmo imparare la lingua madre ripetendo con atti di vocalizzazione autogena le parole precedentemente memorizzate: la lingua madre non si *impara* ma *è generata* per mezzo della vocalizzazione esogena. Nel momento in cui il bambino ascolta le parole della madre sta già facendo vibrare i muscoli della laringe in sintonia con le parole materne, pur non sapendo ancora parlare. Nel corso dei primi tre anni gradualmente la vocalizzazione esogena si trasforma in vocalizzazione autogena.

Se osserviamo in dettaglio il processo della *vocalizzazione uditiva*, vediamo che non nasce nel momento in cui il bambino riceve attraverso il timpano le parole pronunciate da chi gli sta intorno: inizialmente è solo la laringe che vibra al suono delle parole. In questa fase in realtà le vibrazioni del timpano e della laringe sono un tutt'uno perché internamente l'apparato dell'udito non è ancora distinto da quello della fonazione. Ovviamente da un punto di vista anatomico orecchio e laringe sono distinti, ma come flusso di energia *orecchie e laringe sono un'unica cosa*: si tratta di una fase analoga alla *respirazione branchiale* dei pesci. Gli uomini attraversano nel periodo fetale la fase di respirazione branchiale su cui in seguito si fonda la vocalizzazione uditiva del bambino.

L'unione del timpano con la laringe è la prima fase della *generazione* della lingua madre durante la quale il bambino apparentemente non reagisce alle parole che gli vengono rivolte, anche se in realtà i muscoli della laringe sono già in piena attività. È fondamentale per la formazione della lingua madre nel bambino che questa fase si sviluppi a sufficienza: le parole che vengono rivolte al bambino sono indispensabili non solo per la lingua ma anche per la formazione del suo corpo.

Durante questa fase, in cui il bambino ascolta in continuazione senza mai parlare, dentro il suo corpo avviene già una prima trasformazione: le vibrazioni della laringe scendono gradualmente verso i polmoni, facendone vibrare la parte superiore. In questo modo i muscoli della laringe cominciano lentamente a legarsi al movimento dei polmoni, ovvero il fondamento dell'atto respiratorio che di lì a poco genererà la voce. Quando il movimento della laringe si estende a tutti i polmoni, il bambino comincia a emettere la voce. Non si tratta ancora di *risposte* generate autonomamente a *domande* che gli vengono poste, bensì di una successione di vocalizzazioni esogene in cui il bambino riproduce quel che dicono gli altri: questa è la seconda fase della vocalizzazione esogena. Nella fase successiva il bambino non ripete più meccanicamente, ma *risponde attraverso la vocalizzazione esogena* a stimoli che riconosce come *domande*. Questo avviene poiché in una fase in cui ancora non si è formata la memoria il bambino non distingue chiaramente tra il sé e l'altro, quindi le *risposte* nei confronti delle *domande* sono emesse in una situazione in cui il bambino non fa differenza tra se stesso e le persone che gli stanno attorno. La dinamica *domanda/risposta* in una situazione di vocalizzazione esogena è il fondamento su cui si formerà successivamente la capacità di giudizio del bambino. Superate queste tre fasi e formatasi la capacità mnemonica, intorno ai tre anni il bambino comincia a parlare autonomamente. Il corpo impegnato nella vocalizzazione uditiva non è il *corpo individuale* la cui individualità ha sede all'interno del corpo, bensì il *corpo etnico* che riceve sempre la parola dall'esterno. Il *corpo etnico* non è racchiuso entro l'epidermide, ma si estende nell'intero spazio della comunità che condivide la medesima lingua madre. Il *corpo etnico* non si estende nello spazio della parola come significato, ma esiste come flusso di energia incentrata sui suoni materni e sui suoni paterni: il *corpo etnico* è un *corpo energetico*. Quindi il corpo impegnato nella vocalizzazione esogena o uditiva non riconosce la parola come significato al fine di formare la memoria, ma utilizza l'energia insita nella parola per far crescere il proprio corpo e formare gli organi interni. A differenza dello stadio fetale, durante la fase di vocalizzazione esogena il corpo fa fluire dentro gli organi interni l'energia della parola incentrata sui suoni materni. Per comprendere questo fenomeno occorre riflettere sul corpo fetale e su come dallo zigote si formano gli organi del corpo.

Il corpo nel periodo fetale

Se consideriamo il concepimento umano solo come l'unione di uno spermatozoo e di un ovulo, possiamo pensare che il primo stadio embrionale è formato dall'endoderma e dall'ectoderma: il primo va a formare l'apparato digerente con le funzioni di assorbimento dei nutrienti e dell'escrezione, il secondo gli organi sensoriali e l'apparato neuro cerebrale che immette nel corpo le informazioni provenienti dal mondo esterno. Tuttavia l'uomo non nasce semplicemente dall'unione di un ovulo e di uno spermatozoo, nasce dall'*incarnazione dell'anima*. Se consideriamo l'embrione in questa ottica, il primo elemento che si forma è il mesoderma che racchiude tutte le potenzialità dell'embrione stesso. Il mesoderma tuttavia non è un elemento osservabile fisicamente, perché è la voce onnipresente nel cosmo che sotto forma di energia genera il mesoderma. Il mesoderma è saturo di energia vocale. Questo mesoderma invisibile genera in qualità di embrione d'energia la *parte laringea* che è unita allo zigote, il quale a sua volta forma l'endoderma e l'ectoderma. Solo in seguito si forma l'apparato laringeo che costituisce il mesoderma fisicamente visibile: questo implica che la parte laringea formatasi nell'embrione inizialmente non esiste in forma visibile, e che compare fisicamente solo dopo la formazione dell'endoderma e dell'ectoderma. Così il primo apparato che si forma nell'embrione è quello fonatorio, la "laringe", ma sarebbe meglio dire che il singolo zigote è già esso stesso un organo di fonazione. Come lo zigote è una cellula pluripotente capace di generare tutte le parti che compongono il corpo dagli organi interni agli apparati sensoriali e vitali, la "laringe" in quanto organo della vocalizzazione è *il cuore della creazione del corpo umano*[20].

La "laringe", nel suo stadio di cellula fecondata, è per il feto il cuore della creazione degli apparati corporei e la sua attività non cessa per un istante: ciò è possibile perché essa è satura dell'*energia cosmica della voce*. *Avere la voce* equivale a *vivere*. Se un uomo venisse privato della forza della voce, per lui significherebbe la morte. Il vero discrimine tra vita e morte non è lo scorrere della vita, ma è l'esistenza della forza della voce.

Il periodo compreso tra i circa dieci mesi di vita fetale e i tre anni che precedono la formazione della memoria è un periodo molto importante, durante il quale l'ovulo fecondato si trasforma all'infinito e forma i vari apparati; tuttavia noi non abbiamo la minima possibilità di avere coscienza di questa illimitata forza creativa della cellula fecondata.

---

20. Nella formulazione di Steiner la laringe è, più direttamente, una metamorfosi dell'utero materno: «La laringe fisica è soltanto l'involucro esterno di quell'organo meraviglioso, presente nel *corpo eterico*, che è per così dire l'utero della parola. (...) Tutto ciò che esiste nell'uomo è la metamorfosi di certe forme fondamentali. La laringe eterica e il suo involucro, la laringe fisica, sono una metamorfosi dell'u-

L'attività della laringe, centrale nella formazione del corpo, rimane sempre celata alla nostra coscienza. L'unica forma in cui noi percepiamo coscientemente l'attività della laringe è l'attività linguistica, attraverso la quale esprimiamo parole pensieri ed emozioni: la forza con cui la laringe crea il corpo umano si trova completamente sommersa all'interno dell'attività linguistica.

Se tuttavia noi potessimo divenire coscienti della forza creativa della voce che sta alla base dell'attività linguistica, cambierebbe radicalmente la nostra relazione con la voce e con la parola. Il *corpo etnico* nasce per mezzo della forza creativa con cui la voce forma il corpo umano.

La forza della laringe non scompare quando raggiungiamo l'età adulta e si è completata la formazione di organi e apparati corporei: continua a esistere anche se non confluisce nella dimensione meramente materiale dell'attività corporea. Questa forza primordiale non solo ha formato in un determinato arco temporale il nostro corpo, ma continua la sua azione una volta completata la crescita: il punto di partenza per la costruzione del corpo è la presa di coscienza della forza primordiale della laringe[21].

Il *corpo etnico* si sviluppa dopo i dieci mesi del periodo fetale e prima della formazione del *corpo individuale* successiva al rag-

---

tero materno. Quando si parla si ha a che fare con una creazione umana, una creazione umana eterica. Osservando entrambi i sessi, allude a questo mistero del linguaggio anche la relazione tra il linguaggio e le funzioni sessuali, per esempio nella modificazione della voce che avviene nei maschi. Nel linguaggio abbiamo quindi a che fare con un'attività creativa che scaturisce dal più profondo della vita universale. Ci si manifesta fluttuando quel che altrimenti si ritrae nelle profondità misteriose dell'organizzazione umana, nella nascita fisica dell'uomo» (Rudolf Steiner, *Euritmia*, Milano, Editrice Antroposofica, 2010, pag. 22; 1ª ed. 1997).
21. Secondo Steiner non si può veramente capire che cos'è la laringe se la si considera semplicemente come il luogo di formazione del linguaggio. Per capire la sua natura bisogna capire innanzitutto la natura della parola: «Considerando anzitutto il linguaggio come una creazione della laringe non ci rendiamo conto di ciò che proviene veramente da essa, di ciò che vi si forma. Ma possiamo forse ricordare una tradizione singolare, oggi poco compresa, cui si accenna all'inizio del Vangelo di Giovanni: "In principio era la Parola e la Parola era presso Dio e la Parola era Dio". Quel che ci si rappresenta oggi come parola non ha il minimo nesso con ciò che si trova all'inizio del Vangelo di Giovanni (...) Ogni volta che qualcuno

giungimento del terzo anno di vita (*corpo terrestre*) e costituisce la base del *corpo individuale* (assieme al *corpo terrestre*)[22].

Come il *corpo individuale* possiede organi sensoriali, polmoni, cuore o fegato, anche il *corpo etnico* possiede apparati energetici, seppure invisibili, corrispondenti a ciascuno degli organi e apparati corporei. Il *corpo etnico* è completo di tutti gli apparati fisici in forma di apparati energetici[23].

Per esaminare le differenze tra il *corpo terrestre* (stadio fetale) e il *corpo etnico* (stadio di apprendimento della lingua madre) è necessario riflettere su come il corpo si formi in queste due fasi. Occorre innanzi tutto considerare come il feto e il bambino abbiano modalità di nutrizione ed escrezione completamente differenti. Le funzioni corporee del feto sono infatti distribuite in due ambiti fisici differenti, ovvero il feto stesso e il sacco amniotico in cui è avvolto e che comprende la placenta. Questo sacco è parte integrante e fondamentale del corpo: senza di esso il feto non potrebbe crescere. Come noi siamo avvolti dal cosmo, il sacco amniotico è l'elemento cosmico, che avvolge il feto e dal quale fluiscono tutti i nutrienti attraverso il cordone ombelicale. Anche se il feto si trova all'interno del corpo materno, il sacco

---

parla, presenta una parte di ciò che nei tempi primordiali fu la creazione dell'uomo, quando fu creato in quanto tale come forma d'aria partendo dalle profondità universali, dall'eterico, prima che divenisse forma liquida o, successivamente, solida. Mentre parliamo, ci trasportiamo indietro nel divenire umano cosmico, come accadde nei tempi primordiali» (cfr. Rudolf Steiner, *Euritmia*, cit., pagg. 17-23).
22. Nella formulazione di Kasai il *corpo individuale*, contiene a sua volta altri tre corpi: il *corpo etnico*, che è comune a tutti coloro che condividono una medesima lingua materna e si forma dalla nascita ai tre anni; il *corpo terrestre* che esiste in comunione con il pianeta Terra, e corrisponde al periodo che va dal concepimento alla nascita; il *corpo cosmico* che è condiviso con il cosmo intero e corrisponde a qualcosa che chiamiamo spirito e coscienza, definita come "la forza che percepisce la vita la orienta e ne è il motore".
23. Si tratta di un pensiero comune per la fisiologia occulta: «(...) l'organismo umano, quale lo percepiamo con i sensi e in quanto lo riscontriamo composto di sostanze materiali, non è l'intero essere umano. A base dell'organismo umano fisico stanno gli organismi superiori soprasensibili: il *corpo eterico* o vitale, il *corpo astrale* e l'io; nel corpo fisico dobbiamo vedere solo l'espressione esteriore, fisica, della struttura e delle funzioni proprie del *corpo eterico*, del *corpo astrale* e anche dell'io» (cfr. Rudolf Steiner, *Una fisiologia occulta*, Milano, Editrice Antroposofica, 2005, pag. 64).

amniotico è la *veste angelica* che consente alla sua anima di spaziare liberamente nelle immensità cosmiche.

Il bambino assume il latte materno e gli altri nutrienti attraverso la bocca per poi digerirli con lo stomaco e l'intestino: gli organi interni del bambino servono per digerire e assorbire le sostanze nutritive. Nel feto invece questi organi non sono ancora vincolati alla funzione di assorbimento e digestione. Ciò significa forse che sono in uno stato dormiente, in attesa di divenire attivi? Tutt'altro: pur non funzionando come organi di digestione e assorbimento, sono funzionanti in un campo del tutto differente. Come gli occhi, le orecchie o la lingua sono gli organi sensoriali dell'uomo sviluppato, nel feto i polmoni, il fegato, il cuore o i reni funzionano pienamente come *organi sensoriali cosmici*. Tuttavia gli organi del feto non pongono il fondamento della propria attività sensoriale all'interno dell'organo stesso: allo stesso modo in cui il *corpo etnico* si espande all'esterno del *corpo individuale*, gli organi interni del feto, in quanto apparati sensoriali, si espandono fuori degli organi stessi avvolgendoli. Come il bambino in fase di apprendimento della lingua madre possiede un corpo materiale e contemporaneamente all'esterno di tale corpo possiede anche un *corpo etnico* invisibile, così il feto ha al proprio esterno un corpo che si espande all'infinito: è il *corpo terrestre* del feto. Dentro il *corpo terrestre*, che si espande fuori del feto, tutti gli organi diventano flussi illimitati di energia che in qualità di organi sensoriali, captano l'interezza della terra.

L'azione delle cinque vocali

Il *corpo terrestre* del feto è al centro di un vortice di illimitata energia cosmica che nasce dall'azione dei cinque suoni materni A, E, I, O, U: questi suoni rappresentano le fondamenta del corpo umano e lo stesso mondo naturale prende forma grazie alla loro forza[24].

---

24. Kasai elabora la sua teoria del suono che crea il corpo e il mondo naturale ispirandosi al *kotodama* e all'euritmia di Rudolf Steiner. Il *kotodama* è profondamente legato alla creazione della lingua giapponese, ma non direttamente all'euritmia.

A: È il suono che materializza l'energia del cosmo. In esso è insita la capacità di materializzare l'energia che pervade il cosmo; dalla sua azione nasce il regno minerale. La forza di mineralizzazione del suono A si traduce all'interno del corpo umano nella forza generatrice dei reni, gli organi che dentro il corpo trasformano in energia materiale le varie forme di energia vitale permettendo così al corpo stesso di assorbire le forze della vita.

E: All'interno del corpo umano il suono E costituisce la base dell'*attività della coscienza*. Senza questo suono dentro il corpo, la coscienza non potrebbe attivarsi; nel mondo naturale agisce in tutto il regno animale, generando all'interno dell'anima di tutti gli animali il calore dell'esistenza. Il suono E è il calore che riscalda tutto il sangue. Nel corpo umano genera la bile attraverso cui la vita riesce ad affrontare le numerose resistenze che si frappongono al suo sviluppo.

L'euritmia è una tecnica che lega il suono al movimento, o come la definisce lo stesso Steiner è "linguaggio visibile". Steiner la costruisce a partire dalla lingua tedesca e, durante il suo soggiorno in Germania, Kasai la studia in quella forma. Ma è solo l'inizio di un percorso di ricerca che lo condurrà a mettere in relazione i principi dell'euritmia di Steiner alla lingua giapponese. Come spiega Reiji Kasai: «Quando Akira Kasai è tornato in Giappone nel 1986, per un certo tempo ha stabilizzato i risultati dell'eurtimia di Steiner nel suo corpo e, una volta inaugurato il ciclo di lezioni quadriennali della sua scuola nel 1993, la insegnava così come l'aveva imparata. Tuttavia, già la prima classe del ciclo seguente, iniziato nel 1997, è stata una sorta di ponte verso una sua propria teoria basata sul linguaggio tradizionale giapponese. È allora che ha cominciato ad usare la parola Efeso, tecnica di Efeso. A partire dal terzo ciclo scolastico, nel 2002, si può dire che infine il suo insegnamento dell'euritmia sia ormai del tutto fondato su un pensiero originale. Questo non vuol dire che ha creato una nuova teoria dell'euritmia, il suo metodo è ancora costruito sul lavoro di Steiner, piuttosto sta cercando di adattarlo alla lingua e all'immaginazione giapponese. Nello stesso periodo ha stabilito in Italia un insegnamento regolare con l'idea di stimolare la nascita di un'euritmia fondata sulla lingua italiana» (Reiji Kasai durante un workshop di euritmia a Roma, dicembre-gennaio 2011). In questa prospettiva, il *kotodama* offre a Kasai il fondamento teorico per un'elaborazione giapponese dell'euritmia. Si tratta di un sistema di 75 suoni, suddivisi in suoni madre (vocali), suoni padre (consonanti) e suoni figlio (sillabe) che secondo una lettura del *Kojiki* corrispondono alle divinità giapponesi che hanno creato il mondo. Come l'euritmia anche il *kotodama* usa la "parola" come sinonimo di Verbo, così come appare nel Vangelo di Giovanni. Entrambe i sistemi trattano il suono come flusso di energia e configurano una rete di corrispondenze fra microcosmo e macrocosmo, che permette di far leva sull'immaginazione per cambiare la qualità dell'energia generatrice del movimento.

I: Attraverso l'azione del suono I, il cosmo acquista la sua personalità. Se nel cosmo non agisse questa forza, non sarebbe possibile alcuna attività autonoma del cosmo stesso; è questo suono che rende l'uomo un essere cosciente del proprio io. Il suono I è molto più grande del cosmo: è l'asse che lo attraversa interamente. Nel momento in cui questo suono agisce nel cosmo, si genera la forza che cerca di ristrutturare il cosmo attuale e di generare un nuovo cosmo. All'interno del corpo umano il suono I genera gli organi della respirazione, i polmoni.

O: Quando il suono O agisce nel cosmo, allora inizia la vita. Con questo suono si attiva l'intero regno vegetale che è generato dalla sua forza. Il suono O è la forza che attiva la vita. All'interno della bocca dell'uomo agisce in forma di sfera e analogamente agendo nel cosmo gli conferisce forma sferica; la sua azione incessante è causa dell'infinito divenire della vita. Dentro il corpo il suono O genera il fegato che sostiene l'attività del sangue.

U: Questo suono agisce sugli altri suoni materni A E I O legandoli e integrando la loro azione sia a livello del cosmo che del corpo umano. Quando il suono U agisce dentro il corpo, per la prima volta gli organi generati dagli altri suoni si uniscono e riescono a funzionare in maniera integrata: così questo suono agisce dentro l'intero ovulo fecondato e grazie alla sua azione l'ovulo genera i diversi organi.

Adesso vorrei tornare all'esercizio di *annullamento della forma* che ho già descritto. Si tratta di cancellare solamente il suono mantenendo il respiro, il corpo e l'energia della voce in modo identico a quanto avviene mentre si parla, come se sussurrassimo all'orecchio di qualcuno senza emettere la voce. In concreto si tratta di emettere il suono A e subito dopo interrompere l'emissione del suono, senza interrompere la forza della vocalizzazione presente nel suono A e la relativa respirazione, espirando lentamente: in questo modo si riesce a estrarre dalla voce la pura forza della vocalizzazione, come si estrae il sale dall'acqua di mare, e a farla fluire verso l'esterno per mezzo della respirazione e in ogni angolo all'interno del corpo. La forza della vocalizzazione estratta e separata dalla voce è l'energia prima che genera la voce: è il *suono cosmico* che non

un libro chiamato corpo

si può percepire con l'orecchio in cui è presente tutta l'energia creatrice del cosmo, della natura e del corpo umano. Non è all'interno dei suoni A E I O U che percepiamo con l'orecchio, bensì dentro la forza della vocalizzazione che ha generato tali suoni materni che noi dobbiamo ricercare le radici dei cinque suoni materni. Come noi riceviamo il *significato* attraverso la voce delle persone, entrando con tutto il nostro corpo dentro la forza della vocalizzazione generatrice dei cinque suoni materni *riusciamo ad ascoltarla* attraverso l'interezza del corpo. In questa maniera possiamo sperimentare dall'interno l'energia dei cinque suoni materni e ascoltandoli possiamo in ognuno di essi percepire la forza creatrice cosmica.

Riflettere sul modo in cui l'energia vitale dei suoni materni, ovvero la forza della vocalizzazione, agisce nel corpo del feto e del bambino prima della formazione della capacità mnemonica, permetterà di comprendere in quale maniera il *corpo etnico* e il *corpo terrestre* agiscano nel processo di formazione del corpo.

Generalmente riteniamo che sia impossibile richiamare alla memoria le esperienze del periodo fetale ovvero le esperienze sensoriali o vitali prima dei tre anni, vale a dire precedenti la formazione della capacità mnemonica. Tuttavia ascoltando e percependo con tutto il corpo *la forza della vocalizzazione separata dalla voce* riusciamo a richiamare alla memoria le esperienze del periodo fetale e del periodo fino al terzo anno di vita.

Non si tratta di qualcosa d'impossibile. Ricordare questi due periodi in cui noi avevamo il *corpo terrestre* e il *corpo etnico* è l'elemento più importante per essere in grado di formare il nostro corpo: *formare il corpo* non significa semplicemente *allenare* il corpo adulto successivo ai tre anni. Se noi cercassimo di formare il corpo senza ritornare a questi due periodi iniziali, sarebbe come voler far crescere una pianta dentro un vaso dopo averla estirpata dalla terra: occorre seppellire il seme nella terra.

Per formare il corpo occorre richiamare e ricreare il *corpo terrestre* e il *corpo etnico*. Il corpo umano, superato un determinato periodo della vita che gli è assegnata, può espandersi nello spazio-tempo infinito che precede la nascita e segue la morte raggiungendo la sua piena fioritura. Il corpo si modifica nell'*istante stesso in cui prende coscienza* della fase fetale e della fase di generazione della lingua madre: il corpo si modifica *attraverso la conoscenza*. Quando noi riusciremo a entrare dentro la forza della vocalizzazione dei cinque suoni materni e con essa a riempire e muovere il corpo, in quell'istante avremo formato il nostro *corpo etnico*.

A noi è stata concessa solo la dimensione fenomenica della vita: finora abbiamo potuto toccare la vita solo come fenomeno percepibile, ad esempio nella crescita fisica, nella malattia o nella salute. Tuttavia, la forza della vocalizzazione che otteniamo per mezzo dell'annullamento della voce, ci permette di percepire con l'intero nostro corpo la vita non tanto nella sua dimensione fenomenica quanto nella sua essenza. Leggere *il libro chiamato corpo* significa leggere la vita nella sua essenza.

I dodici suoni paterni

I diversi organi sensoriali dell'uomo si sono formati nel periodo fetale a partire dall'ectoderma, il quale a sua volta è stato generato dal *mesoderma in potenza* che precede il processo di divisione cellulare; ovvero dal *mesoderma inteso come energia vocale* che si fonde, non visibile all'occhio umano, con l'ovulo fecondato. Quindi l'ectoderma non compare come elemento embrionale autonomo, ma nasce dal *mesoderma saturo di energia vocale*. Questo *mesoderma in potenza* forma all'interno del corpo l'organo della fonazione, la laringe, che è a sua volta un organo del tutto speciale. I vari organi e apparati corporei, come il cuore, i polmoni o l'apparato riproduttivo non si sono formati in modo parallelo: come nelle piante il seme, il fiore e i petali non si formano parallelamente, ma tutti gli elementi sono generati dal seme che è la fonte comune, così nell'embrione umano, nonostante la laringe sembri comparire insieme al cuore o ai polmoni, in realtà è direttamente legata al *mesoderma in potenza* ovvero al *mesoderma inteso come ovulo fecondato* ed è il primo organo generato dalla cellula fecondata. La laringe è il *seme* del corpo umano e di conseguenza ha un *ruolo omnicomprensivo* all'interno del corpo.

Dall'ovulo fecondato si formano tre foglietti embrionali che racchiudono tutti gli elementi costitutivi del corpo: l'ectoderma forma gli organi sensoriali con cui si ricevono gli stimoli esterni; l'endoderma forma gli apparati preposti all'assunzione, digestione, utilizzo per le funzioni vitali ed espulsione dei nutrienti ricavati dal cibo; il mesoderma materiale forma l'apparato respiratorio e circolatorio. Il mesoderma ha funzione di collegamento tra l'ectoderma, che mette in relazione il corpo con il mondo esterno, e l'endoderma preposto alle funzioni vitali: nel corpo umano il mesoderma genera i vari meccanismi di regolazione.

Se noi consideriamo la laringe in relazione alla funzione dei tre foglietti embrionali, comprendiamo come abbia una posizione molto particolare nel corpo umano. I medici parlano di *otorinolaringoiatria* e, in effetti, orecchie, naso e laringe erano originariamente un singolo organo. La laringe comprende: l'orecchio, organo derivante dall'ectoderma; la laringe materiale, organo legato alla respirazione e alla circolazione derivante dal mesoderma; e l'esofago inteso come parte superiore dell'apparato digerente derivante dall'endoderma. Quando qualcuno muore soffocato da un *mochi*[25] rimasto incastrato nella gola, succede perché nella laringe si incrociano un elemento endodermico (il condotto digerente) e un elemento mesodermico (il condotto respiratorio).

Nella laringe si incrociano per poi separarsi l'ectoderma (orecchie), l'endoderma (bocca) e il mesoderma (naso).

All'interno del corpo la laringe è il solo luogo in cui ectoderma, endoderma e mesoderma si raggruppano per poi dividersi. Cosa significa questo fatto? Significa che la *laringe in forma di cellula fecondata* genera i tre foglietti embrionali: la laringe è il *seme del corpo*. Come nelle piante è il seme che fa sbocciare le foglie e i fiori, il *mesoderma in potenza* ovvero il *mesoderma in forma di cellula fecondata* è il seme che crea il corpo umano.

---

25. Polpetta di riso glutinoso (*ndt*).

Gli organi sensoriali derivanti dall'ectoderma si formano grazie all'azione dei *suoni paterni cosmici* (consonanti) attivi all'interno del *mesoderma in potenza"*.

Il suono I, che forma l'io del cosmo, viene pronunciato nello spazio tra l'arco dentale superiore e inferiore e la superficie orale superiore e inferiore. Se noi interrompiamo bruscamente il flusso d'aria del suono I, appaiono i puri suoni paterni K, G, D nella forma dei suoni KI, GI, DI. Quindi nei suoni KI, GI e DI, distinti dal suono materno (cioè dalla vocale, *ndr*), si manifesta attraverso i sensi l'io cosmico. Analogamente il suono E legato all'azione della coscienza fa comparire i suoni TE, RE e NE: questi generano i sensi legati all'azione cosciente. Dal suono O generatore della *vita cosmica* compaiono i suoni PO, BO e MO i quali a loro volta generano i sensi legati all'attività vitale. Infine dal suono A generatore del mondo minerale compaiono i suoni YA, WA e A da cui nascono le attività sensoriali legate alle entità individuali. In questo modo attraverso l'azione dei quattro suoni materni I, E, O, A i dodici suoni KI, GI, DI, TE, RE, NE, PO, BO, MO, YA, WA, A generano nel cosmo i dodici sensi[26].

KI: Crea l'apparato sensoriale cosmico che percepisce il cosmo intero come essere dotato di personalità. È l'apparato sensoriale temporale che lega l'uomo all'interezza del cosmo attraverso il passato, il presente e il futuro.

TE: Crea l'apparato sensoriale per percepire l'energia cosmogenetica. È l'apparato sensoriale cosmico-linguistico che percepisce la *vita della parola* e l'azione generatrice dei molteplici cosmi nata dalla forza vitale della parola.

PO: Percepisce la laringe del cosmo che attua la vocalizzazione cosmica. È l'apparato sensoriale della vocalizzazione cosmica che trasforma in voce la forza creatrice del cosmo.

---

26. "Questa sequenza è la versione giapponese della evoluzione delle consonanti in 12 toni immaginate da Steiner e si riferisce alla tradizione orale tramandata nel *Kojiki* e conosciuta come *kotodama"* (Reiji Kasai, cit.).

YA: Crea l'udito. Riconosce in forma di flusso sonoro l'energia del cosmo: trasforma la *musica* in *flusso di parole*.
A: Tatto. Il tatto è un senso particolare. Mentre la coscienza e l'udito esistono come organi sensoriali del cosmo interno anche prima della concezione e quindi non sono vincolati all'esistenza materiale del corpo, il tatto è un senso di cui solamente il corpo è dotato. È un senso profondamente legato all'esistenza materiale. Il suono A, pur essendo un suono materno, è legato alla forza che genera l'esistenza materiale e genera il tatto.
MO: Crea l'apparato sensoriale corporeo interno. È l'apparato sensoriale che percepisce dall'interno il corpo materiale dell'uomo e percepisce le sensazioni corporee interne legate al dolore, al piacere o alla sofferenza.
NE: Apparato sensoriale che percepisce i micromovimenti interni al corpo. È l'apparato sensoriale che percepisce il movimento del cuore e dei polmoni o il battito delle ciglia. Quando noi osserviamo un oggetto rotondo crea all'interno del corpo un movimento circolare corrispondente, quando percepiamo un movimento nel mondo esterno genera un corrispondente movimento interno.
DI: Apparato sensoriale dell'equilibrio corporeo, che si lega alle varie funzioni regolatrici interne, come l'apparato regolatore dell'equilibrio dentro l'orecchio, l'apparato regolatore dell'equilibrio della nutrizione o dell'equilibrio tra sonno e veglia.
WA: Crea l'olfatto. Negli animali in generale l'olfatto è il senso fondamentale che guida il loro agire. Per esempio l'istinto che fa tornare i pesci a deporre le uova nel loro luogo d'origine è legato all'olfatto. Quello che nell'uomo è legato alla facoltà di giudizio, negli animali è legato all'olfatto. Nell'uomo, quando l'azione istintiva dell'olfatto si trasforma per azione della coscienza, questo senso si tramuta in un organo sensoriale corporeo che guida l'azione di tipo cosmico.
BO: Apparato sensoriale energetico che trasforma in energia le sensazioni corporee interne. Genera il gusto.
RE: Vista. L'occhio umano agisce formando un punto di vista in modo che ciò che è lontano appare piccolo e ciò che è vicino appare grande. Se noi definiamo questa prospettiva visione tri-

dimensionale, allora gli animali sono dotati di una visione bidimensionale: gli animali fondono sé stessi all'oggetto osservato. Questo suono genera la visione bidimensionale.

GI: Il calore presente nel sangue non è prodotto dalla combustione dei nutrienti, ma dalla ricezione e integrazione da parte del corpo del calore cosmico. Il calore cosmico lega gli uomini a tutte le cose e nello stesso tempo genera un calore autonomo. Per esempio anche trovandosi in una regione polare a -30 gradi centigradi, l'uomo riesce a conservare una temperatura corporea costante. Questo suono genera un simile tipo di sensazione del calore.

L'uomo non nasce *ex abrupto* dalla fecondazione dell'ovulo. Solo quando all'ovulo fecondato si unisce l'*anima in dotazione del corpo cosmico* l'uomo acquista la sua esistenza. Se l'anima non s'incarnasse nell'ovulo fecondato, si verificherebbe un aborto e l'ovulo verrebbe espulso. Dentro l'*anima in quanto corpo cosmico* sono presenti come energia cosmica i dodici suoni paterni e i cinque suoni materni. Questi suoni agiscono attivamente dentro il mesoderma inteso come cellula fecondata: i suoni materni A, E, I, O, U formano prevalentemente gli organi interni, i dodici suoni paterni KI, TE, PO, YA, A, MO, NE, DI, WA, BO, RE, GI agiscono come energia che forma gli organi sensoriali materiali e immateriali del corpo. Tuttavia gli organi interni del feto non sono semplici apparati incompleti: non ancora vincolati alla funzione della nutrizione o dell'escrezione, sono importanti organi di attività vitale che legano il corpo umano al cosmo e inoltre agiscono come organi sensoriali capaci di percepire la vita cosmica. D'altra parte i dodici suoni paterni, non funzionando ancora come organi sensoriali capaci di percepire oggetti materiali, formano nel feto gli apparati ricettivi dell'energia cosmica insita nei sensi. Noi non vivremmo nemmeno per un istante senza l'energia legata ai sensi, perché è questa l'energia sulla quale si regge la nostra esistenza.

Il feto è una vera e propria *bozza del cosmo*. Non ancora legato al mondo materiale esterno, i suoi sensi e i suoi apparati sono profondamente legati al cosmo, inteso come essere dotato di perso-

nalità, per mezzo dell'energia che si sviluppa entro il riverbero dei suoni materni e paterni. Così a questo punto noi possiamo distinguere i seguenti quattro corpi:
- *Corpo cosmico*. Corpo spirituale precedente il concepimento, in cui i suoni materni e paterni esistono senza essere legati alla materialità di un individuo.
- *Corpo terrestre*. Corpo nato dalla fecondazione dell'ovulo che ha come sfera vitale il cosmo, dove la forza della voce forma il corpo umano grazie all'azione dei suoni materni e paterni cosmici sui tre foglietti embrionali.
- *Corpo etnico*. Corpo esterno alla pelle, formato dall'energia cosmica ora divenuta voce percepibile all'orecchio, che si manifesta concretamente nei suoni materni e paterni con le caratteristiche specifiche di ciascuna lingua.
- *Corpo individuale*. Corpo interno alla pelle e dotato di un io autonomo, successivo alla formazione della memoria che interviene dopo il terzo anno di vita.

Nei confronti di questi quattro corpi, la forza della vocalizzazione assume funzioni completamente diverse. Nel corpo del feto, che ha come sfera vitale il cosmo, l'azione della voce ovvero dell'energia cosmica forma gli organi interni e gli apparati sensoriali. E continua ancora la sua azione dopo che il feto ha completato i vari organi corporei. Quando la forza della voce viene nuovamente attivata dall'adulto, dopo che il *corpo individuale* si è completamente formato, genera un *nuovo corpo terrestre*. Noi possiamo in quanto uomini formare nuovamente *un corpo terrestre che ha il cosmo come sfera vitale*. Costruire il corpo significa richiamare integralmente con la forza del proprio io il ricordo del periodo fetale.

Il corpo a respirazione branchiale

Durante il processo di formazione del corpo iniziato prima dello stadio fetale, al *corpo cosmico* si sono sovrapposti altri tre corpi. Ogni volta che si forma un nuovo corpo, i corpi precedenti continuano a vivere dentro di esso come memoria materializzata: all'interno del *corpo individuale*, *corpo etnico* e *corpo terrestre* si materializzano nel sangue, negli organi interni e nelle ossa. Attraverso la relazione con il respiro, possiamo invece individuare il processo inverso, quello che dal *corpo individuale* porta indietro al *corpo cosmico*. Nel *corpo cosmico* tutte le cose sono unite dal nesso di potenzialità: "la materia è coscienza", "i sensi sono azione vitale", "il maschile è il femminile", "la parola è il corpo", "il suono paterno è il suono materno". Invece nel *corpo individuale* questi binomi sono scissi e ciascun elemento esiste solo autonomamente: istinto e razionalità si contrappongono. Nel *corpo terrestre* non possono scoppiare conflitti tra popoli, tuttavia gli uomini che vivono nella dimensione del *corpo individuale* non vedono soluzioni diverse dalla guerra per risolvere i conflitti. Il *corpo terrestre* è attivo durante il sonno: qui troviamo completa armonia tra i popoli. È il corpo diurno che vuole la guerra, ma un simile desiderio equivarrebbe a dire che la mano destra vuole amputare la sinistra. Questo corpo scisso è frutto della respirazione polmonare. Ovviamente la respirazione polmonare è indispensabile per tenere in vita il corpo materiale, tuttavia occorre ricordare che sin dalla formazione dei foglietti embrionali il corpo ha avviato un processo di scissioni e la respirazione polmonare, fatta d'inspirazione ed espirazione, è funzionale a questo corpo scisso. L'ossigeno assunto con l'inspirazione stimola cervello e sistema nervoso, mentre l'espirazione attiva le funzioni vitali agendo sugli organi della digestione e di assimilazione dei nutrienti. Il dualismo respiratorio è anche il dualismo tra *corpo che riceve* e *corpo che espelle*. Quando ascoltiamo attentamente inspiriamo e quando parliamo espiriamo: in una conversazione riceviamo attraverso le orecchie ed espelliamo attraverso la bocca. Il dualismo ricezione-espulsione è la ragione per cui l'*io* è violentemente scisso dall'*altro*. Attraverso alcuni esercizi è possibile consentire al corpo scisso – al corpo che ha perduto la respirazione branchiale, ovvero al *corpo individuale* – recuperare l'originaria unità del *corpo cosmico*. Con l'esercizio quotidiano riusciremo a risvegliare sensazioni così sottili da non poter essere descritte a parole.

L'equilibrio espirazione - inspirazione
Quando usiamo le scale in metropolitana o a casa, salendo normalmente rafforziamo l'inspirazione e dirigiamo l'attenzione verso l'alto, scendendo espiriamo dirigendo l'attenzione verso il basso. Si tratta di invertire coscientemente questo meccanismo: salendo rafforziamo l'espirazione e ci concentriamo verso il basso, come quando si scende e, al contrario, scendendo rafforziamo l'inspirazione e dirigiamo l'attenzione verso l'alto. Ripetendo più volte l'esercizio riusciamo a creare nel corpo una nuova sensazione di equilibrio tra inspirazione ed espirazione. Inizialmente saliremo e scenderemo le scale con un certo impaccio e questa sensazione sarà percepita come un singolo punto di contatto tra le fasi d'inspirazione e di espirazione; in seguito la sensazione si approfondirà e sgorgherà una quiete e una serenità mai provata dal corpo, che sarà riempito da un vasto flusso di energia.

La vocalizzazione in ascolto
Per quanto riguarda invece l'alternanza tra l'ascoltare e il parlare, prima di tutto quando conversiamo cerchiamo di annullare ogni volontà di imporre la parola nei confronti dell'interlocutore e di immergerci totalmente nell'ascolto delle sue parole. Quando siamo noi a parlare, le nostre parole non devono essere uno strumento per convincere quanto piuttosto per trasmettere un pensiero. In una conversazione normale l'ascolto e la parola si mescolano in modo caotico e conflittuale all'interno del corpo dell'individuo. Occorre quindi per prima cosa creare dentro se stessi, attraverso un lungo lavoro, un *corpo che ascolta* e un *corpo che parla*: a questo punto il *corpo che riceve* e il *corpo che espelle* ci potranno apparire come due entità del tutto distinte.

Quando saremo in grado di distinguere bene questi due corpi, pronunciamo e impariamo a memoria una breve frase qualsiasi, e in quel momento cerchiamo di conservare la sensazione del *corpo che parla*. Poi alziamo le braccia e posizioniamo a circa 50 cm dalle orecchie le mani aperte e tese, immaginando che queste siano *grandi orecchie*, e facciamo in modo che il nostro corpo diventi un *corpo che ascolta*. Poi mantenendo la sensazione del *corpo che ascolta* insieme alla posizione delle mani, recitiamo la frase che abbiamo memorizzato: in pratica *parliamo ascoltando* in modo da avere la compresione del *corpo che riceve* e del *corpo che espelle*, dell'ascolto e della vocalizzazione. In questa *vocalizzazione in ascolto* scompare l'intreccio caotico tra ricezione ed espulsione che caratterizza un confronto in cui ognuno cerca di imporre la propria parola e si ricrea l'equilibrio tra *corpo che ascolta* e *corpo che parla*. Se per un certo periodo eseguiamo questo esercizio con cura, all'interno del corpo scisso comincerà ad affiorare una sensazione unitaria: elementi rimasti a lungo separati e opposti ritrovano un'armonia che non è superficiale ma scaturisce dall'interno.

Polo nord e polo sud

Insieme ai precedenti eseguiamo anche un altro esercizio che ci fa unire espirazione e inspirazione. Questo esercizio inoltre agisce anche sui precedenti due e permette di eseguirli meglio. Concentriamoci sul punto in cui l'espirazione diventa inspirazione – polo sud – e quello in cui l'inspirazione diventa espirazione – polo nord. I due poli del nostro corpo sono i luoghi in cui inspirazione ed espirazione s'incontrano. Normalmente possiamo rappresentare questi luoghi come una vetta aguzza o una stretta valle nel diagramma che descrive la respirazione. L'esercizio consiste nell'addolcire gradualmente la geografia dei poli dove inspirazione ed espirazione s'incontrano: con una respirazione lenta e ininterrotta cerchiamo di rendere quanto più morbida la linea della respirazione in corrispondenza dei poli. Quando gradualmente nell'espirazione si espande la quieta sensazione del polo nord e nell'inspirazione la quieta sensazione del polo sud, allora nasce una nuova respirazione.

Il lavoro consapevole sulla respirazione polmonare trasforma la respirazione stessa. Orecchie e laringe, rimaste finora separate, attraverso questi esercizi si legano e preparano la transizione alla respirazione branchiale. È una dolce transizione del nostro habitat dalla terra al *mare della vita*. La respirazione branchiale del feto è una forma ancora incompleta di respirazione, tuttavia non si tratta di una forma provvisoria. Con la transizione dalla respirazione polmonare a una nuova respirazione branchiale, insieme alla respirazione stessa si trasformano gradualmente anche gli organi, il sistema circolatorio, il sistema ormonale e riusciamo pian piano a perfezionare la respirazione branchiale che abbiamo lasciato incompleta nel periodo fetale.

Il mare della vita
Quando separiamo la forza della vocalizzazione dalla voce, compare il *mare della vita* che avvolge la respirazione branchiale allo stesso modo in cui la respirazione polmonare è avvolta dall'atmosfera terrestre. Mentre con la respirazione polmonare respiriamo l'aria, respirando la forza della vocalizzazione separata dalla voce respiriamo *direttamente* la vita stessa: questa forza fluisce dalla gola alla parte superiore dei polmoni, poi a quella inferiore, infine a tutte le estremità del corpo. In questa maniera il corpo è lentamente posto in movimento direttamente dalla forza della vocalizzazione: si tratta di una *rivoluzione energetica* nel corpo, perché gradualmente il principio della sua attività si trasferisce dall'alimentazione materiale alla forza della vocalizzazione.

Fusione tra funzioni vitali e sensoriali
A questo punto il corpo non è più limitato all'interno della pelle: la sua esistenza si fonde con ogni oggetto dell'universo attraverso flussi di forze, tanto che tutto ciò che vediamo e tutto ciò che sentiamo è anch'esso il nostro corpo. Quando muoviamo una mano ne sentiamo il movimento dall'interno e ne vediamo il movimento dall'esterno; analogamente i sensi ci permettono di osservare dall'esterno *il corpo che vive all'interno del mondo esterno*. Se per i pesci, incapaci di osservare il proprio corpo, il mare stesso è il loro corpo, la respirazione branchiale rovescia il *corpo individuale* e trasforma il mondo esterno in corpo.

La respirazione branchiale
In questa *nuova respirazione branchiale* dove si fondono forza della vocalizzazione separata dalla voce ed energia sensoriale, dal punto di vista energetico orecchie e gola si fondono in un unico organo: perché ciò accada è importante fare il seguente esercizio. Quando abbiamo separato la forza della vocalizzazione siamo partiti dalla voce emessa dalla nostra gola; ora invece dobbia-

mo prendere in considerazione la vocalizzazione esogena che dall'esterno penetra in noi attraverso le orecchie. Come ricordato in precedenza la gola, prima ancora di vibrare attraverso la nostra voce, effettua una vocalizzazione uditiva ricevendo le voci dall'esterno; per completare la respirazione branchiale occorre estrarre la forza della vocalizzazione attraverso la vocalizzazione uditiva. Ripetendo questo esercizio, la fusione tra la forza della vocalizzazione e l'energia sensoriale completa la nuova respirazione branchiale che avvolge la respirazione polmonare.

Respirazione come fotosintesi
Per quanto riguarda questa respirazione in realtà ci dobbiamo limitare a suggerire direzioni di ricerca più che indicare precisi esercizi. La respirazione umana non si limita alla respirazione polmonare e a quella branchiale. La respirazione branchiale è necessaria per generare il *corpo terrestre* ma la respirazione del *corpo cosmico* che precede il concepimento è ancora più primordiale: è la totalità del cosmo che respira come se fosse un singolo essere. Mi piace chiamare questa respirazione *nuova fotosintesi*. Attraverso la fotosintesi i vegetali assimilano il biossido di carbonio, accumulano carbonio all'interno e liberano ossigeno all'esterno e ciò permette la respirazione polmonare degli animali. Quando si perfeziona la respirazione branchiale nell'uomo, inevitabilmente il *corpo terrestre* trasla nel *corpo cosmico* con un ulteriore trasformazione dell'ambiente vitale dal *mare della vita* al *mare cosmico*. In questa fase gradualmente la respirazione branchiale si trasforma in *nuova fotosintesi*.

Il passaggio dalla respirazione branchiale alla nuova fotosintesi si può ottenere solo approfondendo senza posa la respirazione branchiale; possiamo considerare la nuova fotosintesi come una mutazione della respirazione branchiale. La respirazione branchiale permette di rovesciare il *corpo individuale*: il corpo rimasto rinchiuso all'interno si espande in tutto il mondo esterno. Con la respirazione polmonare o branchiale l'uomo assorbe ossigeno ed emette anidride carbonica, ma il corpo che si espande all'esterno si satura del carbonio che è stato emesso e l'uomo s'incarna nuovamente in questo carbonio. La nuova fotosintesi non comporta l'ossidazione bensì la carbonificazione del corpo umano: il carbonio che è stato disperso all'esterno con la respirazione polmonare e branchiale diventa la materia costitutiva del nuovo corpo. Il corpo sottoposto a ossidazione si decompone, il corpo sottoposto a carbonificazione no. È un processo che lo trasforma in carbone nero e insieme in diamante trasparente. La respirazione come *nuova fotosintesi* crea le fondamenta del corpo nel carbonio che si trova all'esterno di esso.

I sensi puri

Se riflettiamo bene un bambino appena nato ancora non ha, al suo interno, alcun ricordo, giudizio o morale. Quando il bambino apre i suoi sensi al mondo esterno non possiede niente che possa legare le percezioni a una coscienza interna. *Ciò che è caldo* non è percepito come *caldo* in quanto si lega a un preciso ricordo del *calore,* ma è percezione pura del *caldo*. Durante la fase di acquisizione della lingua madre avviene tutto in questo modo. Nella figura della madre *felice* il bambino non vede una *felicità* che si lega al ricordo di un sentimento provato, è il sentimento di *felicità* della madre che attraverso i sensi puri penetra nel bambino facendosi *felicità* anche per lui. Il bambino tutto intero è uno specchio che riflette il mondo esterno. I *sensi puri* trascendono il giudizio e accolgono unicamente i *fatti del mondo esterno* escludendo tutto il resto.

La celebre affermazione di Goethe: "I sensi non ingannano, inganna il giudizio", descrive in maniera esaustiva l'attività del bambino precedente alla formazione del ricordo. Il neonato ancora privo di ricordo, giudizio e morale ha solamente i sensi puri per aprirsi al mondo esterno. In questa fase *vedere* è già *rispondere*. Se dico: "Questo è un insetto", è già un giudizio e in quanto tale *inganna*. Infatti non si tratta di un *insetto* bensì di un *qualcosa* che gli uomini chiamano "insetto". Solo i *sensi puri* sono in grado di percepire questo *qualcosa*. Per esempio il tedesco ha un sistema di coniugazione dei verbi estremamente complesso, che richiede a un adulto che voglia impararlo correttamente, un grande impegno della sua capacità mnemonica; tuttavia il bambino madrelingua tedesco non commette mai errori nella complessa coniugazione dei verbi.

La fase di formazione della lingua madre dei primi anni di vita, ovvero della formazione del *corpo etnico*, è caratterizzata da una sequenza di *sorprese*. La *sorpresa* nasce nell'istante in cui il giudizio interiore non ha il minimo spazio per insinuarsi nella sensazione. Se per esempio davanti ai nostri occhi comparisse un extraterrestre non avremmo la minima possibilità di collegare l'apparizione a un giudizio interiore e ci troveremmo semplicemente costretti a prendere atto di quel che vediamo. La *sorpresa* è l'istante in cui accettiamo un *fatto* nella sua essenza al di là di ogni atto di giudizio. Il bambino nella fase di acquisizione della lingua madre, per alcuni anni, apre i sensi all'esterno e riceve un'ininterrotta sequenza di *sorprese* che trascendono il giudizio. L'opposto della *sorpresa* è l'indifferenza: la formazione del ricordo avviene nell'istante in cui una qualche forma di indifferenza si insinua e ci allontana di un passo dalla sorpresa: a questo punto il bambino ha perso il candore del neonato.

Ora si tratta di domandarsi: in che modo la voce interviene nella formazione del *corpo etnico* in questa fase di costruzione della lingua madre?

Suoni paterni, suoni materni e suoni filiali nella lingua giapponese

Le lingue parlate nel mondo sono oltre mille, ma tutte sono caratterizzate da sistemi di pronuncia che combinano vocali e consonanti. Alcune lingue, come l'ebraico, hanno sistemi di scrittura in cui si rappresentano solamente le consonanti, mentre in altre lingue può accadere che alcune vocali rappresentate nella forma scritta non siano effettivamente pronunciate. Ciò nondimeno in tutte le lingue la pronuncia combina vocali e consonanti; se consideriamo le differenti modalità in cui consonanti e vocali

un libro chiamato corpo

si legano possiamo osservare una grande varietà tra le lingue. Da questo punto di vista per esempio il giapponese e il tedesco rappresentano i due poli opposti.

Se un tedesco pronunciasse il mio nome, suonerebbe come "K-a-s-a-i A-k-i-ra" poiché il tedesco non fonde il suono della consonante con quello della vocale come accade nel giapponese: stacca il suono della K dalla A; questo suono della K, dotato di una totale autonomia fonetica, si lega poi alla vocale A. Nei suoni assertivi del tedesco consonanti e vocali si trovano quasi in conflitto, poiché ognuna impone una sua personalità fonetica: nel pronunciare la sillaba KA, anziché preparare la bocca alla pronuncia della A per poi emettere il suono K, il tedesco pronuncia direttamente il suono K per poi appoggiarvi il suono A e per questo non abbiamo KA bensì K-A. Invece nel giapponese per prima cosa la bocca assume la posizione per pronunciare A, in modo che nel momento della vocalizzazione abbiamo KA anziché K-A. Nel giapponese il suono KA è una fusione perfetta di suono materno e suono paterno e il prodotto della fusione non è più né suono materno né suono paterno, allo stesso modo in cui un figlio nato dall'unione del padre e della madre è a sua volta un essere umano del tutto autonomo.

Nella cerimonia della lettura di poesie che si tiene a capodanno al Palazzo Imperiale un verso come "haru no yo ni..." ("in una notte di primavera...") viene pronunciato "h-aa-a-r-uu-u-n-oo-o-y-oo-o-n-ii-i", tuttavia il passaggio dalla consonante alla vocale avviene senza cesure e senza forzature, come una persona che con lo sguardo accompagni qualcuno che parte finché la sua figura scompare all'orizzonte. In giapponese il suono KA nasce formando con la bocca la posizione della A, senza ancora pronunciarla, e poi pronunciando contemporaneamente K e A; perciò l'ordine della pronuncia del mio nome in realtà è AK AS I - A IK AR.

In giapponese ci sono quindi due tipi di suono materno: la A che viene formata con la bocca senza essere vocalizzata e la A effettivamente vocalizzata. Il primo tipo, precedente la vocalizzazione, lo definisco *suono materno spirituale*. Nella lingua

179

giapponese i suoni si formano quando sulla corrente dei suoni materni spirituali si posano i suoni paterni: la pronuncia del giapponese è *come acqua che scorre.* I suoni materni spirituali sono essenziali nella pronuncia del giapponese. Naturalmente quando parliamo in questa lingua non abbiamo la minima coscienza del loro utilizzo, tuttavia è per questa ragione che in giapponese sin dall'origine il suono KA non è una sommatoria dei suoni K e A bensì un suono *figlio* distinto dalla madre e dal padre. In particolare i bambini che acquisiscono la lingua non passano mai per la sommatoria K-A e la distinzione tra suono materno e suono figlio viene percepita molto più tardi quando il pensiero riesce a elaborare. Poiché la differenza tra vocali e consonanti non è questione di scrittura ma di pronuncia, in giapponese occorre usare i termini *suono paterno* e *suono materno*. In pratica N, K, G, D sono suoni paterni che ancora devono legarsi ai suoni materni, come A, E, I, O, U sono suoni materni che aspettano di legarsi con i suoni paterni; KA, SA, TA, NA, HA sono i *suoni fliali* che vengono generati dall'unione dei suoni materni e dei suoni paterni.

I suoni paterni

Il *corpo individuale* è imprigionato all'interno della pelle ma il *corpo etnico* si estende senza limiti nello spazio tra uomo e uomo, tra l'uomo e la natura, tra l'uomo e le cose: gli eremiti cinesi chiamavano questo corpo Xuán T (corpo oscuro), invisibile eppure non meno reale del corpo fisico. Il *corpo etnico/corpo oscuro* può assumere varie forme secondo il modo in cui i suoni paterni e i suoni materni si congiungono: facendo un paragone con i tessuti, i suoni paterni sono l'ordito, quelli materni la trama, e il loro intreccio crea il *corpo oscuro*. Per meglio definire i caratteri dei suoni paterni e dei suoni materni, può essere utile fare un accenno ai tre elementi costitutivi del corpo umano.
Nel corpo esistono tre forze fondamentali che io chiamerò *materia*, *vita* e *coscienza*. Con *materia* indico gli elementi materiali

costitutivi del corpo visibile e del mondo naturale. La *vita* è la forza organica che difende costantemente dal disfacimento la *materia* di per sé inerte. Infine la *coscienza* è la forza che percepisce la vita, la orienta e ne è il motore.
Materia
Vita
Coscienza
Le tre forze fondamentali che formano il corpo umano sono dotate di autonomia ed esistono in maniera indipendente l'una dall'altra: la materia non genera coscienza e vita, coscienza e vita non nascono dalla materia. Attraverso la respirazione e l'alimentazione, l'uomo assorbe una varietà di sostanze dalla natura e con esse forma il corpo materiale. Tuttavia la vita non è *uno stato particolare della materia*: come il tempo è intimamente legato allo spazio attraverso un legame invisibile, la vita è *l'energia temporale* che costantemente difende dal disfacimento *l'esistenza spaziale della materia*. Analogamente non è possibile creare la coscienza dalla vita, perché la coscienza percepisce la vita ed è la forza motrice dell'organismo vivente: è l'elemento che percepisce la vita in quanto energia. Materia, vita e coscienza sono tre energie indipendenti che possiamo definire attraverso le seguenti formule:

Materia $A = A$
Vita $A = B = C$
Coscienza $A \neq A$

Comincio con la formula della materia ($A = A$). Nell'aria sono presenti numerosi elementi minerali: si tratta quindi di minerali allo stato gassoso. Se respirando assorbiamo il ferro allo stato gassoso, questo si scioglie nel sangue: tuttavia il ferro presente nell'aria e il ferro presente nel sangue rimangono la medesima materia. Questo è il significato della formula di identità: il ferro è ferro, sia che si trovi nel corpo umano o dentro un vegetale. Invece la formula della vita ($A = B = C$) indica la forza della trasformazione. Il corpo si trasforma in continuazione e il nostro corpo oggi, oltre ad avere una forma differente, è composto da materiale diverso dal nostro corpo di sette anni fa. Nella materia

non esiste una forza che difenda il corpo dal decadimento materiale e sostenga la sua metamorfosi continua. In una frase i vocaboli in quanto tali esistono in maniera separata l'uno dall'altro e la loro semplice presenza non genera senso: è la grammatica che unisce la materia, ovvero i vocaboli, e dà senso alla frase. La vita corrisponde alla grammatica. Se il corpo fosse costituito esclusivamente di materia non sarebbe possibile ricavarne un organismo compiuto e vitale.
Cosa significa invece la formula della coscienza ($A \neq A$)? Per esempio il ferro, in quanto materia, non può continuare a essere altro che ferro, ma nel momento in cui la coscienza si rivolge alla materia può *negarla* affermando "il ferro non è ferro". Perché succede questo? Perché quando la coscienza si rivolge a un oggetto in quello stesso momento viene annientata la sua *identità*. Prima che l'uomo si rivolgesse al ferro, il ferro era qualcosa di altro dal ferro: l'uomo crede arbitrariamente che *ciò che è chiamato ferro* sia ferro. Per questo quando la coscienza si rivolge al proprio oggetto cerca di riportare al suo primitivo aspetto l'oggetto a cui è stata assegnata un'identità. La coscienza volgendosi al cosmo genera l'idea che "questo non è il cosmo ma un singolo essere umano", e da ciò consegue l'idea che "il ferro è il sangue del cosmo inteso come singolo essere umano". Come esseri viventi gli animali sono racchiusi nella loro identità dell'essere animali, ma quando la coscienza si rivolge agli animali afferma: "Gli animali sono dèi". Se osserviamo le statue delle antiche religioni politeiste spesso buoi, pecore e uccelli non sono animali ma dèi. Le cose esistono secondo la propria identità, ma quando la coscienza agisce sulle cose, l'identità viene annullata, e grazie a questa azione materia e vita acquistano un'*esistenza libera*.
Nel cosmo ogni cosa, anche la più insignificante, possiede la propria *ragione di esistenza*. Anche un singolo sasso esiste perché la sua esistenza ha un fine. *I fini e le ragioni insiti nella materia* sono un ambito che la scienza non affronta mai. La scienza può spiegare le cause del fenomeno dell'aurora boreale, ma può spiegare a che *fine* l'aurora illumina il cielo? È una domanda che la scienza è impossibilitata a porsi perché la scienza, di fronte

alla *finalità* delle cose, può solo tacere. Tuttavia quando la coscienza si volge a un oggetto può liberamente generare i motivi o anche i fini per i quali l'aurora brilla in cielo o i fiori danno sfoggio alla loro bellezza. Per la coscienza "i fiori non sono fiori, ma sono qualcosa d'altro dai fiori". La coscienza supera con leggerezza l'identità del fiore e mette in mostra di fronte al fiore stesso la finalità che è racchiusa al suo interno.

Se non esistesse l'azione della coscienza che rende possibile la proposizione "A non è A", allora ogni cosa nel cosmo sarebbe imprigionata all'interno della sua identità. La forza della negazione che mi fa dire "io non sono io", mi fa allontanare da me stesso e mi trasforma in oggetto. Al contrario, se di fronte a un cristallo di roccia la coscienza afferma "questo cristallo è una parte del mio corpo", il cristallo da oggetto diventa parte del soggetto. Scambiando liberamente oggetto e soggetto la coscienza estrae dall'interno delle cose le ragioni e i fini della loro esistenza: è la forza che libera le cose dal loro stato di cattività. È proprio questa la radice della fantasia e della creazione artistica. La coscienza, superando l'identità delle cose e assegnando loro in maniera del tutto nuova una ragione di esistenza, trasforma l'intero cosmo in una nuova, singola opera d'arte.

Se noi secondo l'uso orientale sostituiamo il termine cosmo con la parola *ten* (cielo), possiamo affermare che tutto ciò che appartiene al mondo della natura e alla società degli uomini si lega al cielo attraverso la forza della coscienza.

Quando l'Uomo, essere materiale, diventa immateriale, si fa Cielo
Quando il Cielo, esistenza immateriale, diventa materia, si fa Uomo

Queste parole di Tenryūsai Hori, studioso shintoista dell'epoca Meiji[27], spiegano come ciò che è materiale, come la materia e la vita, grazie all'azione della coscienza diventa libero e immate-

---

27. Nella storia del Giappone è il periodo che va da 1868 al 1912.

riale e, superando l'identità, si libra nel cosmo. Anche la persona socialmente più inetta, nel momento in cui la coscienza agisce annullando l'identità, rinasce come persona libera, unica e irrinunciabile. Questa è la forza fondamentale della coscienza. La coscienza è una forza che appartiene al cosmo. Ho parlato della materia, della vita e della coscienza perché sono queste le forze che si legano profondamente ai suoni paterni e materni che formano la lingua madre e che generano il *corpo etnico* di coloro che parlano una stessa lingua madre.

I suoni paterni nascono dalla coscienza, i suoni materni nascono dalla vita.
I suoni paterni appartengono al cielo, i suoni materni appartengono alla terra.
I suoni paterni appartengono al cosmo, i suoni materni appartengono alla natura.
Nel corpo umano i suoni paterni si legano al sistema nervoso, i suoni materni alla circolazione sanguigna.

Tutte le lingue per essere pronunciate hanno suoni materni e suoni paterni; parlare una lingua significa far incontrare il cielo e la terra. Il significato della parola si fonde con l'energia della parola, il cosmo inteso come *mondo interiore della natura* si incontra con il mondo esteriore, nell'uomo l'energia della coscienza e l'energia della vita si legano come i fili della trama e dell'ordito e, all'interno di ogni singola persona che parla una particolare lingua madre, si forma il proprio *corpo etnico*.
La lingua madre svolge l'importante funzione di formare il *corpo etnico* ancor prima del *corpo individuale*. La comunicazione è una funzione secondaria della lingua. Attraverso la lingua madre si formano per la prima volta le fondamenta del corpo. Potremmo pensare che questo processo termini una volta acquisita la lingua madre, tuttavia diventati adulti è fondamentale riprendere nelle nostre mani in maniera consapevole la formazione del corpo.
Per prima cosa dobbiamo comprendere che *la lingua madre è il suolo su cui cresce il corpo*: di questo l'uomo odierno è del tutto

un libro chiamato corpo

ignaro. Una volta compresa questa verità, occorre intraprendere la formazione consapevole del corpo attraverso la lingua madre, ovvero la creazione del *corpo etnico*. Gli uomini possono elaborare a parole tanti concetti e tante ideologie ma per legare le parole ai fatti è necessaria la formazione consapevole del *corpo etnico*, altrimenti il corpo rimane immaturo e le parole che escono dalla bocca rimangono un inutile soffio che non riesce a collegarsi alla realtà. Non è semplicemente questione di unità di pensiero e azione: non si tratta di definire *l'azione dell'uomo* per mezzo *del significato della parola*. Attraverso il *corpo etnico* il pensiero di una persona, una volta espresso, diventa organico e vitale. Il pensiero prende possesso della vita. Se avessimo solamente il *corpo individuale*, il pensiero, in qualsiasi senso intendiamo questo termine, non potrebbe diventare vitale. La formazione del pensiero e la formazione del corpo etnico sono la medesima cosa.

Se noi usassimo il termine *corpo nazionale* (kokutai) per indicare il corpo di un popolo intero, non potremmo affermare che il *corpo nazionale* viene prima e che poi, all'interno del *corpo individuale*, si forma il *corpo etnico*. In realtà avviene esattamente il contrario: è il *corpo etnico* presente nel singolo che all'esterno forma il *corpo nazionale*. Iwarehiko no mikoto, ovvero l'imperatore Jimmu,[28] è un imperatore terreno mentre (il padre), Ugayafukiahezu no mikoto, è in realtà un nome che racchiude le decine di sovrani che rappresentano il passaggio dagli imperatori celesti a quelli terreni; si dovrebbe parlare quindi di dinastia Ugayafukiahezu. Questa dinastia rappresenta la transizione dal

---

28. Secondo il *Kojiki* Jimmu Tennō (l'imperatore Jimmu) è stato il primo leggendario imperatore del Giappone, fondatore della dinastia imperiale intorno al 660 a.C. Il nome originario è Kamu-Yamato Iware-hiko no Mikoto. È figlio di Ugayafukiaezu, che a sua volta discende direttamente dalla dea del sole Amaterasu secondo una linea che risale a Ninigi, il nipote della dea da lei mandato sulla terra per portare la pace, munito dei tre doni celesti simbolo del potere imperiale: la spada, il gioiello e lo specchio (cfr. Paolo Villani a cura di, *Kojiki. Un racconto di antichi eventi*, Venezia, Marsilio, 2006).

corpo terrestre al *corpo etnico* successivo alla discesa sulla terra di Ninigi no mikoto.

Il *corpo nazionale* si forma quando il *corpo etnico* presente all'interno del corpo di una persona acquista un'esistenza esterna: il modello è la nascita del *corpo nazionale* dal *corpo etnico* presente all'interno di Iwarehiko no mikoto durante il viaggio da Kumano a Ise[29]. Il *corpo nazionale* del Giappone si crea attraverso la lingua giapponese e questo è l'elemento più importante della cultura. La cultura giapponese inizia nel momento in cui si uniscono la formazione della lingua madre, la formazione del corpo umano e la formazione del *corpo nazionale*. Tutto questo è strettamente legato alla genesi della mitologia giapponese. Nel mondo esistono numerose mitologie che descrivono l'origine di un determinato popolo e narrano cosmogonie e teogonie. Tuttavia la mitologia giapponese, in particolare il *Kojiki*, non si occupa della creazione del mondo o dell'uomo perché è una mitologia che narra la *genesi della lingua giapponese*. Narra in che modo sono nati i suoni materni, i suoni paterni e i suoni filiali del giapponese e in che modo è nata la sua grammatica. Non ci sono altri esempi al mondo di mitologie della genesi linguistica. Per questo motivo i giapponesi possono intuire profondamente come il corpo umano e il *corpo nazionale* siano generati dalla parola ancor prima che dagli dèi, dagli uomini o dal cosmo.

---

29. Si tratta del primo viaggio dell'imperatore Jimmu attraverso la foresta di Kumano in direzione del santuario di Ise, un tempio scintoista consacrato alla dea del Sole Amaterasu, progenitrice della famiglia imperiale giapponese.

Costruire in libertà una nuova immagine del corpo

Menzogna

Nessuno più del danzatore è costretto a vivere la menzogna come proprio destino di giorno in giorno e fino a un punto tale da perdere la capacità di distinguere il vero dal falso. Non potrebbe essere altrimenti e il danzatore stesso se ne fa una ragione, tanto che lo stato continuo di menzogna finisce per non disturbarlo eccessivamente. Possiamo dire che il comportamento, l'atteggiamento e l'espressione *naturali* del danzatore sono caratterizzati da quella falsa naturalezza ricoperta di menzogna che permette al codardo che scappa a perdifiato anche di fronte a un cagnolino di essere arrogante e sicuro come un gangster, al povero che non sa se il giorno dopo avrà da mangiare di comportarsi da miliardario, al proletario di atteggiarsi a rampollo di un'antica casata o a principe della famiglia imperiale.

Il danzatore è quindi l'essere più estraneo ai concetti di semplicità e genuinità. A questo punto qualcuno potrebbe accusare me, danzatore, di volere esaltare con queste considerazioni la finzione e la menzogna; se io però dovessi difendermi chiamando in causa virtù come l'onestà o la rettitudine mi si deformerebbe la bocca nel rispondere, e quindi in genere cercherei di cavarmela con espressioni fumose come onesto "nei limiti del possibile" o "impegnandomi al massimo".

Credo che questa propensione alla menzogna nel danzatore derivi dal fatto che, a furia di attraversare in un senso o nell'altro la sottile membrana che separa la *menzogna più verosimile* dalla *verità più menzognera*, le ombre del palcoscenico finiscano per proiettarsi anche sulla quotidianità.

akira kasai

Il compianto storico della letteratura giapponese Matsuda Osamu[30] nei suoi commenti agli spettacoli di danza ricorreva spesso all'espressione "mirabile arte dell'inganno". Naturalmente i danzatori non se la prendevano per accuse di falsità formulate a scopi tanto lusinghieri, fatto sta che comunque il danzatore è talmente intriso di questa naturalezza artefatta che la *finzione si è fatta carne e sangue* e la stessa menzogna non è più menzogna. Ciò nondimeno nella realtà è vero tutto il contrario. Fondamentalmente possiamo dire che l'uomo vive all'interno di *ciò che pensa sia realtà* piuttosto che *nella realtà in quanto tale*. Questo vale soprattutto nell'infanzia: gli alberi che coprono la collina dietro casa *sono* la giungla degli esploratori d'Africa, il lenzuolo azzurro che copre il letto *è* la superficie del mare. I bambini sono così pieni di vita perché dentro di loro fantasie, impressioni, sogni e immagini si sovrappongono al reale.

Tempo fa fece scalpore l'incidente del bambino che, convinto di essere il supereroe *Ultraman*[31], morì lanciandosi da un luogo molto alto, sicuro di poter volare. Quando la stessa forma di realtà generata dall'immaginazione presente in quel bambino penetra nella carne e nel sangue di un uomo, quest'ultimo non può vivere se non come danzatore.

Una volta ho avuto occasione, nel dibattito dopo uno spettacolo, di discutere con un regista sul paragone fra il corpo dell'attore e quello del danzatore. Il regista sosteneva che il corpo dell'attore e quello del danzatore sulla scena fossero uguali, affermazione che non mi convinceva affatto. L'attore tesse la sua trama di parole estraendole dal profondo del corpo e cerca di infondere in essa una realtà superiore al mondo reale; il danzatore non propone attraverso la realtà della parola immagini e fantasie, cerca invece di *incarnarle* attraverso il movimento e la forma del

---

30. Matsuda Osamu (1927-2004) è stato un critico e storico della letteratura giapponese, i suoi studi riguardano soprattutto il periodo Tokugawa (1603-1868).
31. *Ultraman* è un supereroe creato da Eiji Tsuburaya (il papà di *Godzilla*) e protagonista di una serie televisiva ricca di effetti speciali andata in onda per la prima volta nel 1966.

corpo: in pratica cerca di materializzare idee e immagini. L'attore non cerca questa *materializzazione delle idee*, la sua ricerca è volta a infondere realtà alle parole partendo dal corpo in quanto entità che trascende e precede la parola e quindi agisce in una direzione opposta al danzatore.

Tra gli anni '60 e '70 il mondo delle arti performative giapponese è stato attraversato dal cosiddetto *Movimento del piccolo teatro*[32] che si proponeva, in parole molto semplici, di porre il *corpo* dell'attore al centro della rappresentazione: il teatro nasce non dalla realtà delle parole ma solo dalla presenza corporea dell'attore. Nella concezione di questo movimento il corpo dell'attore si collocava in un campo di forze comune a quello del danzatore ma, per quanto ne so, nessuno degli attori che facevano riferimento a quel movimento in seguito si è dedicato alla danza. Credo sia successo perché gli attori, per ottenere questo genere di presenza, rifiutavano la parola con l'idea che ciò fosse sufficiente a immergere il corpo nel mare della realtà. Tuttavia, percorrere questa strada per ritornare al corpo, sarebbe come pensare di commettere un assassinio prima di interpretare la parte dell'omicida.

De Sade, che descrive con sguardo da naturalista le vicende di criminali e assassini, continua a turbare il lettore oggi come all'epoca della Rivoluzione francese. A proposito della produzione letteraria del marchese un critico francese si domandava: "Come mai i lettori, prima ancora di apprezzare la letteratura criminale, non apprezzano il crimine stesso?". Il compianto criti-

---

32. Si tratta di un Movimento nato nel clima di protesta degli anni Sessanta, che comprende una serie di compagnie d'avanguardia esplicitamente critiche con la diffusione del teatro realista d'ispirazione occidentale (*shingeki*) e animate dal desiderio di creare un teatro autenticamente giapponese adatto a riflettere il presente. Il nome, Movimento del piccolo teatro (*Shōgekijō Undō*), si riferisce al fatto che avendo pochi fondi a disposizione ed essendo attive per lo più in piccoli teatri o tende all'aria aperta, il pubblico di queste compagnie era generalmente inferiore alle duecento persone. Molte figure di spicco del teatro contemporaneo hanno preso parte a questo Movimento. Akihiko Senda cita: Jūrō Kara, drammaturgo e leader del *Jōkyō Gekijō* (oggi conosciuto come *Kara Gumī*); Tadashi Suzuki, regista e leader del *Waseda Shōgekijō* (Piccolo Teatro Waseda, conosciuto come SCOT); Shuji Terayama (scomparso nel 1983) drammaturgo e leader dell'*Engeki*

co del jazz Masaaki Hiraoka[33] diceva che "ogni crimine è un atto rivoluzionario". Il ritorno al corpo propugnato dagli attori del *Movimento del piccolo teatro* era in qualche modo riconducibile a una simile idea di supremazia della realtà. Immaginiamo per un attimo che il bambino convinto di essere *Ultraman* si sia salvato. Davanti a sé avrebbe tre possibilità di crescita: potrebbe accorgersi che essere Ultraman non era altro che il prodotto della sua fantasia e ritornare semplicemente alla realtà; pur rendendosi conto che quella fantasia è incompatibile con la realtà, potrebbe tenere vivo il sogno attraverso varie forme d'arte, di sport o di teatro; o infine potrebbe ritornare veramente a essere Ultraman e a dedicarsi ad attività come la danza che gli permettono di materializzare questa idea.

Il mio discorso sembrerebbe voler mettere la danza su un piano completamente differente rispetto ad altre espressioni artistiche: infatti è proprio ciò che sto cercando di fare e ne voglio spiegare di seguito i motivi.

Esiste l'autore ma non esiste l'opera

Una forma di espressione artistica, per essere tale, ha bisogno dell'*opera* frutto della creatività dell'artista, nella danza invece

---

Jikkenshitsu Tenjō Sajiki (Il Teatro Laboratorio La Galleria); Makoto Sato, drammaturgo e leader del *68/71 Kokushoku Tento* (il Teatro della Tenda Nera); Shogo Ōta drammaturgo e leader del *Tenkei Gekijō* (il Teatro della Trasformazione ormai sciolto); Yukio Ninagawa regista e leader del *Gendaijin Gekijō* (Il Teatro degli uomini moderni) e la compagnia *Sakurasha* (Compagnia dei ciliegi in fiore). Hanno cominciato la loro carriera in questo movimento anche i drammaturghi Kunio Shimizu e Betsuyaku Minoru (cfr. Akihiko Senda, *The Ribirth of Shakepseare in Japan*, in *Shakespeare and the Japanese Stage*, edited by Takashi Sasayama - J. R. Mulryne - Margaret Shewring, Cambridge, Cambridge University Press, 2010, pag. 18).
33. Masaaki Hiraoka (1941-2009) è stato un famoso critico musicale (prevalentemente jazz) e un intellettuale a tutto tondo, che ha fatto parte sia del movimento studentesco degli anni Sessanta che dell'attivismo della nuova-sinistra degli anni Settanta. Laureato in letteratura russa, nella sua carriera ha scritto oltre 120 libri su temi di cultura e spettacolo d'attualità.

alla presenza dell'autore non corrisponde l'esistenza dell'opera intesa in senso stretto. A ben rifletterci è qualcosa di assai strano: nella danza c'è l'autore ma non l'opera.

Ai propri attori in teatro il regista può ordinare: "Ora devi essere bella come se tu fossi Venere"; oppure: "Voglio che tu sia nobile come un dio e crudele come il demonio". Tuttavia esiste un abisso tra *essere bella come Venere* ed *essere Venere*, come tra *essere crudeli come il demonio* ed *essere il demonio*. Fra tutti coloro che da bambini sono stati *Ultraman*, ce ne sono alcuni che si rifiutano di accettare l'idea dell'*essere come* anche da adulti. Bene, sono proprio questi che diventeranno danzatori.

Quando Tatsumi Hijikata lasciò le campagne di Akita diretto a Tōkyō, non sapeva ancora se voleva diventare un danzatore o uno scrittore e per un certo tempo si dedicò sia al lavoro sul corpo sia alla creazione letteraria, facendosi chiamare Nue Hijikata come scrittore e Tatsumi Hijikata come danzatore. Ogni volta che traslocava caricava di libri un carretto pieno trascinandoselo dietro con le sue gambe. Poi una volta si trovò a dover affrontare una lunga salita con questo carretto. Quando a metà della fatica e grondante di sudore si fermò per riprendere fiato, il carretto carico di libri cominciò a scivolare silenziosamente a valle accelerando fino a schiantarsi in fondo alla discesa, disperdendo il carico lungo l'argine del fiume che correva accanto alla strada. Osservando quel disastro Hijikata decise che sarebbe diventato danzatore.

Sono certo che fu in quei pochi secondi che Hijikata abbandonò definitivamente il mondo dell'*essere come* per scegliere un'esistenza, quella del danzatore, dove vale l'identità fra autore e opera. Nessun danzatore più di Hijikata ha rifiutato l'idea della danza come *espressione*. Nei miei contatti con Hijikata sono stato fortemente influenzato dalla sua teoria del metodo "prendere *è* essere presi", "vedere *è* essere visti", "costruire *è* essere costruiti". Nella danza l'autore stesso, ovvero il danzatore, è l'opera. Tra le varie forme d'arte solo nella danza si realizza questa identità tra autore e opera. Un uomo che per un'ora resta immobile in piedi in mezzo al palco può bastare per creare una danza, ma sarebbe

impensabile nel teatro.
Una volta ho cercato la definizione di danza in un dizionario e ho trovato: "Movimento del corpo creato attraverso la consapevolezza". È facile sostituire il termine *consapevolezza* con *menzogna*. Tuttavia per quanto possa essere stimolante *creare un movimento menzognero del corpo,* per farlo occorre un'incredibile quantità di *forza della coscienza*.
Prendiamo come esempio un esperto suonatore di shamisen. Se affermasse: "Non sono capace di suonare lo shamisen", non si tratterebbe affatto di una menzogna in quanto la sua frase conterrebbe una verità, ovvero il fatto che costui non è ancora arrivato a un livello tale da poter affermare di saper *suonare* lo strumento. Tuttavia, se al contrario qualcuno che non ha mai toccato uno shamisen dicesse: "So suonare lo shamisen", sarebbe falso e lui mentirebbe. Ugualmente se un dongiovanni che sa tutto quel che c'è da sapere sulle donne affermasse: "Io le donne non le conosco", questa non sarebbe una menzogna. Ma se un uomo rimasto vergine a trentacinque anni affermasse: "Certo che le donne le conosco!", sarebbe solo una pietosa bugia.

Creare l'essere dal non essere

Non è menzogna dire che non esiste qualcosa che esiste, mentre lo è affermare che esiste ciò che non esiste. Tuttavia la menzogna che trasforma il non essere in essere è una forza capace di far ribollire il sangue degli uomini: chi viene anche per una sola volta posseduto dal demone della menzogna che genera l'essere dal non essere, finisce per perdere ogni interesse nell'essere che genera l'essere. Lavorare con diligenza da mattina a sera per ricevere il giusto compenso è un esempio di essere che genera l'essere. Un nullafacente il quale, grazie alla sudditanza sessuale che impone, si faccia mantenere da una prostituta è un modello di creazione del non essere dall'essere, applicato al mondo del lavoro. Se però questo parassita creasse anche una minima dose di essere, per esempio trovando un lavoro temporaneo tramite agenzia interi-

nale, immediatamente perderebbe la sua poltrona di mantenuto.
Nell'istante in cui l'*essere genera l'essere*, l'uomo perde il fascino che gli permetteva di sottomettere la donna e la donna perde il piacere che provava nella sottomissione.

Se consideriamo il mantenuto un *professionista della mascolinità*, comprendiamo che la sua professionalità esiste in ragione del *non essere* presente in lui. Questo uomo è capace di creare l'essere dal non essere perché in lui è presente quel qualcosa che trasforma in essere il non essere della menzogna: è come un sogno che fiorisce nella notte del nulla. Il sogno è una delle *menzogne* che trasformano il non essere in essere; nell'atto con cui l'essere crea l'essere troviamo solo i freddi principi della realtà. Ma che cos'è poi questo non essere che genera l'essere?

"Esiste l'autore ma non l'opera", "la danza è un movimento consapevole del corpo", "il non essere genera l'essere": queste tre proposizioni sono accomunate dalla menzogna, ma dove si trova il non essere su cui questa menzogna si fonda?

Il bambino riesce a diventare Ultraman perché possiede la purezza che manca agli adulti. Senza questa purezza è impossibile che la menzogna si faccia verità. Ovviamente la purezza del bambino scompare con l'età, ma la sensazione della realtà della fantasia provata da bambino continua a scorrere come una corrente sotterranea nel corpo dell'adulto. Finché il sogno continua a vivere dentro il corpo, sicuramente sopravvive anche la purezza che avevamo da bambini. Il corpo è pieno di vita finché è circondato da una miriade di menzogne: quando intorno resta solo la verità comincia ad appassire come una pianta senza acqua. Il bambino ha bisogno di molti oggetti con cui giocare e ha bisogno di "giocare a": giocare al macchinista, giocare al dottore e così via. Nel bambino sono solo la fantasia e l'immaginazione a formare la verità. È necessario continuare a far crescere dentro il corpo dell'uomo infinite forme di menzogna: finché la menzogna è viva anche il corpo è pieno di energia vitale. La creatività è la capacità di generare l'essere dal non essere, non di generare l'essere dall'essere.

Vorrei precisare, a scanso di equivoci, che non sto dicendo che la danza sia semplicemente un ritorno all'infanzia, noi non potremo mai recuperare quell'età dell'oro e la sua purezza immacolata. Per questo abbiamo bisogno di lavorare con una consapevolezza da superuomini per sostituire alla verità la fantasia e la menzogna in questo nostro corpo adulto reso impuro dalle esperienze, intrappolato dal pregiudizio dei ricordi e intriso delle convenzioni della società. Da questo punto di vista la danza, più che un'arte del corpo, è un'arte della coscienza.

Il grillo nella gabbia è mia madre

Quando avevo ancora 19 anni andavo a Yokohama, nel quartiere di Kamihoshikawa, e prendevo lezioni di danza dal maestro Kazuo Ōno. All'epoca Ōno era una specie di assistente del preside della scuola Sōshin: questa mansione lo teneva spesso occupato fino a tardi e allora mi ritrovavo ad allenarmi da solo. Una di quelle sere, tornato tardi dal lavoro, Ōno entrò nella sala portandomi una tazza di caffè e rimase a parlare per un po' prima di cominciare la lezione: "Vedi, oggi ho fatto un po' tardi perché dovevo controllare il locale delle caldaie. Quando sono uscito ho trovato un grillo, così l'ho messo in una gabbia e l'ho portato qui", mi disse. "Ah", risposi, e lui continuò: "Venendo qui mi sono messo a osservare attentamente la gabbia e allora ho sentito scaldarsi il cuore. L'istante dopo ho pensato, questo grillo è mia madre". "Il grillo nella gabbia è sua madre?", pensai tra me e me, ma non ebbi il coraggio di esprimere a voce questo interrogativo tanto era serio il viso del maestro.
"Il grillo nella gabbia è la madre di Kazuo Ōno?". Quella che per me era solo una fantasia continuò a scorrere nel profondo del mio corpo per decenni a venire. Per quasi tre anni presi lezioni individuali da Kazuo Ōno, poi lasciai la sua scuola per studiare da solo, e l'ho fatto essenzialmente per un motivo: sentivo che le immagini che Kazuo Ōno estraeva dal proprio mondo interiore quando creava una danza erano così inesorabilmente personali da non lasciare nessuno spazio per *immagini dotate di*

oggettività. In pratica all'epoca io ero semplicemente convinto dell'esistenza di *immagini oggettive* e desideravo quindi evitare di portare in scena immagini esclusivamente personali che, come un sogno visto la notte precedente, avrebbero avuto significato solo per me stesso: una volta in scena volevo essere portatore di immagini oggettive.

Questa dialettica tra immagini soggettive e immagini oggettive è rimasta un tema costante del mio lavoro; tuttavia poiché il concetto stesso di immagine implica il suo carattere soggettivo, l'espressione *immagine oggettiva* è già una contraddizione in termini. Sia sulla scena che nel quotidiano l'uomo non può affrontare le gelide folate della vita senza il calore del *cuore*[34]. È inutile che due uomini dispersi in montagna durante una bufera si mettano a discettare sul significato della loro condizione: in situazioni simili non rimane altro che aspettare la fine della tormenta cantando insieme una canzone.

Tuttavia quando Kazuo Ōno affermava "questo grillo è mia madre", non aveva la minima importanza se questo enunciato fosse soggettivo oppure oggettivo: contava solo averlo pensato, ovvero immaginato. Questo bastava a Kazuo Ōno per diventare sulla scena, attraverso il grillo, "sua madre".

Noi restiamo vivi finché rimangono vitali la fantasia, la menzogna, l'immaginazione.

Voglio ritornare ancora su Kazuo Ōno. Alla fine della Seconda guerra mondiale si trovava con il grado di tenente sul terribile fronte della Nuova Guinea[35]. Un giorno, di fronte a molti soldati affamati, riuscì a prendere un pesce dal mare. "Sì, con quel pesce sono riuscito a sfamare un migliaio di soldati", mi raccontava Ōno.

---

[34]. Traduco *cuore* il termine *omoi* (想い) il cui significato spazia da "pensare" a "immaginare" e "amare, avere a cuore" (*ndt*).

[35]. Kazuo Ōno è stato coinvolto nella guerra Sino-giapponese per 8 anni dal 1938 al 1946 (terminata con la resa incondizionata del Giappone il 2 settembre del 1945): prima come tenente, poi come ufficiale del controspionaggio e l'ultimo anno come prigioniero in un campo di deportazione in Nuova Guinea.

Tanti racconti ho sentito da Kazuo Ōno, ma quello del "pesce diviso da mille soldati" era il massimo. A me ormai non importava più se quel racconto fosse vero o no, mi bastava comprendere quanto Ōno avesse voluto con il *cuore* dividere quel singolo pesce tra i suoi mille soldati: è stato questo suo *cuore* a permettergli di ritornare vivo dalla Nuova Guinea.

L'uomo è quell'essere che non ha mai visto la vera immagine di se stesso. Possiamo vedere il viso degli altri, ma nessuno è mai riuscito a vedere il proprio viso. Il danzatore è una persona che, pur non avendo mai visto la propria vera immagine né il proprio corpo, riesce in qualche modo a portare a termine quel gioco di prestigio che consiste nel muoversi di fronte ad altre persone a dispetto di questa ignoranza. Il danzatore non danza perché sa. Lui danza *perché non sa* e il pubblico lo guarda perché ne è consapevole. Del resto ciò che rimane invisibile al danzatore non è solo il proprio corpo, ma anche il movimento e la forma che nascono da questo corpo. Solo il *cuore* può permettere al danzatore di mettersi davanti a un pubblico per fare una cosa tanto assurda. Se il *cuore* riesce a immaginare che il mio corpo è "una tenebra luminosa come un'eclisse di sole, una roccia delicata come un fiore, un diamante leggero come l'aria", tale diventerà il corpo. Il danzatore cercherà di stare sulla scena finché avrà il *cuore*. L'alternativa sarà annullare totalmente il *cuore* con stoica determinazione: altre vie non ci sono.

Il corpo come potenzialità

Il corpo in terza persona

Nutro un interesse immenso per il *modo in cui muovo il corpo*, ma ancora maggiore è il mistero e il fascino che sento nei confronti del *corpo che si muove*. Quando il corpo si muove possiamo pensare che siamo noi a muoverlo: in realtà è il corpo che muove noi. *Muovere* e *muoversi*: in grammatica *muovere* è un verbo transitivo che ha il corpo come oggetto, *muoversi* è un verbo riflessivo che non ha bisogno del complemento *corpo*. La differenza tra i due verbi è la differenza tra le due forze che attraversano la nostra esistenza: il verbo transitivo si lega alla chiara consapevolezza dell'obiettivo, il verbo riflessivo risale da un inconscio molto più profondo di quanto immaginiamo. Proviamo a riflettere sul seguente episodio secondo le categorie del *transitivo* e del *riflessivo*.

Una fredda notte d'inverno stai portando in camera da letto una vecchia stufa a cherosene: la sollevi con le mani ma inciampi sulla soglia della camera e rovesci la stufa. L'istante successivo le coperte prendono fuoco. Dopo diverse ore il fuoco è domato ma la casa è in cenere: scampato alla morte, rifletti sull'accaduto domandandoti come sia stato possibile che tu sia inciampato. Se pensi che sia stato l'*io* in prima persona a inciampare in un momento di disattenzione, devi ammettere che, nonostante la casualità dell'incidente, la responsabilità dell'incendio è solo tua. Se invece consideri l'incidente come un *evento in terza persona* del corpo che cade, puoi pensare che l'incendio sia stato frutto del destino e che il corpo, depositario della conoscenza del destino, abbia fatto cadere la persona che chiami *io*. Pensarla in questo modo non ti permette di sfuggire alla responsabilità per l'incendio; comunque non c'è dubbio che l'incidente abbia come premessa il movimento del corpo[36].

Possiamo affermare che l'incidente descritto sia stato innescato dall'azione del *corpo* e non dell'*io*, perché possiamo affermare che il *corpo* e quella persona dotata di precisa individualità che chiamiamo *io*, anche se indissolubilmente legati, sono al contempo lontani come i poli opposti dell'universo. Episodi simili legati al corpo in realtà possono accadere in ogni momento della nostra esistenza, ma anche i fatti più importanti della nostra vita nascono dalla condizione riflessiva del *corpo che si muove*. Immagina di correre per imbarcarti su un aereo, di cadere e di perdere il volo. Quello stesso aereo che hai perso si schianta in mare. Rifletti se sei stato tu a provocare la caduta correndo, oppure se sia stato il corpo a voler cadere: questa riflessione ci porta al cospetto del grande mistero del corpo. Forse non è del tutto corretto affermare: "Il corpo ti ha fatto cadere deliberatamente per impedirti di prendere l'aereo fatale", tuttavia il fatto è che il *corpo* agisce ignorando completamente l'essere dotato di una definita personalità che indichiamo con *io*. Per me, ovvero *io in prima persona*, rimane un mistero insondabile la finalità e la meta dell'azione del *corpo in terza persona*. È il mistero del corpo, o meglio del suo movimento: è un enigma che dà le vertigini. Se la prima volta che hai incontrato il partner con cui hai

---

36. Nell'idea che il *corpo in terza persona* sia quello che innesca il destino e lo stesso movimento del corpo, Kasai sembra ammettere che le casualità della vita non sono altro che occasioni che diamo a noi stessi per realizzare un disegno che abbiamo scelto, anche se ne siamo immemori. Il *corpo in terza persona* corrisponde a ciò che Kasai definisce *corpo cosmico*, ovvero il luogo della coscienza. Come abbiamo già visto, nella sua quadri-partizione il *corpo individuale* contiene altri tre corpi: il *corpo terrestre* o materia – che è fisico e visibile, esiste in comunione col pianeta Terra e si forma tra il periodo fetale e la nascita; il *corpo etnico* o anima – che è eterico e comune a tutti coloro che parlano una medesima lingua, si forma durante l'apprendimento della lingua madre e corrisponde all'energia vitale che impedisce il disfacimento della materia di per sé inerte; il *corpo cosmico* o spirito – che è astrale e condiviso con il cosmo, si identifica con la coscienza e corrisponde alla forza che percepisce la vita, la orienta e ne è il motore.

costruito una felice famiglia è stato su un treno, sono state *le tue gambe* a portarti a quell'incontro. Noi possiamo essere coscienti del movimento delle gambe, ma non sappiano assolutamente, pur credendo di saperlo, dove e a che scopo ci stanno portando. Il destino non è deciso da noi bensì dal *movimento del corpo*, che è assolutamente impermeabile a qualsiasi interferenza della volontà. Immaginiamo due alpinisti che precipitano da una parete: uno si salva mentre l'altro muore. L'uomo non ha alcuna influenza sul *risultato del movimento*, che dipende dal modo in cui si sono combinati tre fattori (corpo, gravità, parete). Se noi definiamo l'*io*, ovvero l'essere umano, *prima persona* e il corpo che innesca il destino *terza persona*, vediamo quanto immensamente più profondo e avvolto da un mistero insolubile sia il *corpo in terza persona* rispetto all'*io in prima persona*. In linguistica la terza persona è spesso considerata la forma dell'impersonale o del dimostrativo; a differenza della prima e della seconda persona la terza persona è capace di agire oltre i limiti imposti all'uomo.

Lo sport come movimento si propone di portare fino al loro limite le capacità fisiche del corpo; la danza, pur essendo anch'essa movimento, è completamente differente dalla ricerca del limite. In qualche modo la danza ci pone di fronte alla domanda: "Che cosa è il movimento del corpo?"; e ci porta a far scalare la massima vetta dell'universo che si innalza lontana all'orizzonte, vale a dire il corpo. Io sono capace di muovere il corpo. Ma sono in grado di realizzare un movimento in cui me stesso e il corpo si possono fondere, nonostante essi siano separati e distanti come i poli opposti dell'universo?

Noi viviamo l'alternanza delle quattro stagioni: dalla primavera, quando la vita si manifesta con la massima intensità, all'estate, poi il lento rifluire dell'autunno che prepara i rigori dell'inverno, durante il quale si accumula la nuova energia vitale pronta a ridestarsi in primavera. Il ciclo delle stagioni esiste grazie ai 23° di inclinazione dell'asse terrestre verso la stella polare, che permette al movimento della terra di generare l'alternanza delle stagioni. Quando però ci chiediamo perché l'asse terrestre sia inclinato di 23°, potremmo rispondere senza pensarci troppo che è un caso: se pensassimo così ci troveremmo di nuovo a confrontarci con un grande enigma. La vita è un ciclo di nascita, crescita, decadenza, morte e rigenerazione: se pensiamo che sia stata la forza generatrice della vita nel cosmo ad aver causato l'inclinazione di 23° dell'asse terrestre, ci rendiamo conto che il legame tra il ciclo della vita e l'inclinazione della terra è un mistero altrettanto profondo del movimento del corpo. Per questo noi abbiamo smesso di domandarci quale sia la forza che genera l'inclinazione dell'asse terrestre e spostiamo il nostro interesse su come poter approfittare dei piaceri che ci offrono le stagioni: d'estate andiamo al mare, d'inverno ci divertiamo a sciare e non dobbiamo darci cura di riflettere oltre.

Lo stesso vale per il movimento del corpo. Piuttosto che afferrare la causa prima del movimento siamo interessati a sapere in che modo il corpo si può muovere e quali piaceri possiamo ricavare dal movimento. Cerchiamo di convincerci che gli incontri del destino o gli incidenti sfortunati generati dal movimento del corpo siano semplicemente frutto del caso. Inoltre, come la mente ordina ai nervi motori di fermare il corpo quando il semaforo è rosso mentre quando scatta il verde ordina di attraversare la strada, noi pensiamo che tutti i movimenti siano il risultato degli impulsi che i nervi motori trasferiscono dalla mente al corpo. Questo schema potrà anche essere corretto dal punto di vista fisiologico, ma non ci aiuta a comprendere la vera natura del movimento.

Immaginiamo di stare in un bar a bere un caffè: mentre osserviamo distrattamente la strada ci accorgiamo che l'uomo alla fermata dell'autobus è un caro amico e così pensiamo di posare la tazzina di caffè per andare a incontrare l'amico. Cosa accade in quel momento all'interno del corpo? Anche in episodi apparentemente insignificanti dobbiamo osservare noi stessi con estrema attenzione per comprendere la realtà. Quando abbiamo riconosciuto l'amico alla fermata dell'autobus, pensiamo che in quell'istante abbiamo solo preso atto della presenza dell'amico, non che in quell'istante stesso il nostro corpo si sia già trasferito accanto a lui. Pensiamo che la *coscienza* abbia individuato l'amico, che la *coscienza* dal mio corpo voli accanto all'amico dopodiché noi portiamo il corpo nel luogo dove la coscienza si è trasferita: tutto qui. La nostra riflessione sul perché e sul come io raggiungo l'amico che sta aspettando l'autobus si ferma qui e nessuno cerca di indagare oltre. Tuttavia se ci limitiamo a rimanere a questo punto l'essenza del movimento corporeo rimarrà avvolta nella tenebra in eterno.

Il tempo che scorre dal futuro al passato

Lasciatemi iniziare da quelle che già sembrano conclusioni. Sto seduto al tavolo con una tazza di tè quando squilla il telefono: poso la tazza e vado a rispondere. Se pensiamo che nel momento in cui ha squillato il telefono la mia coscienza sia volata istantaneamente al ricevitore e io abbia trascinato il corpo verso il telefono inseguendo la coscienza, non è andata così: questa è solo apparenza. Se esaminiamo l'accaduto mettendo al centro *il corpo in terza persona*, è successo quanto segue. Il corpo si trovava già in partenza vicino al telefono e ha ordinato al mio amico di chiamarmi: così il telefono ha iniziato a squillare. Nell'istante successivo il corpo che si trovava accanto al telefono è venuto ad afferrarmi al tavolo e mi ha trascinato al ricevitore. Quindi dal mio punto di vista *io sono andato a rispondere al telefono*, ma dal punto di vista del corpo *il corpo ha portato me*. Questo vale per ogni movimento del corpo, che sia un incidente oppure un incontro. Dal mio punto di vista *io sono stato vittima di un incidente*, dal punto di vista del corpo *il corpo mi ha trascinato verso il luogo dell'incidente*. Non affermo tutto ciò per il gusto di fare affermazioni paradossali. Non esiste altro modo per descrivere, in attinenza con la realtà, la natura del movimento del corpo usando lo strumento imperfetto che è la parola. Per convincerci in maniera reale di quanto sto dicendo, occorre eliminare completamente tutte le convinzioni preconcette riguardo al tempo. Non potremo mai risolvere l'enigma del movimento del corpo senza aver sfidato il mistero del tempo. Pensiamo alle teorie di Einstein: se un uomo si muove alla velocità della luce il tempo e lo spazio, l'interno e l'esterno si fondono e appare uno *spazio-tempo nullo* che chiamo *coscienza*. Muoversi alla velocità della luce significa superare i limiti della materia. Quando si raggiunge la velocità della luce, ovvero quando si raggiungono i limiti della materia, si viene istantaneamente proiettati nel *territorio della coscienza in quanto tale*. Quando entriamo in questo territorio raggiungendo la velocità della luce oppure superando la materia si comincia a manifestare il vero aspetto della coscienza. Adesso non è più tanto difficile gettare un ponte tra i due mondi: basta avere il coraggio di *osservare se stessi* sinceramente per superare la materia ed entrare nel mondo della coscienza in quanto tale. Basta avere il coraggio di liberarsi dai nostri preconcetti e fare il passo che ci introduce all'interno del mondo.

La fusione del tempo e dello spazio significa l'unione in un punto del passato, che si espande senza limiti verso l'origine dei tempi, e del futuro che è proiettato verso l'eternità. Nel territorio della coscienza pura i corpi gassosi, liquidi e solidi ovvero tutte le forme in cui si manifesta il mondo naturale, esistono come *potenzialità*. I corpi liquidi che vi scorrono sono liquidi *in potenza* che nemmeno il calore di diecimila soli riuscirebbe a fare evaporare. La *coscienza* supera tutti i limiti cui è sottoposta la materia. Se noi chiamiamo *cosmo* la totalità della coscienza, allora il cosmo non è lo spazio che si estende infinito: l'idea stessa di estensione qualifica uno spazio materiale a carattere tridimensionale. Possiamo dire che il cosmo è illimitatamente grande, ma anche che si concentra in un singolo punto: il cosmo trascende le categorie della materia.

Dalla coscienza dello spazio-tempo nullo scorrono *tre diversi flussi temporali* generati dalla coscienza stessa. Il primo cade in verticale direttamente dalla coscienza: la locuzione *in verticale* è un artificio retorico che però ci aiuta a intuire che questo flusso è per l'eternità solo ed esclusivamente il presente. È un tempo che può essere solo presente e che sembra fermo in un singolo

punto. Poi abbiamo il flusso temporale che scorre dal passato al futuro e infine il flusso infinito che scorre dal futuro al passato. Queste sono le tre manifestazioni della coscienza del tempo: finché rimarremo a fissare solo uno di questi flussi, non potremo mai osservare la vera forma della coscienza.
Nel mondo naturale i minerali e gli animali si manifestano nel tempo esclusivamente presente, i vegetali vivono nel flusso temporale che scorre dal passato al futuro mentre il tempo proveniente dal futuro scorre negli uomini. Questo *terzo flusso temporale* che dal futuro risale al passato è uno dei guanti di sfida che ci lancia la coscienza.
Immaginiamo che mi svegli in piena notte sognando il telefono che squilla. Il telefono in realtà non ha ancora squillato ma dieci minuti dopo ricevo veramente una chiamata da mia madre. Questa è una manifestazione del tempo che scorre dentro il nostro corpo dal futuro al passato in direzione contraria rispetto al tempo ordinario. Immagino di trovarmi su un convoglio della metropolitana per andare al cinema, ma mi addormento e in sogno vedo delle scritte in verde su sfondo marrone. Se poi al cinema scorreranno effettivamente dei titoli in verde su sfondo marrone, anche qui avremo un caso di tempo che dal futuro scorre verso il passato. In questo flusso temporale inverso ciò che accadrà in futuro si manifesta preventivamente nel corpo. Tuttavia, poiché si manifesta all'interno del corpo, non prende la forma di *realtà*: si manifesta nel corpo come *potenzialità*. Solo in un momento successivo quello che si è manifestato come potenzialità dentro il corpo diventa una *realtà*. Dentro il corpo che si trova in uno spazio-tempo nullo, tutti gli accadimenti che compongono la storia dell'uomo esistono non come realtà ma come potenzialità. Noi viviamo ogni istante della nostra vita affrontando il vento che soffia dal futuro, un vento senza il quale non potremmo mai vivere *in quanto uomini*.
È necessario un limpido senso della storia per comprendere realmente la coscienza in sé in quanto spazio-tempo nullo. Esistono due storie. Una è la storia a noi familiare che dal periodo Jōmon

e Yayoi ci porta all'epoca Nara[37] per finire ai nostri giorni. L'altra è la storia che dal futuro scorre verso il passato, il vento impetuoso che soffia dal futuro per realizzare la storia ultima che esiste come potenzialità all'interno della coscienza. Esiste un chiaro legame tra questo e il fatto che il corpo che stava al telefono mi ci abbia trascinato quando ha squillato, o il fatto che sia stato possibile avere una premonizione del contenuto del film mentre dormivo nella metropolitana.

I due flussi del tempo

Il tempo che dal passato scorre verso il futuro e il tempo che dal futuro risale verso il passato sono due flussi temporali molto importanti per comprendere l'essenza del movimento del corpo. A differenza dello spazio che – al pari di colori, linee e peso – si può percepire con i sensi, il tempo non può essere afferrato con i sensi. Il fatto stesso di vivere circondati dal tempo e dallo spazio è già un fatto straordinario, ma il brivido che viene dall'impossibilità di essere percepito attraverso i sensi è una caratteristica specifica del tempo. Se io affermo: "Sono nato nel futuro e sto crescendo in direzione del passato" nessuno può contestarmi, in quanto si tratta di una realtà del tutto personale.

Poso una tazza di caffè sul tavolo, verso il latte e lo zucchero, afferro la tazza con la destra e la avvicino alle labbra. Se ricostruiamo la decina di secondi di quest'azione secondo la sequenza costituitasi nella memoria, percepiamo chiaramente il tempo che dal passato scorre verso il futuro. Proviamo invece a ricostruire la sequenza inversa: stacchiamo la tazza dalle labbra per portarla sul tavolo, versiamo lo zucchero nella zuccheriera e il latte nel bricco e infine facciamo tornare il caffè nella caffettiera. Questo esercizio richiede uno sforzo notevole e consapevole. Ripetendo più volte la risalita del tempo verso il passato fino a quando sentiremo come reale lo scorrere inverso del tempo, allora questo flusso temporale diventerà altrettanto reale del tempo che dal

---

37. Nella storia del Giappone il periodo Jōmon si estende dal 14.000 a.C. al 300 a.C., il periodo Yayoi dal 300 a.C. al 250 d.C. e il periodo Nara dal 700 al 794.

passato scorre verso il futuro. Immaginiamo questa sequenza di azioni: la mattina mi alzo dando un calcio alle coperte, mi tolgo il pigiama e mi vesto, mi lavo la faccia, faccio colazione, vado alla stazione e prendo il treno, arrivo in ufficio, dispongo l'invio della merce, faccio la pausa per il pranzo, il pomeriggio affronto il problema dei resi della merce, sulla via di casa mi fermo esausto a bere una birra, torno a casa, cado sul letto e mi addormento senza cambiarmi. Se ricostruiamo all'inverso gli accadimenti della giornata dal momento in cui cado sul letto a quando mi alzo la mattina otteniamo questa sequenza:

la notte, stanco, mi infilo sotto le coperte per riposarmi fino al mattino;
mi dirigo verso la birreria, espello la birra dal corpo;
con mia grande costernazione scopro la mole di merci rifiutata dai clienti;
espello il pranzo dal corpo;
dispongo l'invio della merce;
ricevo l'ordine dal cliente;
esco dall'ufficio e prendo il treno;
espello la colazione dal corpo;
mi lavo la faccia;
mi tolgo gli abiti da lavoro e mi infilo il pigiama;
mi infilo sotto le coperte.

Ripetiamo questa sequenza impiegando una decina di minuti: non dobbiamo semplicemente ripassare la lista delle azioni ma anche riprodurre nel corpo in maniera più nitida possibile, quasi disegnando le singole situazioni, tutte le esperienze sensoriali dalle immagini fino ai suoni e agli odori. In questi dieci minuti avremo il presentimento della forza che dal futuro genera il flusso temporale di un singolo giorno.
Perché dedicarci a un esercizio tanto seccante? Perché il tempo a ritroso oltre che nell'uomo scorre anche nel cosmo e nella storia. Non mi stancherò di ripetere che per comprendere l'essenza del movimento del corpo è indispensabile immaginare il tempo che

scorre a ritroso. Bisogna avere non il biglietto di sola andata del tempo che va dal passato al futuro ma un biglietto di andata e ritorno. Più diventa reale il tempo che scorre a ritroso più diventa chiaro che gli eventi del passato non sono stati casuali: la loro necessità si comincerà a distinguere dalla nebbia dei presentimenti e poco a poco si delineerà il legame che tiene insieme fatti solo apparentemente disgiunti.
Per comprendere il movimento del corpo è bene approfondire ulteriormente e attentamente il flusso temporale inverso. Il tempo che scorre dal passato al futuro è una catena di cause ed effetti: il vento muove il mulino che fa girare la macina che trasforma il grano in farina. È il tempo dell'antico detto: "Il bottaio si arricchisce perché soffia il vento". Questo è anche il flusso temporale di chi cerca di ottenere in futuro ciò di cui manca in questo momento: io mangio perché ho fame. Nel tempo a ritroso invece tutto è al rovescio: quello che accadrà in futuro è già presente come potenzialità dentro la coscienza. Non sbatto la testa perché inciampo, bensì inciampo perché io sbatta la testa: la mia coscienza è già inciampata in precedenza. Nella coscienza non accade di mangiare perché si ha fame, si mangia perché siamo già sazi.
Nel mondo della coscienza tutto è compiuto e tutto è soddisfatto, ciononostante questo mondo ribolle di energia in eccedenza: è quell'inesauribile sovrabbondanza che i greci antichi chiamavano "plērōma". Per gli antichi greci la coscienza è il mondo dove ogni cosa è stata compiuta e soddisfatta. Pensiamo a un uomo che vuol diventare medico: se per lui esiste solo il tempo a senso unico dovrà compiere faticosi studi di medicina, affrontare molti esami e se non li supererà dovrà rinunciare al suo obiettivo. Se invece il flusso temporale dal futuro al passato per questa persona ha un grado di realtà pari o addirittura superiore a quello dal passato al futuro, non studierà *per diventare* medico ma studierà *perché è* un medico. Nel flusso temporale inverso il fatto di diventare o meno medico non è affatto qualcosa di indefinito, è un elemento già determinato.
Nel cosmo come anche dentro noi stessi esiste, in opposizione al flusso di eventi che dal passato si dirige verso un futuro indeter-

minato passando per un'eterna ripetizione di prove ed errori, un flusso che sgorga dagli eventi futuri già determinati a livello cosmico. In questo flusso temporale inverso ciò che è già determinato e perfetto sono i fatti della coscienza. Il corpo è profondamente legato a questa coscienza e agisce sempre insieme a essa: il corpo realizza concretamente quei fatti che sono compiuti all'interno della coscienza. In questo caso non è la causa che genera in un momento successivo il risultato, ma è il risultato che genera la propria causa. Il corpo però non si muove in funzione del risultato, perché nella coscienza non esiste il principio dell'azione finalizzata a uno scopo. Io studio non *perché voglio diventare un medico* ma *perché nella coscienza io sono un medico*. È una differenza sottile. Se dico di studiare *perché voglio diventare medico* esplicito una condizione di incompiutezza e di insoddisfazione, una condizione che riguarda me ma non la realtà della coscienza. Nel mondo della coscienza che genera il tempo a ritroso l'obiettivo è già raggiunto e quindi l'obiettivo non serve. Se qui c'è già un albero, non serve piantarne un altro. Nella coscienza si trova tutto ciò che è stato compiuto e realizzato.

Il termine tedesco che indica il flusso temporale inverso è *Rückschau*: guardare (schauen) indietro (rück-). Per svelare il mistero del movimento del corpo dobbiamo ripetere continuamente il *Rückschau* anche se ammetto che ciò richiede grande volontà. Non andiamo a rispondere al telefono perché ha squillato: prima stiamo presso il telefono, poi torniamo a sederci al tavolo e poi il telefono squilla. Occorre fare due esercizi: applicare il *Rückschau* agli avvenimenti di una singola giornata e applicare il *Rückschau* a un singolo piccolo avvenimento (per esempio l'incontro con un amico, mangiare, camminare per strada).

Con un grande *Rückschau* si risale il corso degli avvenimenti dal presente alla nascita (un impiegato che vive nella sua casetta con giardino rivedrà la nascita dei figli, il matrimonio, l'incontro con la futura moglie nel posto di lavoro, l'assunzione in azienda, la maturità, il primo giorno di scuola, l'asilo, i primi mesi di vita) o nell'ultimo anno o nella giornata appena trascorsa. Un piccolo *Rückschau* applicato per esempio alla preparazione di una pietanza risale le azioni dal piatto finito alla preparazione degli ingredienti. Per affrontare senza indugi il mistero del corpo bisogna sentire la realtà del tempo a ritroso: è questa la grande porta d'accesso all'interno del corpo.

Nel tempo a ritroso è importante generare *attivamente* ogni avvenimento dal nostro interno. Nel tempo ordinario il bar dove abbiamo appuntamento con un amico è qualcosa che sta fuori del nostro corpo e non serve lo sforzo per generarlo dal nostro interno. Nel flusso ordinario riceviamo in maniera passiva ciò che è esterno: sono cose che esistono indipendentemente da noi e che a noi vengono assegnate dagli avvenimenti. Nel tempo che dal passato scorre verso il futuro tutto è passivo, casuale e dato. Al contrario nel tempo a ritroso nulla accade per caso. Tutto è attivo perché è generato dalla nostra libera volontà. Nel tempo che scorre dal passato al futuro non c'è spazio per la libertà ma nel tempo che scorre dal futuro al passato non possiamo fare altro che generare attivamente come forma in atto quel che già esiste in potenza. È il flusso temporale dove esiste la libertà.

Nel tempo dal passato al futuro il paesaggio che osserviamo durante una passeggiata è dato: ci godiamo in silenzio l'aria fresca e profumata, la brezza che carezza gli alberi e il cielo cangiante del tramonto non diversamente da come gusteremmo la visione di un film. Nel tempo a ritroso invece dobbiamo generare attivamente tutto questo dal nostro interno a partire dalla loro immagine: noi creiamo il cielo azzurro, il vento, gli alberi e il tramonto. Ripetendo il *Rückschau* si risveglierà la sensazione di come, nel flusso temporale inverso, i fatti già presenti come entità reali nella coscienza – giungendo dal futuro e attraverso il movimento del corpo – per mezzo della nostra libera volontà trovino pian piano realizzazione, allo stesso modo in cui la volta del cielo scende fondendosi con l'orizzonte, la luce del sole avvolge le piante, il vento culla i fiori di un prato.

Se spostiamo la riflessione sul *soggetto* che genera i due opposti flussi temporali, prima di tutto vediamo che il soggetto del tempo che dal passato scorre verso il futuro è la prima persona singolare *io*. Immaginiamo una persona che sente squillare il telefono, si precipita al piano di sotto per rispondere, cade dalle scale e si fa male; in ospedale fa amicizia con il dottore, questo legame lo porta a nutrire un forte interesse per il corpo umano e finisce per diventare medico. Se analizziamo questa sequenza di avvenimenti secondo l'ordine temporale dal passato al futuro vi troviamo una sequenza di cause ed effetti che possiamo seguire secondo la logica. Se invece analizziamo i fatti come una sequenza che dal futuro risale verso il passato il soggetto cambia completamente. In questo caso il soggetto conosce già in partenza la finalità della catena di avvenimenti. Quando noi cadiamo dalle scale non ci chiediamo "a quale scopo sto cadendo?" perché chiaramente si tratta di un incidente non voluto. Se però esiste un soggetto del tempo che scorre dal futuro, allora questo è un soggetto che conosce in anticipo la finalità (diventare medico) dell'evento (cadere dalle scale). È un soggetto consapevole del destino, e rappresenta quella *presenza ignota* che muove l'agire umano, senza che l'uomo stesso ne sia consapevole. Considerando la sequenza di fatti dal punto di vista di questo soggetto comprendiamo che non c'è spazio per il caso. Il soggetto fa esistere nel futuro, come potenzialità, tutta la catena di eventi che dalla caduta porta alla scelta della professione medica, allo stesso modo in cui l'esperto del gioco del *go* crea con sicurezza la sequenza di mosse a partire dalla fine. Quella persona diventerà medico, anche se basterebbe una sola mossa sbagliata perché non lo diventi. È lo stesso flusso che osserviamo quando la sera ricostruiamo a ritroso tutti gli avvenimenti del giorno. Nessuna immagine è stata generata casualmente. Andare in giro per la città, incontrare un amico, pranzare: non riceviamo nessuno di questi avvenimenti passivamente dall'esterno. Nel tempo che dal futuro torna al passato scorre un flusso di immagini generate dal nostro interno per mezzo di un nostro sforzo attivo e volontario. Quando risaliamo il tempo non siamo più un *io in prima persona singolare*: siamo osservatori capaci di tenere sotto il nostro sguardo la totalità del nostro destino, e siamo esseri capaci di includere dentro di noi, come *potenzialità cosmica*, tutti gli avvenimenti che saranno generati in futuro da noi stessi e da tutti gli altri uomini. Chiamiamo il soggetto capace di agire dal futuro *corpo cosmico*. A uno sguardo superficiale sembrerebbe che noi non abbiamo alcun legame con questo *corpo cosmico* eppure, per quanto trascendente possa sembrare quest'ultimo, l'*io* soggetto è saldamente legato a esso per mezzo del filo che unisce il *corpo individuale* al *corpo cosmico* passando per il *corpo etnico* e il *corpo terrestre*.

A differenza dei movimenti quotidiani, quelli della danza sono liberi dalla finalità: nel movimento della danza manca il legame diretto di causa ed effetto che si genera quando muovo il braccio per aprire la porta. Non salto per andare in alto: io desidero il salto in sé, perché nella danza il movimento non ha uno scopo utilitario. Le azioni quotidiane, sia consapevoli che inconsapevoli, sono sempre sequenze di movimenti finalizzati a uno scopo. Il movimento della danza, invece, si libera gradualmente dalla catena della casualità e della necessità che dal passato scorre verso il futuro e diventa *movimento puro*. Questo movimento libero dalla finalità ha molto in comune con il "movimento della coscienza in cui ogni cosa è già stata realizzata", anche se tra i due rimane la differenza tra il corpo materiale e la coscienza invisibile. Nella danza il corpo si viene a trovare nello stretto spazio che si crea tra il tempo che dal passato si dirige verso il futuro e il tempo della coscienza che dal futuro risale verso il passato.

L'uomo non vive solo: è circondato da numerosi uomini che a loro volta hanno intorno infinite persone e così via. Se estendiamo all'infinito il cerchio delle relazioni finiamo per comprendere l'umanità intera e all'interno di questa rete di relazioni in ogni istante si determina l'azione di ciascun individuo. Il soggetto del tempo a ritroso abbraccia il complesso dei legami fra tutti gli uomini come "potenzialità di tutti gli eventi" che possono accadere nel cosmo, e lo trasforma in realtà in atto nei confronti dell'*io*. In questo senso il soggetto che agisce dal futuro realizza "la totalità in quanto potenzialità". L'*io* individuale, soggetto del tempo che dal passato si dirige verso il futuro, è invece parte di un tutto e in quanto tale è sempre carente di qualcosa e quindi è costretto a cercare di correggere verso il futuro la propria imperfezione. Nella danza totalità e parzialità si uniscono e si separano in un perenne conflitto che ha per teatro il corpo. Possiamo indicare con il termine *inconscio* la totalità potenziale che giunge dal futuro, ma nella danza è possibile definire l'*inconscio* anche in un altro modo. L'inconscio non è solo una particolare situazione dello spirito. Quando cammino per strada ogni luogo eccetto quello che occupo in quel momento è fuori dalla mia coscienza, anche se sta a un metro da me. Ma poiché sto camminando, io entro in continuazione nell'inconscio e lo trasformo in conscio. Tutto ciò che accade fuori dal luogo dove sono esiste già come potenzialità: non è un *non-io* perché in quanto potenzialità è sempre collegato all'*io*. Possiamo definire la danza come "movimento conscio" che attraverso il corpo trasforma la potenzialità in realtà in atto.

Le due morti
Per l'uomo l'unica certezza è la morte, eppure nessuna parola è altrettanto carica di contraddizioni. Gli antichi greci dicevano: "Chi non muore prima di morire si corrompe nell'istante della morte". Significa che chi non ha avuto esperienza della morte prima di morire, e non è riuscito a comprenderla, è destinato a decadere quando la morte arriva davvero. Se per i vivi la morte è quanto di più certo possa esistere, tuttavia proprio perché la morte sottrae e annienta ogni cosa, anche la percezione della morte viene sottratta a colui che muore. Dopo la morte non è possibile che prosegua uno stato di morte eterna, perché se vogliamo essere precisi una volta morti scompare anche la morte. Esiste un profondo legame tra la percezione della morte e la ragione per cui l'uomo esegue il movimento consapevole che chiamiamo "danza".
Se consideriamo la coscienza dell'uomo come prodotto delle complesse interazioni delle cellule neurali, la morte è *l'annullamento della coscienza*. Ma se invece che un fenomeno materiale considerassimo la coscienza come entità autonoma rispetto alla materia, e pensassimo che l'uomo non interagisce con la materia bensì ha unicamente la *coscienza della materia*, allora con-

akira kasai

cluderemmo che ogni cosa nell'universo è stata generata dalla coscienza. Se ci poniamo in questa ottica la morte è solo l'annullamento della coscienza della materia, mentre la coscienza in quanto tale non viene toccata dalla morte. Chi è morto conserva inalterata la coscienza ma perde il corpo materiale, a chi resta in vita rimane la presenza materiale del cadavere ma è convinto che esso sia un involucro privo di ciò che chiamiamo anima o coscienza. Il fenomeno della morte è visto in maniera diametralmente opposta da chi muore e da chi rimane in vita.

Se si considera *la morte* come la separazione completa tra corpo e coscienza, e *la vita* come quello stato di costante unità tra corpo e coscienza che consente il movimento consapevole del corpo, allora si può descrivere la morte come un fenomeno comune sia a chi muore sia a chi vive.

Ma se consideriamo la vita come lo stato di unione tra corpo e coscienza, dobbiamo chiederci: qual è la natura di questo legame? Inoltre, la coscienza riempie completamente il corpo in ogni suo angolo, ovvero il corpo è immerso al 100% nell'*acqua della coscienza* come un ramo secco lasciato a impregnarsi d'acqua per una notte? Il corpo e la coscienza sono uniti con la consapevolezza della veglia oppure questo legame rimane per gran parte inconsapevole al pari della nostra coscienza durante il sonno?

In realtà il legame tra corpo e coscienza è in parte consapevole e in parte inconsapevole. La medicina spiega come il legame del corpo con il sistema nervoso cerebro-spinale sia consapevole, mentre quello con il sistema nervoso autonomo sia inconsapevole: un esempio è l'azione dell'apparato digerente che può rimanere attivo anche durante il sonno. In pratica il legame tra coscienza e corpo rimane estremamente nebuloso, possiamo anzi affermare che i legami consapevoli sono quasi assenti.

Che cosa significa la morte, ovvero la separazione di due elementi (coscienza e corpo) il cui legame non è mai stato nettamente definito? Paragoniamo il corpo all'Empire State Building di New York con le sue migliaia di stanze: quando parliamo di *legame non nettamente definito*, dobbiamo immaginare che solo una manciata di stanze sono illuminate a fronte delle innumerevoli stanze che rimangono al buio. La morte è la separazione dal corpo di una coscienza flebile come le poche luci che illuminano il grattacielo, ciononostante per noi la morte è un fatto di estrema importanza. Esiste il fenomeno del *dolore* ma non esiste l'organo sensoriale del dolore: il dolore è un *eccesso di concentrazione della coscienza* in un punto del corpo. Al contrario l'*estasi* è un fenomeno che accompagna l'allontanamento della coscienza dal corpo. Quindi quella che noi chiamiamo morte in realtà è *l'istante di massima estasi* della nostra vita. La sua intensità è tanto maggiore quanto più profondo era il legame tra corpo e coscienza, perché nell'istante della morte si libera dal corpo un enorme volume di coscienza. L'uomo considera la morte come fenomeno universale in quanto separazione della coscienza dal corpo, tuttavia questa è forse proprio la manifestazione della *morte come decadimento* di cui ragionavano gli antichi greci.

Esiste una *seconda morte* che forse si manifesta solo in presenza di una determinata volontà. "Chi non muore prima di morire si corrompe nell'istante della morte": qual è il significato di queste parole?

Queste parole indicano l'*annullamento* del corpo che si raggiunge quando la coscienza risvegliata pervade ogni angolo del corpo, rendendo cosciente tutto quello che ricadeva nella regione della totale inconsapevolezza.

Senza stare a discutere sulla possibilità effettiva di questo annullamento, l'uomo considera la morte universalmente come separazione della coscienza dal corpo, tuttavia esiste una *seconda morte* che, potremmo dire, cerca di accendere le luci di tutte le stanze dell'Empire State Building. All'estremo orizzonte di questa attività c'è l'*annullamento del corpo* ottenuto quando la forza della coscienza riesce a saturare tutto il corpo. È una morte che si trova esattamente agli antipodi della morte come allontanamento della coscienza dal corpo, o della morte come momento di estasi massima. Abbiamo visto come esistano due flussi temporali opposti: quella che noi chiamiamo comunemente *morte* è solo quella che si manifesta all'interno del flusso temporale cau-

213

sa-effetto che dal passato scorre verso il futuro, ma la morte che interviene quando un eccesso di concentrazione della coscienza satura il corpo, è una morte che nasce dentro il flusso temporale che dal futuro risale verso il passato.
Come accennato in precedenza il dolore nasce da una concentrazione eccessiva di coscienza in un punto del corpo. Il dolore consente di aumentare la consapevolezza nei confronti del proprio corpo. La morte è certamente un'esperienza di dolore, tuttavia si tratta esattamente dell'altra faccia dell'*estasi infinita* perché è anche l'istante in cui la coscienza abbandona il corpo. Se però esiste anche una morte come annullamento del corpo, o meglio annullamento della coscienza corporea che si manifesta quando la coscienza satura ogni angolo del corpo, allora questa morte è un'enorme sfida al corpo.
Il movimento consapevole del corpo, ovvero la danza, è una piccola morte accompagnata dal *dolore dello spirito*. Il movimento del corpo non genera dolore materiale come quello causato da una ferita, tuttavia il fatto stesso di prendere coscienza del movimento del corpo è una forma di *dolore della coscienza*. Attraverso questo dolore gradualmente la coscienza si lega profondamente al corpo; si tratta di un dolore che inizia dai muscoli della laringe per poi diffondersi nei polmoni e nel cuore. Se da qui si estende ai reni, al fegato, alla milza, agli organi riproduttivi fino al sistema nervoso autonomo preposto ai movimenti involontari, allora il corpo comincia a immergersi totalmente nel *mare della coscienza* che riempie il cosmo. A questo punto l'attività della coscienza acquista un grado di realtà maggiore dell'attività, fino ad allora molto più reale, del corpo, e la coscienza corporea si annulla.
In ogni caso con la morte l'*io* individuale è costretto a entrare nello *spazio-tempo in cui ogni cosa esiste come potenzialità*. Per l'uomo che vive solo nel tempo che dal passato scorre verso il futuro la morte è l'istante in cui si trova improvvisamente proiettato nel *mare della potenzialità* da cui sgorga il flusso temporale dal futuro al passato. Da questo punto di vista, per colui che considera un'assurdità il tempo che dal futuro risale al passato, la morte è il terribile istante di autodistruzione quando la parte

diventa improvvisamente il tutto, come se l'intero universo dovesse concentrarsi sulla punta di uno spillo. Per questo "chi non muore prima di morire si corrompe nell'istante della morte". È il dramma dell'uomo costretto a gettare il proprio io nel *corpo cosmico*, che rappresenta quella totalità della potenzialità per lui inaccettabile. In realtà l'uomo, che sia prima o sia dopo la morte, è comunque costretto a immergersi nella totalità della potenzialità: se così è, allora noi dobbiamo essere pronti non tanto ad affrontare la morte come separazione della coscienza dal corpo, quanto a lavorare sulla *seconda morte* in cui la coscienza corporea si annulla prima della morte materiale, e che possiamo ottenere accettando il tempo che dal futuro risale verso il passato.

Lo spessore del ricordo

Per generare all'interno del corpo il tempo che dal futuro va verso il passato occorre essere in grado di cambiare radicalmente il modo di pensare. Immaginiamo di avere davanti a noi un orologio, di osservarlo per qualche secondo e di chiudere subito gli occhi per generare un'immagine con il ricordo. Se ripetiamo l'operazione (osservare – chiudere gli occhi – creare l'immagine con il ricordo) per tre volte di seguito, le tre immagini si sovrappongono e otteniamo un ricordo *dotato di spessore*; questo almeno in teoria poiché in realtà le tre immagini saranno identiche e non avremmo un'immagine con il triplo dello spessore.
Il nostro esercizio inizia da questo punto. Dopo aver osservato l'orologio per qualche secondo e aver chiuso gli occhi per costruire nel ricordo una sua immagine, riapriamo gli occhi e con il massimo sforzo di concentrazione, attenzione e osservazione sovrapponiamo l'immagine reale con l'immagine generata nel ricordo. In questo istante l'immagine interiore dell'orologio che stiamo osservando acquisisce spessore ancorché appena percettibile.
Anche la sensazione appena descritta è estremamente labile tanto che nella nostra quotidianità finisce sempre per essere trascurata. Tuttavia nella musica questa sensazione riesce a manifestarsi molto chiaramente. Immaginiamo di ascoltare un brano per la prima volta e, siccome ci piace, lo ascoltiamo di nuovo:

al secondo ascolto la musica avrà sicuramente raddoppiato il suo spessore. Se è un brano di cui siamo veramente innamorati lo ascolteremo cento volte: il suo spessore si centuplicherà. Quando amiamo un brano non lasciamo mai scorrere via questa sensazione, che così si stratifica finché ci basterà presentire la frase che sta per iniziare per provare immediata emozione. Cosa sta accadendo in questi momenti? Quanto più l'immagine generata dal ricordo acquista spessore tanto più noi ci fondiamo con essa: alla fine quando ascolteremo un brano amato i suoni non verranno dall'esterno, perché sentiremo che sono generati dall'interno di noi stessi.

Il pianoforte ha 88 tasti: se li battiamo otteniamo 88 note. Tuttavia attorno al pianoforte, oltre il tasto all'estrema sinistra e quello all'estrema destra, esistono infiniti suoni gravi e acuti. Attorno al pianoforte esiste un infinito territorio sonoro rappresentato dai *suoni in potenza,* ma il pianoforte stesso può generare soltanto 88 di essi che costituiscono i *suoni in atto*. Intorno a noi esistono in forma potenziale infinite musiche di cui noi non conosciamo che una parte infinitesimale. Per generare il tempo a ritroso, che costituisce la base del movimento, dobbiamo riflettere sui due aspetti della forma potenziale e della forma in atto. Nella musica occidentale esistono le pause, come la pausa di semibreve o la pausa di croma, dove si interrompe momentaneamente il canto o la musica che si stava eseguendo. La pausa non è assenza di suono, ma è un istante in cui i suoni che fino ad allora erano in atto ritornano nel mondo della potenzialità ovvero nello spazio dove la musica è in forma di potenzialità futura. L'orecchio non percepisce il suono, ma all'interno del cantante o del musicista il suono fa un istantaneo ritorno alla forma della potenzialità.

Del resto l'attività di un compositore si svolge proprio dentro il tempo che scorre a ritroso dalla forma potenziale del futuro.

Se tutto ciò è possibile nella musica, con l'esercizio deve essere possibile dare spessore all'immagine del ricordo, che sia di un orologio, di una persona o di una pittura: per fare ciò bisogna creare in noi il sentimento dell'amore. Anche la cosa più insignificante, se la si osserva dieci volte con partecipazione interiore, acquisterà spessore e alla fine si trasformerà fino a diventare qualcosa che sentiremo come parte di noi. Senza questo esercizio consapevole non possiamo generare il tempo a ritroso.

Finché osserviamo il mondo solo secondo l'ottica del tempo che dal passato si dirige verso il futuro abbiamo unicamente sequenze di cause ed effetti. Se invece sovrapponiamo con partecipazione interiore l'immagine nata nel ricordo con l'orologio che abbiamo davanti agli occhi, in quello stesso istante il tempo comincia a scorrere a ritroso come una palla che cade e rimbalza. Occorre ripetere molte volte lo sforzo per uscire dal tempo che dal passato scorre verso il futuro come una successione di eventi e generare il tempo a ritroso, che appare nel momento in cui l'immagine del ricordo si lega all'oggetto osservato. In quel preciso istante noi saremo in grado di osservare un singolo evento attraverso entrambi i flussi temporali.

Tre modi di ascoltare la musica
Vorrei descrivere un metodo per esercitarsi a comprendere il tempo che dal futuro scorre verso il passato. Si tratta di tre esercizi che non devono essere necessariamente compiuti nell'ordine in cui sono descritti.
Innanzitutto scegliamo un brano musicale che abbiamo ascoltato così tante volte da conoscerne lo svolgimento, le melodie e la struttura complessiva: l'esercizio permetterà di generare un nuovo legame con il suono. Per prima cosa ascoltiamo il brano con un registratore e cerchiamo di definire in quale spazio sta risuonando la musica. Se vogliamo rimanere sulla superficie delle cose diremo che la musica esce dagli altoparlanti. Se però avessimo i timpani perforati non sentiremmo il suono che viene dagli altoparlanti. In realtà ogni suono, dopo aver attraversato i timpani, risuona anche *dentro il corpo*. Apparentemente il suono sembra arrivare dagli altoparlanti, ma in realtà esso vibra *dentro il corpo* all'interno dei timpani. Il *suono esterno* è quello che esce dagli altoparlanti e il *suono interno* quello che risuona all'interno del corpo: sappiamo distinguerli? Questo è il primo tema che propongo di affrontare: distinguere il suono esterno da quello

interno è un esercizio fondamentale per capire il tempo a ritroso. Nel primo modo di ascoltare la musica, ascoltiamo solo il *suono esterno*. Ci concentriamo esclusivamente su ogni suo minimo e concreto aspetto, sul ritmo, sul timbro. Non ci interessa se il brano ci piaccia o meno o se ci coinvolga emotivamente, perché dobbiamo ascoltare il suono puro escludendo qualsiasi considerazione soggettiva. Evitiamo di proiettare sulla musica pensieri o emozioni e riceviamo la musica in maniera totalmente passiva con l'oggettività dello scienziato che studia i batteri al microscopio. L'esercizio richiede molta concentrazione perché, appena abbassiamo la guardia, tendiamo subito a proiettare sulla musica considerazioni soggettive. Non occorre comunque fare questo esercizio alla perfezione, conta lo sforzo che si applica per mantenere questa condizione mentale. Il risultato è la sensazione che, per quanto riguarda il flusso temporale, stiamo ascoltando la musica stando sempre *nell'istante presente*: la musica è percepita come successione di istanti attuali. Quando ascoltiamo una musica che ci piace, cerchiamo sempre di immedesimarci in essa quindi è bene fare questo esercizio con il nostro brano preferito proprio per eliminare qualsiasi forma di immedesimazione. Osserviamo bene quale cambiamento avviene dentro il corpo nel momento in cui ascoltiamo così il nostro brano preferito: se sentiamo che dentro il corpo si crea un vuoto e che questo vuoto è uno spazio dove l'*io* può essere percepito come *altro* allora abbiamo eseguito correttamente l'esercizio.

Un secondo modo di ascoltare la musica è quello di ascoltare il nostro brano preferito pregustando, insieme al suono presente, anche il suono successivo, cercando così di moltiplicare l'emozione e il piacere dell'ascolto. Qui non abbiamo più il suono che vibra all'esterno ma il *suono interno*. In questo esercizio dobbiamo essere pienamente consapevoli dell'atto dell'ascolto: come accade nelle relazioni con altre persone, anche la relazione tra noi e la musica si approfondisce ed evolve grazie alla consapevolezza della relazione stessa. Con questo esercizio non solo assaporiamo la musica, ma stiamo anche trasformando la musica in energia vitale che fluisce nel corpo. È importante ascoltare senza

un libro chiamato corpo

interruzione il prossimo suono, il *suono futuro*. Inoltre bisogna impedire che l'ascolto sia inquinato dall'inconsapevolezza.
Nel terzo modo infine, ci concentriamo nell'ascolto dei suoni che passano. Effettivamente quando ascoltiamo un brano è estremamente difficile cogliere con precisione l'attimo presente che tende a estendersi impercettibilmente nel passato e nel futuro. In questo caso cerchiamo invece di ascoltare esclusivamente istante per istante il riverbero del suono percepito, analogo alla sensazione che rimane in bocca dopo aver assaggiato un dolce o al calore dell'intimità che rimane nei cuori di due amanti dopo che si sono separati. Nel terzo modo di ascoltare la musica si cerca di conservare il più possibile il riverbero lasciato dalle note.
Il primo modo di ascoltare è il sole meridiano fermo in cielo; il secondo è il sole che sorge all'alba; il terzo è il bagliore residuo del crepuscolo. Occorre certamente una forte volontà per sottomettersi a un esercizio del genere ma, se riusciamo ad abituarci ad alternare queste tre modalità, allo stesso modo con cui guidando passiamo da folle a retromarcia per poi andare in quinta, allora riusciremo a fare una grande scoperta: saremo in grado di percepire un tempo alternativo di cui ignoravamo l'esistenza, il tempo che scorre a ritroso.
È impossibile percepire questo tempo alternativo ascoltando la musica distrattamente. Bisogna ripetere molte volte l'esercizio di ascolto nei tre modi indicati e percepire le differenze tra le sensazioni corporee generate da ciascuna modalità. Questo ascolto, che può essere effettuato solo con un grande sforzo di volontà, genera in alternanza tre spazi nel corpo: il *vuoto*, la *pienezza*, il *riverbero*. Dobbiamo esercitarci ad assaporare questi tre spazi distinti come noi assaporiamo il dolce, l'amaro o il piccante. I risultati dipenderanno dal grado di concentrazione e di attenzione con cui svolgeremo gli esercizi ma, se lavoreremo finché i tre modi di ascoltare si distingueranno chiaramente come la terna presente-futuro-passato, oppure adesso-premonizione-riverbero o ancora piccante-dolce-amaro, saremo giunti a un passo dalla comprensione del tempo a ritroso.

Computer e corpo
La comparsa di computer e cellulari ha permesso uno sviluppo impressionante del nostro modo di comunicare. Tuttavia è importante cercare di comprendere questo sviluppo non solo con le categorie della tecnologia, che rientrano nel flusso temporale che va dal passato al futuro, ma anche con le categorie di corpo e coscienza. Se infatti da Tōkyō posso mettermi in contatto immediato con Londra, New York o l'Alaska, questo succede *perché il corpo insieme alla coscienza si è espanso a una dimensione planetaria*. Ovvero questo genere di comunicazione è possibile perché, all'interno della coscienza, chi sta a Tōkyō può stare contemporaneamente anche a Londra, a New York o in Alaska. Lo sviluppo tecnologico del mondo materiale nel suo complesso è solo un'immagine riflessa dell'unità di corpo e coscienza. Come la mia immagine allo specchio non appare se non sto di fronte a uno specchio, lo sviluppo tecnologico compare solo perché esiste il corpo che vive insieme alla coscienza. Con l'avvento del computer abbiamo l'impressione che sia diventato possibile essere presenti in più luoghi contemporaneamente, ma in realtà ciò avviene perché è nella coscienza che è diventato possibile moltiplicare la nostra presenza. Per essere convinti di questa evidenza occorre costruire un'esistenza nuova all'interno del tempo che dal futuro risale verso il passato.

Se osserviamo ogni evento come il punto d'unione fra il tempo che va dal passato al futuro e il tempo che dal futuro risale verso il passato, allora vediamo che il movimento del corpo nasce dall'incontro dei due flussi temporali. La tecnologia riflette l'immagine complessiva del corpo e fra il corpo e la sua immagine si stabilisce un equilibrio molto delicato. È il movimento del corpo, è la danza che permette di mantenere questo equilibrio. Io non sono diventato pessimista nei confronti dell'attuale civiltà dell'informazione, ma credo che la cosa importante sia l'equilibrio, il delicato equilibrio tra corpo e civiltà dell'informazione che può essere un gioco divertente e può essere una lotta. È un gioco in cui non bisogna mai arrendersi, è una lotta senza soluzione tra il corpo e la sua immagine riflessa.

un libro chiamato corpo

Il corpo e il computer hanno molti punti in comune, perché sono la realtà e la sua immagine. Entrambi sono entità materiali capaci di contenere il mondo intero ed entrambi sono capaci di condividere ogni cosa e ogni luogo. Sullo schermo del computer affluiscono da ogni dove informazioni di cui lo stesso calcolatore non riesce ad accorgersi, e attraverso il computer diventa possibile scrutare nel territorio inesplorato dell'inconscio. Lo stesso si può dire del corpo. Il corpo contiene tutte le potenzialità che si realizzeranno nel futuro. Se il computer si collega attraverso innumerevoli link ad altre entità sconosciute, il corpo si collega a entità di ogni genere in quanto potenzialità. Il computer è in grado di espandere all'infinito una singola informazione, il corpo può espandere sotto forma di energia una singola sensazione corporea fino a dimensioni cosmiche. In quest'ottica corpo e computer sono quasi identici. La differenza è che si trovano sulle facce opposte della stessa medaglia e si trovano immersi in flussi temporali opposti. Il computer si trova nel flusso della logica e del nesso causa-effetto che va dal passato al futuro; il corpo fa affluire dentro l'*io* un'infinità di azioni in forma potenziale, azioni di cui il soggetto stesso non è cosciente, dal futuro verso il passato quasi a voler essere guida del destino.

Il corpo dentro il tatto e la parola

La maggior parte delle teorie linguistiche attuali considera le lingue come strutture già perfette, trascurando del tutto il loro processo di formazione. Tale processo si può intendere come lo sviluppo della lingua nel corso della storia umana, ma anche come l'evoluzione continua della parola che accompagna la crescita dell'individuo mentre acquisisce la lingua madre. In particolare, la comprensione del modo in cui ognuno acquisisce la lingua madre è legata alla comprensione dell'essenza stessa della parola. Se per cercare di comprendere la natura della parola noi consideriamo esclusivamente l'evoluzione storica della lingua escludendo la riflessione sul modo in cui ciascuno la acquisisce,

perdiamo di vista l'essenza della questione: sarebbe come voler comprendere la natura di una persona osservandone solo la fotografia. Una fotografia può trasmettere molte informazioni e impressioni – dalle sfumature del carattere all'ambiente sociale e familiare di un individuo – ma rimane pur sempre un'*immagine*. Certamente anche partendo dalla lingua come struttura data e compiuta è possibile approfondire all'infinito la riflessione sui suoi meccanismi, sulla genesi dei significati o sul legame tra le parole e determinate immagini, ma se ci limitiamo a considerare la lingua come dato è impossibile far emergere la sua natura. Nell'universo intero accanto al corpo umano non c'è niente di più importante e più misterioso della parola. Essa è completamente differente da ogni altra entità del mondo naturale: gli alberi, l'acqua o le stelle non sono state generate da noi che le guardiamo ma esistono indipendentemente dal nostro sguardo; la parola invece non è un *oggetto dato*. La parola è acquisita, creata e generata dall'uomo: senza l'uomo non può esistere. È quindi fondamentale comprendere la parola non tanto attraverso una teoria che consideri la lingua come un dato, quanto piuttosto attraverso una riflessione sulla sua formazione e sul modo in cui l'uomo la acquisisce.
Se consideriamo la modalità con la quale gli organi sensoriali si trasformano in organi vitali osserviamo che, a differenza degli animali, nell'uomo le attività sensoriali sono sempre legate alla parola e all'immaginazione.
Passiamo a esaminare ora le sensazioni dal punto di vista della formazione della lingua, in particolare il modo in cui l'individuo assimila la parola.

La parola prima della parola
Quando studiamo la storia parliamo di uno *periodo che precede la storia*, espressione che indica l'epoca precedente la comparsa della parola e di cui non esiste alcun genere di testimonianza linguistica. Se però andiamo a scavare negli strati geologici troviamo innumerevoli testimonianze di fatti che precedono la storia: forse non c'è mai stata un'*epoca storica in cui non esisteva la parola*. Se pensiamo che l'esistenza della parola, la coscienza e gli avve-

nimenti della storia naturale e umana siano una sola cosa, perché senza la parola l'uomo non può avere coscienza del mondo, allora possiamo affermare che quando non esisteva la parola non esistevano neppure il cosmo, la natura e la storia. Tuttavia un ragionamento simile implica una precondizione. Noi siamo capaci *in partenza* di unire la parola e la coscienza all'oggetto indicato dalla parola: possiamo per esempio fare esistere nello stesso momento il *fiore* che vediamo con gli occhi, la parola *fiore* e la *coscienza del fiore*. Ma ciò accade solo nello stadio finale dell'evoluzione della lingua, ovvero quando la lingua si è completamente formata; dal punto di vista della formazione dell'uomo ci troviamo nello stadio in cui l'uomo è riuscito ad acquisire la piena capacità linguistica. Dire che senza la parola non esiste la storia, implica che il bambino appena nato non ha niente che corrisponda alle capacità linguistiche e cognitive dell'adulto. È possibile affermare che senza la parola non esistono la storia, il cosmo o il mondo solo se partiamo da una determinata premessa relativa alle capacità linguistiche.

Invece di pensare che senza la parola non esistono il cosmo o la storia, dobbiamo pensare che quando non c'era la parola esisteva *la lingua che precede lo stadio di sviluppo che genera la lingua* e che esisteva la storia legata a questa coscienza linguistica. Non dobbiamo pensare che in un dato momento della storia sia improvvisamente spuntata una lingua *adulta* legata al *significato*. Il significato della parola non è un dato che si genera insieme alla parola: come la parola anche il significato ha attraversato un processo di formazione.

Il ruolo del tatto nell'acquisizione della lingua madre
Se fossimo ciechi dalla nascita non avremmo alcuna esperienza della luce o dei colori. Se una persona vedente volesse immaginare una situazione di cecità il risultato sarebbe molto differente rispetto allo stato di chi non vede dalla nascita: per chi è cieco dalla nascita la situazione di cecità è uno stato naturale e solo quando apprende l'esistenza del senso della vista può provare per la prima volta il desiderio di vedere. In effetti noi possiamo essere in questo momento privi di molti sensi eppure

questo non ci renderebbe insoddisfatti: lo stesso varrebbe se tutti gli uomini fossero privi del tatto o se, al contrario, averlo fosse un'anomalia allo stesso modo in cui le piante non possiedono la vista.

Ma se fossimo completamente privi del tatto dalla nascita, in che modo avremmo coscienza della nostra esistenza? Io parlo non solo del tatto che agisce sulla superficie cutanea, ma anche della sensazione tattile generata nella bocca quando mangiamo o di quella generata nello stomaco dopo aver ingoiato il cibo. Non solo non potremmo attivare la consapevolezza del *confine* tra l'*io* e l'*altro,* ma non saremmo neppure capaci di avere la coscienza dell'*io* stesso. Se fossimo completamente privi del tatto e al contempo gli altri sensi come la vista o l'udito fossero attivi, sarebbe impossibile tracciare una chiara linea che separi la nostra esistenza individuale da quello che vediamo e che sentiamo: avremmo solo un'infinita e indistinta *sensazione dell'essere.*

Riuscire a immaginare in maniera realistica lo stato di assenza del tatto sarebbe un'esperienza sicuramente traumatica, perché in tale stato non riusciremmo nemmeno a sapere se siamo vivi o morti. Forse l'unica differenza tra l'essere vivi e l'essere morti è proprio il fatto di possedere o meno il senso del tatto.

Quando dico "tatto" sto parlando del *senso puro del tatto.* Immaginiamo di tenere in mano una sfera di metallo. Il senso che mi permette di percepire la *sfericità* dell'oggetto non è il tatto, quanto il *senso del movimento* che percepisce la piccola sfera muoversi nella mano. Analogamente la sensazione di freddo del metallo appartiene al senso che percepisce il calore. Se toccando qualcosa potessimo estrarre dal complesso di sensazioni ricevute la sensazione tattile pura, comprenderemmo che il tatto come senso puro è una sorta di indefinita *sensazione di esistenza.* Nell'esperienza tattile la formazione sulla superficie del nostro corpo della linea di confine tra l'esistenza dell'io e l'esistenza dell'altro interviene in un momento assai successivo: prima di essa il tatto ci lega a questa *sensazione di esistenza,* che non fa ancora riferimento né all'io né all'altro.

Senza il tatto sarebbe assolutamente impossibile comprendere la dimensione del nostro corpo, come pure il luogo in cui si trovi il confine che separa me stesso e il mondo: osservando il cielo penseremmo che anche l'io si estende all'infinito come il cielo, osservando un punto crederemmo che anche la nostra esistenza si concentri in quel punto.

Il tatto e il processo di formazione del corpo
Se andiamo ad analizzare quale sia il ruolo del tatto nel modo in cui l'uomo forma il proprio corpo, vediamo che il tatto consente di *risvegliare* la coscienza di sé attraverso il contatto con qualcosa di esterno. Per esempio quando per la prima volta dalla nascita comprendiamo la sensazione tattile dei vestiti che ci avvolgono, allora non abbiamo tanto la percezione dell'esistenza dei vestiti quanto la percezione di noi stessi avvolti da quei vestiti. Senza il tatto non potremmo mai formare la percezione del sé. Allo stesso modo in cui camminando in una stanza buia ci accorgiamo per la prima volta della nostra esistenza quando sbattiamo contro lo spigolo di un mobile, anche il tatto è *un piccolo dolore* attraverso il quale diamo forma alla nostra esistenza. Stiamo parlando del momento della presa di coscienza di noi stessi, perché la nostra esistenza non si forma insieme al tatto. Attraverso l'esperienza tattile l'io in forma potenziale, che in principio si espande senza limiti fondendosi con il cosmo, può venire percepito come un io autocosciente. Il *corpo infinitamente grande* che precede il tatto assume grazie a esso la forma dell'io corporeo autocosciente.

Dal punto di vista del tatto si può suddividere la formazione dell'uomo in tre fasi. Nella prima fase il tatto è già attivo ma ancora non ha la capacità di differenziare l'io dall'altro: sono i dieci mesi in cui il feto si trova immerso nel liquido amniotico della madre. Il tatto è già attivo nel punto in cui la pelle del feto è a contatto con il liquido amniotico, tuttavia non ha la funzionalità che permette la distinzione tra l'io e il corpo materno. Chiamerò questo stadio evolutivo *fase proto-tattile*. Questa fase non finisce immediatamente dopo la nascita ma si evolve gradualmente durante il primo anno di vita, mentre il bambino raggiunge la posizione eretta. Appena nato il bambino assume la posizione impostagli dalla gravità: l'esistenza del bambino si fonde con la

gravità e non sarebbe possibile distinguere l'io dal mondo anche ipotizzando che il tatto cominci subito ad agire in questo senso.
In seguito il bambino comincia a gattonare, a stare seduto e infine riesce a stare in piedi appoggiandosi a una sedia o al tavolo o facendosi aiutare. In questo processo il bambino cade e si rialza innumerevoli volte finché non impara a stare in piedi.
Stare eretti significa trovare l'equilibrio tra la propria esistenza e il mondo: a un livello materiale vuol dire essere riusciti a mettere in opposizione sé stessi e il mondo. Tuttavia non significa che in questa fase la propria esistenza sia già indipendente dal mondo.
Il periodo proto-tattile continua per i dieci mesi di gestazione e l'anno che occorre a raggiungere la posizione eretta: in questi due anni scarsi si costituiscono le fondamenta decisive per la formazione dell'uomo; sono un periodo fondamentale non solo da un punto di vista fisico, ma anche per quanto riguarda il processo di acquisizione della lingua.
Il bambino non comincia a parlare la lingua materna a partire dai verbi o dagli aggettivi ma a partire dai sostantivi. Nell'anno che impiega a raggiungere la posizione eretta il bambino crea un legame tra sé stesso e la forma del sostantivo della lingua materna; la formazione della lingua materna incentrata sul sostantivo corrisponde quasi perfettamente al periodo proto-tattile.

Il tatto è un piccolo dolore
Se osserviamo un bicchiere, la consapevolezza dell'esistenza di quel bicchiere si forma dopo averlo visto: questo ci porta a credere che la coscienza nasca dopo l'esperienza visiva. Tuttavia la coscienza è l'energia fondamentale che genera l'essere, è l'energia creatrice che genera *l'oggetto particolare*. Da questo punto di vista si può affermare che è la coscienza a generare il bicchiere. La coscienza è come l'aria. Noi non generiamo l'aria, essa è presente tutto intorno a noi ma, quando ne assorbiamo una parte nei polmoni, abbiamo l'impressione che l'aria assorbita sia parte di noi. Se per esempio ci manca il respiro, il corpo intero ne soffre: in quel momento l'aria nei polmoni diventa parte di noi stessi. Lo stesso vale per la coscienza che pervade tutto il cosmo. Quando la coscienza agisce dentro il nostro corpo ci sembra che

essa sia generata dall'attività dei neuroni: è la stessa illusione che ci fa credere che l'aria nei polmoni sia parte del nostro corpo. Il tatto fa incarnare nel corpo la coscienza onnipresente. Il tatto è il più primitivo dei sensi ma anche la più primitiva delle esperienze coscienti. Negli esseri viventi tutti gli organi sensoriali hanno radici nel tatto: vedere è toccare con il *braccio ottico* che è lo sguardo, udire è toccare un suono. Tutti i sensi sono collegati alla comune radice del tatto: occhi, orecchie e gli altri organi sensoriali non funzionano in modo separato ma sono interconnessi. Il tatto causa la materializzazione della coscienza e attraverso il tatto si forma la percezione dell'*esistenza dell'io*. Il tatto è profondamente legato anche alla percezione del dolore. Le percezioni sensoriali degli occhi o delle orecchie sono quantificabili: possiamo misurare le diottrie della vista e quantificare la facoltà uditiva. Invece è impossibile assegnare un valore numerico alle sensazioni tattili o al dolore. Sono sensi estremamente soggettivi e, nel caso del dolore che giungendo al suo limite estremo si può trasformare in piacere, si tratta di sensi *soggetti a rovesciamento*. Mentre però il tatto ha un suo organo sensoriale lo stesso non si può dire per il dolore: anche se parliamo di *senso del dolore*, non esiste per esso un organo sensoriale specifico. Il dolore che nasce quando ci pungiamo un dito è un eccesso di concentrazione di coscienza in un punto. Se con un metodo di autosuggestione fosse possibile distribuire uniformemente su tutto il corpo la coscienza puntiforme, allora il dolore dovrebbe scomparire. Quindi il dolore è un *fenomeno della coscienza* e non un fenomeno corporeo. Il tatto è la *manifestazione di un piccolo dolore* dal cui interno nascono la percezione di sé e la percezione dell'essere.

I due anni del periodo proto-tattile che comprendono i dieci mesi di gestazione e l'anno che occorre a raggiungere la posizione eretta sono estremamente interessanti per quanto riguarda la formazione del tatto. In questo periodo il tatto è già attivo ma ancora manca la funzione generatrice del confine tra il sé e il mondo: è il periodo in cui il corpo si espande in tutto il mondo. Ripetendo centinaia o migliaia di volte il piccolo dolore dell'esperienza tattile, si forma una superficie di contatto su ogni singolo punto della pelle. È come se ci trovassimo in una stanza buia con una statua in mezzo: se noi la tocchiamo infinite volte con le dita alla fine riusciamo a formarcene un'immagine; analogamente in questi due anni riusciamo a ridurre il nostro corpo, inizialmente esteso per tutto il mondo, al centinaio di centimetri della sua dimensione naturale. La formazione del corpo avviene assieme alla formazione del tatto e in questo corpo accade qualcosa di preciso che descrivo qui di seguito.

Fulcro e baricentro
Ogni oggetto materiale esistente in natura possiede due punti che secondo i principi della fisica lo mettono in relazione con la gravità terrestre: il *fulcro* o *punto d'appoggio* e il *baricentro*. Il fulcro è il punto che sorregge tutto il corpo e il baricentro è il centro della sua massa. Nei quadrupedi il fulcro si trova all'altezza della colonna vertebrale, che è pressappoco parallela al suolo, e a esso gli organi interni e il resto del corpo si appendono in maniera simile ai panni che pendono da uno stendibiancheria. Negli animali il baricentro si trova sotto la colonna vertebrale, pure in quelli che sono in grado assumere la posizione eretta come i pinguini. Anche nel loro caso il baricentro del corpo si trova sotto il fulcro: è una conformazione del corpo assai stabile. Lo stesso discorso vale per l'uomo: prima di camminare eretto, ovvero quando è sdraiato oppure gattona, il baricentro del corpo umano si trova sotto il fulcro, tuttavia nel momento in cui l'uomo assume la posizione eretta il baricentro sale verso il fulcro. Nella posizione eretta il fulcro si trova in corrispondenza dell'articolazione dell'anca, ma il baricentro si trova sopra questa articolazione: è una posizione fortemente instabile che costringe l'uomo a cercare continuamente di mantenere l'equilibrio per non cadere. Stare in piedi significa effettivamente cercare costantemente l'equilibrio e questo accade perché il baricentro, che si è sempre trovato più in basso del fulcro, si trova ora più in alto. È una situazione simile a quella di una biglia di metallo posta su una lastra di vetro. Il suo fulcro è il punto di contatto con la lastra, mentre il baricentro si trova al suo centro: come

un libro chiamato corpo

nell'uomo il baricentro sta sopra il fulcro e alla minima inclinazione della lastra la biglia comincia a rotolare. Ugualmente l'uomo, alla minima perturbazione dell'equilibrio, per cercare di mantenerlo continua a camminare, come la biglia che rotola sopra la lastra, finché non riesce a controllare l'equilibrio in maniera automatica.

Le basi di questo meccanismo si formano nel periodo in cui s'impara a camminare: il baricentro si sposta dalla parte inferiore alla parte superiore del fulcro nel periodo proto-tattile. Archimede diceva: "Datemi un punto d'appoggio e solleverò il mondo". Queste parole trovano perfetta applicazione nel caso del corpo umano, per il quale vale l'espressione: "Fate salire il baricentro sopra il punto d'appoggio e solleverò il mondo". Tanto è grande la trasformazione che avviene in quell'anno in cui si raggiunge la posizione eretta e che ha luogo contemporaneamente al processo con cui il corpo, inizialmente di dimensioni cosmiche, attraverso innumerevoli esperienze tattili si riduce alla sua grandezza naturale.

L'esperienza linguistica di questo periodo cruciale è l'*esperienza del sostantivo*. In questa fase evolutiva il sostantivo non è solo un vettore di significati, ma comprende tutte le esperienze del periodo che precede lo spostamento del baricentro sopra il fulcro. Si tratta dei fatti che sono accaduti, da un punto di vista fisico e da un punto di vista tattile, prima della separazione tra l'uomo e il mondo e proprio per questa ragione il sostantivo non è affatto una semplice rappresentazione di un significato. All'inizio della cosmogonia ebraica Dio pronuncia le parole: "Sia fatta la luce", e subito la *luce* compare. Il sostantivo *luce* è *il sostantivo che ha il potere di generare la luce* del periodo proto-tattile. In questa fase tutti i sostantivi non sono indicatori di un significato, ma sono una *forza che genera le cose*.

Fulcro e baricentro sono concetti fisici, ma attraverso il corpo l'uomo può agire su di essi anche *dall'interno*. Quando si agisce dall'esterno è impossibile modificare la loro posizione: nella biglia il fulcro rimarrà sempre nel punto di contatto con la lastra di vetro e il baricentro al centro. Tuttavia nel caso dell'uomo è possibile agire su questi due punti dall'interno. In realtà il ful-

229

cro, che ha la funzione di sostenere tutto il corpo, rimane all'altezza dell'articolazione dell'anca: anche nell'uomo è un punto invariabile e in quanto tale è un punto esclusivamente fisico; il baricentro invece può essere spostato liberamente dall'interno. Il *tanden*[38] si sovrappone al baricentro fisico, che si trova sopra il fulcro, ma questo baricentro può essere spostato liberamente con la respirazione e il controllo dei flussi di forze.

- *Spostamento del baricentro sotto il fulcro*
Espirando si sposta il baricentro da sopra a sotto il fulcro in verticale, passando per il fulcro stesso. Questo flusso di forze si lega all'energia della vocale cosmica "A" che genera la terra e fonde il corpo con i solidi (regno minerale) che lo circondano.

- *Sovrapposizione del baricentro con il fulcro*
Inspirando lentamente si sovrappone il baricentro al fulcro. Questo flusso di forze si lega all'energia della vocale cosmica "O" che genera l'acqua e fonde il corpo con i liquidi (regno vegetale) che lo circondano.

- *Spostamento in alto del baricentro fino al petto*
Inspirando si sposta il baricentro fino al petto e si mantiene una distanza costante tra fulcro e baricentro. Questo flusso di forze si lega all'energia della vocale cosmica "U" che genera l'aria e fonde il corpo con i gas che lo circondano.

- *Spostamento in alto del baricentro fino alla fronte*
Inspirando si innalza ulteriormente il baricentro fino alla fronte e si mantiene una distanza costante con il baricentro indipendentemente dalla respirazione. Questa forza si lega all'energia della vocale cosmica "E" e fonde il corpo con i tutti gli altri corpi dotati di calore (regno animale) che lo circondano.

- *Spostamento del baricentro in alto oltre la testa*
Il baricentro perde ogni legame con il fulcro e si muove liberamente nel cosmo. È la forza che si fonde con *la luce che genera*

---

38. *Tanden* (丹田) che significa addome, identifica la zona appena sotto l'ombelico. È il centro dell'equilibrio, ma indica anche il luogo in cui si concentra l'energia vitale, il *ki* (氣). È un termine che ricorre spesso nelle arti marziali giapponesi, in particolare nell'*aikidō*.

tutta la materia: questa luce si lega alla vocale cosmica "I" che supera i limiti del cosmo e unisce il corpo alla totalità della luce.

Le gambe anticipatrici del futuro
La posizione assunta da ogni essere vivente è profondamente legata allo stato della sua coscienza. È come la differenza tra la bocca della scimmia e quella dell'uomo: anche se l'organo è lo stesso, la scimmia non è capace come l'uomo di articolare un linguaggio fatto di vocali e consonanti. Un quadrupede non possiede una coscienza analoga a quella dell'uomo, perché non ha ancora assunto una posizione adatta al possesso di quel tipo di coscienza. Ogni forma assunta dai corpi degli esseri viventi è legata a una forma di coscienza adeguata a tale forma, e ciò vale anche per la posizione del corpo umano. Per esempio è impossibile dormire rimanendo a lungo in piedi: la posizione eretta è adatta alla coscienza vigile come la posizione orizzontale è adatta alla coscienza dormiente. Sia che stiamo su due gambe, sia che ci teniamo in equilibrio su una sola o siamo seduti su una sedia, a seconda della posizione assunta momento per momento varia lo stato della coscienza, perché insieme alla posizione del corpo cambia anche l'energia che lo attraversa.
Se riflettiamo sul modo in cui la coscienza si trasforma in base alla posizione assunta dal corpo, il fattore più importante è la relazione tra fulcro e baricentro. Con il passaggio dallo stato proto-tattile – con il baricentro ancora sotto il fulcro che consente al corpo di dipendere dalla gravità terrestre – all'instabile posizione eretta – che mette il corpo in costante contrapposizione al baricentro della Terra – si genera uno stato di coscienza completamente differente. Per comprendere il corpo è di estremo interesse riuscire a percepire la realtà di questa trasformazione interna. Finché il baricentro rimane sotto il fulcro l'uomo non può dar forma a un io autonomo, né può a maggior ragione possedere una coscienza risvegliata. D'altra parte l'incoscienza implica la mancata separazione tra l'io e il mondo. E questo vale non solo per la coscienza, ma anche per il corpo la cui estensione corrisponde a quella del mondo grazie *alle gambe*.
Nel periodo Edo (1603-1868) quando qualcuno subiva una mor-

te ingiusta, i figli dovevano vendicare il padre cercando il responsabile della sua morte per tutto il Giappone, anche se non avevano la minima idea di dove potesse trovarsi: vagavano per il paese *lasciandosi portare dalle gambe* perché erano certi che queste avrebbero portato loro all'uomo su cui vendicarsi. Questo comportamento sottende l'idea che *solo le gambe* sanno in forma potenziale dove si trova il nemico. Le gambe sono la parte del corpo legata alla *potenzialità del futuro* e sono immerse nel flusso temporale che dal futuro risale al passato, al contrario degli apparati preposti alla ragione ovvero della testa immersa nel flusso della logica e della causalità che dal passato va al futuro. Nel *corpo superiore* e nel *corpo inferiore* abbiamo dunque due flussi temporali opposti. Negli uomini come negli animali il corpo è legato alla potenzialità del futuro ma, poiché nel corpo umano il baricentro è spostato sopra il fulcro, l'uomo si pone in relazione con il futuro in maniera molto particolare. Gli animali vivono direttamente dentro la potenzialità del futuro e al contempo non hanno coscienza del proprio corpo. Un uccello migratore che parte da una remota isola dei mari del Sud, riesce a raggiungere il nido che aveva costruito sotto il tetto di una determinata casa in Giappone, solo perché vive esclusivamente dentro il tempo della potenzialità del futuro. Invece l'uomo, con il baricentro sopra il fulcro, può costruire il legame con la potenzialità del futuro solo con il lavoro della coscienza. Ciò non significa riportare l'uomo allo stato dell'istinto animale bensì prendere consapevolezza del *corpo individuale*, del *corpo etnico*, del *corpo terrestre* e del *corpo cosmico* e unire con il lavoro della coscienza questi quattro corpi.

La punta del pennello
Tutta l'attività linguistica del bambino nel periodo proto-tattile è *esperienza dell'energia che crea l'essere,* per cui ogni parola pronunciata dal bambino è legata alla gioia di esistere: il bambino cerca di imparare le parole perché uniscono gioia e forza creatrice. L'atto con cui il bambino pronuncia la parola "coniglio", prima ancora di voler esprimere l'idea "io sono il coniglio" o "qui c'è un coniglio", è un'esperienza dell'energia creatrice attra-

verso la quale bambino e coniglio si fondono in una cosa sola. In questo momento nel bambino è del tutto assente la *percezione della prima persona singolare,* che permette all'individuo di avere coscienza di sé come essere autonomo. La parola "coniglio", che per noi adulti è un semplice sostantivo, per il bambino non è né sostantivo né verbo ma un flusso di vocali e consonanti che all'interno del suo copro si fonde con l'energia creatrice. L'esperienza linguistica del bambino prima del raggiungimento della posizione eretta è l'esperienza dell'energia che scorre nella voce. Durante il periodo proto-tattile il tatto è già attivo, ma non ha ancora formato quella *superficie di contatto* che permette di distinguere il sé dal mondo: il tatto crea con chiarezza solo la *percezione dell'essere.* Quando impara a stare in piedi il bambino sposta il baricentro sopra il fulcro e mette in opposizione, rispetto al mondo, se stesso e il proprio corpo che smette così di essere parte del mondo. La graduale separazione tra il sé e il mondo ha fondamentalmente solo una dimensione *visiva,* tanto che il bambino che ha appena imparato a stare in piedi ancora non ha coscienza della sua autonomia. L'esistenza nel periodo proto-tattile è un'*esistenza esterna*: tutto quello che si vede o si sente è compreso nell'io, per cui il corpo in questa fase è un *corpo che si proietta all'esterno.* Quando la posizione eretta è completamente acquisita, il corpo proiettato all'esterno si trasforma gradualmente nel *corpo introiettato* racchiuso nella pelle. Una volta cresciuti ci rendiamo conto delle dimensioni del corpo soprattutto grazie alla vista. Senza la vista non abbiamo una chiara percezione di quanto per esempio sia lungo il nostro braccio. Immaginiamo di perdere a causa di un incidente l'intero avambraccio destro: a livello percettivo il braccio si è accorciato, ma può accadere che continuiamo ad avere la sensazione fisica che il braccio sia rimasto come prima. Può darsi che durante il periodo proto-tattile noi avevamo *braccia lunghe all'infinito.* Nel processo di riduzione del braccio alle dimensioni naturali, avvenuta con l'acquisizione della posizione eretta e la separazione dell'io dal mondo, ha un'enorme influenza la vista con la sua capacità di percepire lo spazio con precisione. Quando dipingiamo una tela sentiamo la punta del pennello come se fosse la punta delle dita: in quel momento sentiamo che il pennello è parte del nostro corpo. Nel periodo proto-tattile quello che vediamo o sentiamo diventa *punta del pennello* ovvero parte del corpo non ancora autocosciente: tutto ciò che si trova intorno al bambino, famiglia, casa, giardino o paesaggio è il *corpo del bambino che esiste fuori di sé*.

L'esperienza pura

Il bambino non nasce con dei ricordi già formati. È un foglio bianco e ogni volta che vede o sente qualcosa è sempre una prima volta, e alla prima esperienza non si giudica ciò che si vede o si sente ma si accetta tutto incondizionatamente. È l'*esperienza pura*. Questa esperienza è preclusa agli adulti perché, anche quando provano qualcosa per la prima volta, lo collegano con un ricordo preesistente, lo giudicano e se non ci riescono lo rifiutano. Negli adulti ciò che più si avvicina all'esperienza pura è lo *stupore*. Nello stupore non esiste il minimo spazio per il giudizio, c'è solo accettazione incondizionata del fatto che ha generato lo stupore. Lo *stupore* lavora in maniera opposta al *ricordo*. Il ricordo provoca un piccolo congelamento dell'energia vitale, lo stupore la fa agitare ancor di più. Continuare a stupirsi significa tenere in ebollizione l'energia vitale. Nel periodo prototattile il bambino cresce continuando a stupirsi e non ha tempo per formare il ricordo; il bambino non deve formare ricordi. L'esperienza linguistica del bambino in questa fase è una sequenza ininterrotta di stupori che tiene in ebollizione l'energia vitale. L'attività linguistica del bambino consiste nella ricezione delle parole, che lo raggiungono dal mondo circostante in forma di esperienza pura accompagnata dal sentimento di stupore. L'apprendimento della lingua madre per il bambino è un'attività che trabocca di energia vitale; l'interferenza del ricordo priverebbe dell'energia vitale l'apprendimento della lingua madre. Per il bambino l'attività linguistica è attività vitale. In nessun'altra fase dell'esistenza parlare e vivere coincidono tanto perfettamente. Inoltre in questa fase il bambino non distingue tra la propria attività verbale e quella di coloro che lo circondano.

In questo periodo la memoria non agisce nell'apprendimento della lingua né in altri campi. In qualsiasi altra esperienza sensoriale il bambino non ricorre alla memoria. Pensiamo per esempio a cosa significhi il fatto che guardi tante volte uno stesso libro illustrato: quale esperienza rappresenta per lui guadare il libro che ha già sfogliato ieri? Il bambino non lo guarda come "il libro già visto ieri", cerca solo di identificarsi sempre più profondamente con il libro finché, a forza di osservarlo, finisce effettivamente per raggiungere l'identità tra sé e il libro. La stessa cosa avviene per quanto riguarda l'apprendimento della lingua. Ascoltando e ripetendo molte volte una stessa parola, quella parola si trasforma nel corpo del bambino. Nel periodo proto-tattile tutti i sostantivi pronunciati sono per il bambino il proprio corpo: è un periodo in cui parola e corpo non si separano mai. L'identità tra parola e corpo non significa identità tra il bambino e l'oggetto indicato dalla parola: è invece l'identità tra il bambino e l'energia che scorre dentro vocali e consonanti della parola "coniglio", l'energia che causa l'esistenza del coniglio. Dire che la parola è un'esperienza pura implica che *il corpo è la parola*. Nel periodo proto-tattile, quando si fondono parola e corpo, si forma la parte essenziale della successiva attività linguistica.

Il mare che guarda le proprie onde al periscopio
Quando pensiamo al dito indice siamo coscienti che il dito è collegato dall'interno al resto del corpo di cui è parte integrante, ma possiamo anche identificarlo dall'esterno per mezzo della vista. Nel periodo proto-tattile il corpo proiettato all'esterno e la parola che identifica il corpo si fondono nell'attività linguistica del bambino. Più precisamente, quando osserviamo il nostro indice uniamo due facoltà sensoriali. Lo percepiamo dall'interno come parte del corpo allo stesso modo in cui percepiamo il nostro cuore, ma possiamo anche percepirlo dall'esterno con la vista: si incontrano due percezioni, l'indistinta percezione interna di sé e la percezione esterna visiva. Tuttavia noi non siamo stati da sempre capaci di coniugare queste due percezioni: nella primissima infanzia, attraverso un processo di prove ed errori, abbiamo imparato inconsapevolmente a legare questi due aspetti. Preceden-

temente, l'immagine visiva del dito e la vaga sensazione interna dell'esistenza del dito rimanevano slegate, e galleggiavano nello spazio ciascuna per conto suo. Nel periodo proto-tattile questo stato riguarda ogni oggetto del mondo esterno. Il corpo proiettato all'esterno del bambino si espande inconsapevolmente nel mondo intero, che a sua volta è l'io percepito inconsapevolmente dall'interno. Quando il bambino osserva un tavolo bianco, il contenuto percettivo del tavolo bianco trasmesso dalla vista, e il corpo proiettato all'esterno che si espande in tutto il mondo, ancora non riescono a legarsi direttamente. L'adulto può percepire con la vista un oggetto esterno in quanto lo sguardo proveniente dai due occhi si lega in un punto focale: questo non accade subito nel bambino. Quando il bambino percepisce la presenza dell'albero che ha di fronte, l'albero esiste come parte del proprio mondo interno né più né meno del proprio dito. Quando il bambino osserva l'albero i suoi occhi vedono *sé stesso come mondo esterno*. Solo in un secondo momento il mondo interno e il mondo esterno lentamente si avvicinano fino a fondersi.

Nella fase proto-tattile il bambino non fa riferimento agli organi sensoriali per percepire il mondo: il bambino, più che usare gli organi della vista, compie semplicemente l'atto di guardare. Solo molto più tardi l'uomo riesce ad avere consapevolezza dell'organo della vista. Inoltre in questo periodo l'attività sensoriale non forma il ricordo. Per il bambino *guardare* significa *continuare a generare* l'oggetto che sta guardando e pur inconsapevolmente il bambino sente molto chiaramente l'energia che si crea in questo modo. Nel bambino e nell'adulto i sensi funzionano in maniera opposta: l'adulto ha chiara coscienza del *contenuto percepito* ma non dell'*azione percettiva*. Nel bambino invece c'è una vivace *azione percettiva* entro la quale si realizza la funzione sensoriale della vista e agisce la forza che genera il *contenuto percepito*.

È come essere immersi dentro il mare dell'energia. Se il mare vuole vedere se stesso dall'esterno, dovrebbe guardare la propria superficie come un sommergibile che alza il periscopio sopra le onde; analogamente il bambino immerso nel mare della percezione, che espande il suo corpo nella totalità di questo mare e guarda se stesso per mezzo del periscopio, può vedere l'aspetto esterno, la superficie percorsa dalle onde. Le onde sono gli oggetti del mondo esterno che il bambino osserva, onde che si formano per azione delle correnti di energia che attraversano l'intero mare. Attraverso l'organo percettivo del periscopio, le onde come mondo esterno e il mare come mondo interno diventano una cosa sola in maniera inconsapevole. Nel bambino l'attività sensoriale è vivace come le correnti marine degli oceani: la loro azione permette di *vedere* e ogni volta che ciò accade si crea un'immagine legata al mondo interno.

Per il bambino l'attività sensoriale coincide con l'*attività vitale*: vedere e sentire significano generare la vita; contemporaneamente il bambino sente sempre la costante e rinnovata espansione del proprio essere. Se in questa fase si formasse la memoria, l'attività dei sensi cesserebbe di essere attività vitale: il ricordo uccide la vita. Percependo le *onde del mondo esterno* generate dall'energia che si muove dentro il mare, il bambino fa incontrare l'io interno con l'io esterno, espande il proprio essere per tutto il mondo e cresce nutrendosi dell'energia vitale generata dall'attività sensoriale, allo stesso modo in cui cresce nutrendosi di cibo.

La lingua generata dal baricentro e dal fulcro
Lo spostamento del baricentro sopra il fulcro è un avvenimento rivoluzionario per la coscienza del bambino. Finché il baricentro rimane sotto il fulcro, il bambino espande senza limiti il proprio essere nel grande mare del mondo rispetto al quale non definisce un confine. Quando il baricentro si sposta permanentemente sopra il fulcro, ovvero quando siamo divenuti capaci di mantenere l'equilibrio, abbiamo raggiunto la possibilità di osservare il mare dall'esterno: abbiamo fatto emergere il periscopio sopra le onde, la *superficie del mondo osservata dall'esterno*. È il mondo esterno che il corpo conquista quando riesce a stare in piedi.

Mentre per il bambino con il baricentro sotto il fulcro l'io corrisponde al mondo, per il bambino che comincia a trovare l'equilibrio permanente della posizione eretta il mondo non è più *il tutto* ma solo una *faccia del tutto*: la differenza tra sostanza e superficie. Si tratta di un avvenimento di portata simile alla trasformazione del mondo tridimensionale in mondo bidimensionale. Per il bambino che comincia a stare in equilibrio il fiore dentro il vaso, il cane che passeggia accanto, le nuvole che vagano nel cielo, insomma tutto ciò che lo circonda sono ancora *onde sulla superficie*. Ora è importante immaginare con chiarezza il fatto che le onde sono causate dalle grande correnti che scorrono in profondità, le forme dell'essere sono generate dalle *correnti che si muovono dentro quel mare che è il bambino stesso*. Quando comincia a stare in piedi il bambino non vede subito le onde del mondo esterno, piuttosto vede con gli occhi dall'esterno il proprio io che muovendosi in unità con il mare genera le onde. Per il bambino vedere non è *cognizione di sé* ma *creazione di sé*. Tutte le volte che osserva, tocca, odora compie un atto di creazione di sé, perché il bambino che ha cominciato a stare in equilibrio conserva, nei confronti del mondo interno, un grado di identificazione pari a quello che gli permette di percepire le proprie dita dall'interno. Il bambino che conquista l'equilibrio permanente scopre la creazione di sé: è un'esperienza che si può descrivere solo con la parola *gioia*, perché tutte le esperienze sensoriali portano alla creazione di sé. Per questo motivo, l'esperienza linguistica del bambino che ha il baricentro sotto il fulcro, è completamente differente da quella del bambino che ha portato il baricentro sopra il fulcro. Se non riusciamo ad avere un'immagine chiara di questa differenza non possiamo avvicinarci all'essenza della parola.

La comparsa di Awagihara

Apparentemente tutti gli organi interni del corpo sono separati e differenti: fegato e milza sono organi diversi così come il cervello è diverso dall'intestino. Ma proviamo a immaginare quanto segue, anche se si tratta di un'immagine estremamente grottesca. Immaginiamo un corpo dove il fegato sta dentro la milza, i polmoni dentro il cuore, i reni e il cervello sono uniti: gli organi si fondono e non ci sono confini tra l'uno e l'altro. In realtà è proprio così, il corpo è un solo grande organo chiamato uomo: il cuore reale corrisponde al corpo intero e quello che chiamiamo comunemente "cuore" è solo il nome assegnato a una particolare porzione del corpo. Il cuore sono tutte le vene e le arterie fino al più sottile dei capillari. Lo stesso vale per i polmoni: se consideriamo che tutta la superficie della pelle respira, se consideriamo l'ossigeno che dai polmoni viene immesso nel sangue, allora i polmoni sono tutto il nostro corpo. Siamo uomini-fegato, uomini-cervello, uomini-genitali. Solo con la medicina moderna l'uomo è stato smembrato in tanti organi distinti e ridotto alla loro somma. Nel corpo umano non esiste niente di più unito del cuore e dei polmoni, tanto che il cuore si trova proprio nei polmoni. Questo è molto importante quando si riflette sul legame tra sangue e aria: se, come gli altri organi, il cuore si trovasse fuori dai polmoni non potrebbe comparire *Awagihara*[39], il luogo in cui il dio Izanagi ha compiuto l'abluzione, come ricorda la formula rituale: "Izanagi no ookami Tsukushi no Himuka no Tachibana no Odo no Awagihara ni misogi harae tamaishi toki". Ad *Awagihara* appare il *kotodama*[40], ad *Awagihara* si toccano l'uomo e il cosmo.

Il ritmo del respiro si sovrappone perfettamente al flusso delle emozioni e dei sentimenti: turbolento quando siamo in preda alla rabbia, quieto quando siamo tranquilli. Ma oltre alle nostre emozioni, di cui siamo consapevoli, il ritmo con cui si muovono i polmoni è determinato anche dalla salute, dall'atmosfera, dal clima, dalla

39. Vale a dire che non potrebbero fondersi l'uomo e il cosmo, il cielo e la terra, e non potrebbe nascere il popolo giapponese come Kasai spiega poco più avanti.
Awagihara è il luogo in cui il dio Izanagi, progenitore del Giappone, dopo aver lasciato il paese dei morti (*Yomotsukuni*), ha compiuto il *misogi*, il rituale di purificazione attraverso l'immersione nell'acqua corrente. Come ricorda la formula: ad Awagihara nel distretto di Tachibana no Odo nella regione di Himuka nel paese di Tsukushi (l'attuale isola di Kyūshū).
40. Il *kotodama* è una tecnica di meditazione scintoista che significa *anima delle parole*; è la *teoria dei suoni sacri* secondo la quale i suoni e le parole possiedono un potere e uno spirito propri. Secondo Morihei Ueshiba, il fondatore dell'*aikidō* – da lui stesso definito come "l'espressione del *kotodama*" – il *kotodama* è la corrispondenza giapponese del concetto biblico di Verbo, la forza all'origine della Creazione che determina tutte le manifestazioni dell'universo. È l'energia che crea la forma, «la forza che è all'origine della Creazione e che presiede a tutte le manifestazioni del mondo» (cfr. Morihei Ueshiba - Hideo Takahashi, *Takemusu Aiki vol II*, Lille, Editions du Cénacle de France, 2008, pag.145).
In se stesso il *kotodama* è anche una vibrazione e non si identifica solo con il suono prodotto dall'organo di fonazione: «Il *kotodama* è la risonanza che precede il pensiero e porta il carattere e il suono. In altre parole, è la risonanza della luce stessa, è Dio» (cfr. Ueshiba Morihei - Tahahashi Hideo, *Takemusu Aiki vol II*, cit., pag.119). Nella creazione dell'*aikidō*, si manifesta come «la strada sulla quale la vibrazione del corpo intero diventa eco della vibrazione dell'universo (...) Il *kotodama* è la vibrazione. Dunque si ricevono nel corpo tutte le vibrazioni dell'universo e in quel momento si riflette l'anima dell'universo» (cfr. Gérard Blaize, *Le mots de*

stagione, dalle emozioni di chi ci sta intorno, dal mondo animale e vegetale, dal movimento delle stelle, dalle persone che si sono incamminate nel mondo dei morti. I polmoni non sono un semplice organo per introdurre aria nel corpo, creano il ritmo nel quale confluiscono le emozioni che provengono dagli uomini, dal mondo della natura, dal regno dei morti. Nel sangue invece scorre tutta la memoria e il sentimento del popolo al quale apparteniamo: sangue dei giapponesi, sangue dei coreani, sangue dei tedeschi, sangue degli italiani. Non è esagerato affermare che è proprio la memoria e il sentimento che scorrono nel sangue a scatenare i conflitti tra i popoli. Il sangue rappresenta le fondamenta su cui sorge il corpo. Il ritmo del cuore si compone del ricordo del passato che scorre nel sangue e delle emozioni attuali convogliate dai polmoni. Sia il cuore che i polmoni non si fermano mai: noi non possiamo alterare liberamente il loro movimento.

Perché danziamo? Perché vogliamo *sapere*. *Muovere il corpo* e *sapere* sono quasi la stessa cosa. Non siamo noi a volerlo: è il

l'*âme*, «Karate Bushido», Hors Série n°19, Mai/Juin 2003, pagg. 12-13). Awagihara è anche il luogo in cui nasce l'*aikidō*: «Ad Awagihara di Odo a Tachibana di Himuka nello Tsukushi il grande dio Ōharaido si è purificato. Da questa danza sacra è nato l'*aikidō*. Questo è AOUEI, altrimenti detto il centro della purificazione. È che, purificando impurità e sporcizie, l'*aikidō* si armonizza con il tutto. Io, Ueshiba, voglio riparare sistematicamente questo mondo mettendolo in ordine attraverso il *bu*» (Ueshiba Morihei - Takahashi Hideo, *Takemusu aiki*, Vol I, Lille, Editions du Cénacle de France, 2007, pag. 156). Il termine *bu* che compone la parola budō (武道), la via delle arti marziali, vuol dire "fermare le lance": «Il budō è basato sulla comprensione dei principi universali: l'unione di uomo e Dio e il legame fra divino, umano ed energia sottile; è stato così dall'inizio dei tempi e il *bu* è la manifestazione determinata di quello spirito» (cfr. Morihei Ueshiba, *The Secret Teaching of Aikido*, New York, Kodansha, 2012, pag. 18).

Secondo il *Kojiki* dall'unione di Izanagi e della sorella Izanami è nato il Giappone e una miriade di divinità. Izanagi e Izanami si manifestano in forma umana dopo che i cinque suoni originari, A O U E I, hanno terminato il processo di creazione. Allora, in piedi sul Ponte del paradiso che collega Terra e Cielo, crearono il mondo in cui viviamo: «Il Ponte Fluttuante nel Cielo giace al centro del continuum spazio-temporale dove acqua e fuoco si intersecano. Ed è lì, nel punto di unione del Cielo e della Terra che si trova il Divino Genere Umano, ed è in quel punto che ognuno deve stare per trovare il suo autentico Sé. "Il cuore di un essere umano non è diverso dallo spirito del Cielo e della Terra. Quando praticate tenete sempre bene in mente l'interazione fra Cielo e Terra, Acqua e Fuoco, Yin e Yang" » (cfr. Morihei Ueshiba, *L'essenza dell'aikido. Gli insegnamenti spirituali del maestro*, a cura di John Stevens, Roma, Edizioni Mediterranee, 1995, pagg. 18-19).

corpo che vuole *essere letto*. I polmoni, il cuore e il cervello, ma anche la milza, il fegato, i reni vogliono *essere letti*.
Il cuore non è l'organo che serve a pompare il sangue in tutto il corpo. Non dobbiamo pensare che il battito del cuore faccia affluire e defluire il sangue in ogni parte del corpo, perché in realtà avviene il contrario. È la circolazione del sangue che muove il cuore: come la corrente di un fiume muove l'erba che spunta lungo le sue sponde, la corrente del sangue determina il ritmo cardiaco. Ci sono animali in cui il sangue scorre anche se non hanno un cuore. Non moriamo perché si ferma il cuore, moriamo perché il sangue cessa di scorrere. Cos'è che fa scorrere il sangue? Sono le emozioni personali che sgorgano dai polmoni, è il complesso di emozioni che ci perviene dalla natura, dalla società, dal popolo, dal cosmo, dal mondo dei morti.
Io inspiro con il naso, l'aria afferra il naso ed entra nel corpo. Contemporaneamente nei polmoni accade questo: mentre io respiro l'aria, l'aria respira me. L'uomo respira e anche il cosmo respira. I polmoni non respirano da soli perché insieme respirano tutti gli organi del corpo. Anche il cosmo non respira da solo: il cosmo respira attraverso tutto quello che esiste, respira attraverso i minerali, i vegetali e gli animali, respira attraverso la società degli uomini. Una singola foglia respira assimilando il carbonio. Non è la pianta che respira per vivere, è il cosmo che respira attraverso la pianta. Anche i minerali respirano, anche le stelle. La natura è viva perché il cosmo vivente respira attraverso il mondo naturale. Il cosmo respira attraverso l'uomo. "Izanagi no ookami Tsukushi no Himuka no Tachibana no Odo no Awagihara ni misogi harae tamaishi toki": queste parole indicano la grande trasformazione da "io respiro l'aria" a "l'aria respira me"[41].
Il corpo in cui compare *Awagihara* è il corpo del giapponese[42].

41. Una trasformazione che riguarda la percezione dell'individuo non come lo singolare in prima persona ma come parte di un *corpo cosmico*.
42. Ovvero il *corpo nazionale* formato dal *corpo etnico* presente nell'individuo: "Un corpo energetico che si forma con l'energia della voce" e si "estende nello spazio tra uomo e uomo, uomo e natura, uomo e cose", "un corpo esterno alla pelle formato dall'energia cosmica che si manifesta nei suoni di ciascuna lingua", "si fonda sull'amore con cui viene trasmessa la parola" e "crea un legame con gli altri non per mezzo della comunicazione verbale ma per mezzo dell'energia della lingua".

La desolazione del cielo
Quasi una postfazione

Il 1963 è stato per me un anno cruciale: in primavera ho conosciuto Kazuo Ōno e negli ultimi giorni dell'anno Tatsumi Hijikata. Si tratta di due persone che percorrevano strade completamente diverse. Ōno tesseva con l'immaginazione il legame di complicità tra se stesso e il colpevole dell'assassinio riportato sulla pagina di cronaca del giornale della sera precedente: per lui danzare era esattamente risalire il filo di questa complicità. Per formare questo legame di correità, che era un'*espressione d'amore* nei confronti della società colpevole, Kazuo Ōno s'immergeva in un lavoro estremamente personale di tessitura dell'immaginazione che solo per poco non sconfinava nell'ossessione. Tatsumi Hijikata invece sosteneva che "nessuno è più nobile nel camminare del condannato a morte" e metteva in pratica la sua filosofia di una danza liberata da ogni traccia di equivalenza fra *movimento ed espressione*, danza che raggiungeva la massima energia nell'idea del *corpo debilitato* (suijakutai). Questi due maestri sovrastano il mio corpo da due direzioni diametralmente opposte.

In seguito, per quasi quindici anni, ho continuato a esibirmi da solo: del fatto di danzare avevo una consapevolezza estremamente labile, ero spinto solamente dall'urgenza di mettere a nudo di fronte a un pubblico i minuscoli frammenti di percezione del corpo che la danza mi permetteva di cogliere. Non dovevo fare praticamente alcun lavoro preparatorio e il giorno dello spettacolo potevo quasi andare in scena prendendo a caso il primo disco e il primo costume che mi capitava a portata di mano: niente di più remoto dallo spettacolo preparato con cura. Nell'estate del 1979 io, che non avevo mai messo piede fuori del Giappone, all'improvviso sono andato a vivere in Germania. I primi due mesi ho frequentato un corso di tedesco a Friburgo e poi il 29 settembre mi sono trasferito a Stoccarda. Il vento freddo che cominciava a soffiare, la luce trasparente del sole autunnale, le strade lastricate dove passavano tram che sembravano giocattoli, la vita completamente diversa che stavo per affrontare: non riuscivo a togliermi la bizzarra sensazione di aver innestato nel mio corpo due alberi di specie diverse.

In quei giorni ho conosciuto una donna singolare. Frau Schwabe era un'anziana signora che indossava gonne con i fronzoli come una diciannovenne e parlava con voce fascinosa che sembrava echeggiare nel cuore di una foresta immersa nel silenzio. Per due anni mi ha insegnato la dizione del tedesco e grazie a lei sono riuscito a conoscere il profondo legame che unisce il movimento del corpo al suono della parola. In realtà questo è successo in un istante: *imparare* significa soltanto che qualcosa nasce all'interno del corpo.

L'inverno in Germania era un'esperienza completamente nuova. A febbraio tutti i sempreverdi si coprivano di ghiaccio e gli alberi crescevano in questa corazza trasparente. Quando giungeva la primavera il terreno tornato morbido si colorava improvvisamente di crochi, infinite piccole trombe rosse, gialle e viola puntate al cielo che schiudevano petali simili a labbra.

Mentre ero in Germania ha cominciato a formarsi in me una convinzione particolare riguardo al corpo: cominciavo a intuire che tutto ciò che esiste nella natura, terra, acqua, aria, calore, vive *come essere umano*.

Il corpo umano è un organismo in cui convivono l'elemento solido come ossa e muscoli, l'elemento liquido come il sangue, la linfa e le lacrime, l'elemento gassoso come l'aria dentro i polmoni o lo stomaco e l'elemento del calore che mantiene costante la temperatura corporea. I quattro elementi *terra – acqua – aria – fuoco* dentro il corpo di una persona hanno essi stessi vita propria: quando le unghie o i capelli sono tagliati muoiono e nell'attimo in cui la lacrima cade a terra diventa un piccolo cadavere, come anche il sangue che esce da una ferita. Ma tutti i liquidi corporei quando scorrono dentro il corpo sono vivi. Lo stesso si può dire della respirazione. Nell'istante in cui l'aria affluisce nei polmoni diventa viva come il sangue che scorre nel corpo, quando si espira l'aria viene separata dalla vita del corpo e si fonde con l'atmosfera della Terra vivente. Cosa dire invece del calore corporeo? È anch'esso qualcosa di più di un semplice fenomeno fisico perché, come il sangue vive dentro il corpo, anche questo calore vive dentro e con il corpo. Anche se è un fenomeno misurabile nei 36 gradi circa della temperatura corporea, ciò non toglie che anche il calore sia vivo.

Analogamente anche il cosmo è l'essenza stessa del *calore che vive*, dell'*aria che vive*, dell'*acqua che vive*: sono gli elementi che formano la nostra sfera vitale. Anche se non possiamo vedere il corpo che precede il concepimento, questo corpo è già incarnato dentro il calore che vive. Come l'uomo vive all'interno del corpo materiale, allo stesso modo prima del concepimento l'uomo ha nel *calore cosmico* la propria sfera vitale.

Questo calore possiede l'intero cosmo come potenzialità ed è la sfera vitale originale che fonde il suono paterno e il suono materno del cosmo. Quando questo *corpo cosmico* si fa carne nel ventre materno, si trasforma nel *corpo terrestre* che ha come sfera vitale l'*aria che vive*. Il feto è direttamente legato a ogni cosa che avviene sulla Terra, dalla quale non può assolutamente essere separato. Anche se può sembrare solo un grumo di materia, il feto ancora incapace di immettere nei polmoni l'aria del mondo esterno, e quindi di avere una propria respirazione autonoma, ha la propria sfera vitale nell'*aria vivente* del cosmo.

Nella fase di formazione della lingua madre il bambino come *corpo etnico* ha la propria sfera vitale nell'*acqua vivente* del cosmo. La sfera vitale del bambino non è l'ambiente materiale che costituisce la sfera vitale dell'adulto. Anche se il bambino ancora senza capacità mnemoniche può sembrare un piccolo adulto, in realtà vive ancora dentro l'*acqua del cosmo*. Il bambino respira

akira kasai

la parola come se fosse vita e con la parola costruisce il proprio corpo, con la parola della popolazione a cui appartiene forma il corpo in cui dovrà vivere. Nei tre anni che servono a formare la lingua madre avviene il lento passaggio di sfera vitale dall'*acqua vivente* al suolo terrestre: è sbagliato pensare che il bambino cambi la sfera vitale di appartenenza subito dopo il parto. Passando attraverso le differenti sfere vitali il corpo, come sposa impaziente, aspetta sempre l'intervento dell'uomo: il corpo è sempre in fervida attesa di qualcuno che *lo legga,* perché in esso vivono *il fuoco celeste, l'aria e l'acqua.* Per poter soddisfare l'*inespresso desiderio* del corpo l'uomo deve immergersi interamente nel *tempo che dal futuro agisce sul passato.* Dalla nostra sfera vitale, costituita dalla materialità della terra, possiamo alzare gli occhi verso una *nuova sfera vitale,* perché possiamo creare nuovamente il *corpo etnico,* il *corpo terrestre,* il *corpo cosmico.* Non sto parlando della possibilità data a qualche individuo particolare: tutto questo accadrà a tutte le persone che vivono sulla Terra. La funzione più primitiva della parola è *generare.* Il *significato* è il cadavere della parola un tempo viva. Ma ora non è solo la parola che è ridotta a cadavere. Insieme a essa anche il cielo è ridotto a un deserto, come canta Paul Celan:

Con
lo stilo d'animo chiaro,
il filamento di un cielo desolato,
la corona rossa
della parola di porpora, che cantammo
sopra, oh quanto sopra
la spina[43].

Nel nostro universo non risuona più alcuna parola: il cosmo ha smesso di parlare all'uomo e la musica celeste teorizzata dai pitagorici è ormai solo infinito silenzio.

43. Traduzione dal tedesco di Luigi Reitani (*ndt*).

un libro chiamato corpo

Sono passati oltre dieci anni da quando Suzuki Kazutami mi chiese di preparare un testo per i tipi della Shoshi Yamada; se non ricordo male fu in occasione del terzo anniversario della morte del poeta Minoru Yoshioka che in vita aveva onorato la mia danza con la sua attenzione. Ringrazio per la generosa pazienza senza la quale questo libro non avrebbe mai visto la luce.

gennaio 2011

Akira Kasai

Bibliografia di riferimento

Agamben, Giorgio, *Quel che resta di Auschwitz. L'archivio e il testimone*, Torino, Bollati Boringhieri, 1998.

Attisani, Antonio, *Un teatro apocrifo. Il potenziale dell'arte teatrale nel Workcenter di Jerzy Grotowski and Thomas Richards*, Milano, Edizioni Medusa, 2006.

Blaize, Gérard, *Le mots de l'âme*, «Karate Bushido», Hors Série n°19, Mai/Juin 2003, pagg. 12-13.

Brook, Peter, *Insieme a Grotowski*, Palermo, Edizioni rueBallu, 2011; 1ª ed. 2009.

Butto, Nader, *Il settimo senso. Un nuovo e rivoluzionario approccio terapeutico*, Roma, Edizioni Mediterranee, 2012; 1ª ed. 1998.

Capra, Fritjof, *Il Tao della fisica*, Milano, Adelphi, 1ª ed. digitale 2014; 1ª ed. 1975.

De Marinis, Marco, *Il teatro dell'altro*, Firenze, La Casa Usher, 2012; 1ª ed. 2011.

D'Orazi, Maria Pia, *Il corpo eretico*, Padova, CasadeiLibri, 2008.

D'Orazi, Maria Pia, *Kazuo Ōno*, Palermo, L'Epos, 2001.

D'Orazi, Maria Pia, *Akira Kasai, il fantasma di Eliogabalo. Tre studi su Artaud*, «Biblioteca Teatrale», vol. 99-100, Roma, Bulzoni, 2011, pagg. 79-105.

D'Orazi, Maria Pia, *Il demone di Mezzogiorno. A proposito di Trasform'azioni e del Butō*, in *Trasform'azioni, rassegna internazionale* di danza butō. Fotografia di un'esperienza, a cura di Samantha Marenzi, Roma, Editoria&Spettacolo, 2010, pagg. 21-57.

D'Orazi, Maria Pia, *Il Butō in Italia e l'esperienza di Akira Kasai*, in *Butō. Prospettive europee e sguardi dal Giappone*, a cura di Matteo Casari - Elena Cervellati, Bologna: Dipartimento delle Arti, 2015, pagg. 133-147. http://amsacta.unibo.it/4352/.

Emoto, Masaru, *L'insegnamento dell'acqua. Il suo messaggio*, Roma, Edizioni Mediterranee, 2009; 1ª ed. 2001.

Fechner, Gustav Theodor - Mallarmé, Stéphane - Valéry, Paul - Otto, Walter Friedrich, *Filosofia della danza*, Recco (Ge), Il Melangolo, 2004.

Flaszen, Ludwik - Pollastrelli, Carla - Molinari, Renata a cura di, *Il Teatr Laboratorium di Jerzy Grotowski 1959-1969*, Firenze, La Casa Usher, 2007; 1ª ed. 2001.

Faivre, Antoine, *L'esoterismo occidentale. Metodi, temi, immagini*, Brescia, Editrice Morcelliana, 2012; 1a ed. 1996.

Faivre, Antoine, *Esoterismo e tradizione*, Torino, Editrice Elledici, 1999.

Giovetti, Paola, *Rudolf Steiner. La vita e l'opera del fondatore dell'Antroposofia*, Roma, Edizioni Mediterranee, 2006; 1ª ed. 1992.

Goodman, David, *Japanese Drama and Culture in the 1960s. The return of the gods*, New York, M.E. Sharp, 1988.

Goswami, Amit, *Guida quantica all'illuminazione. Integrazione fra scienza e coscienza*, Roma, Edizione Mediterranee, 2007; 1ª ed. 2000.

Hillman, James, *Il codice dell'anima*, Milano, Adelphi, 1997.

Horton Fraleigh, Sondra, *Dancing into Darkness. Butoh, Zen and Japan*, Pittsburgh, University of Pittsburgh Press, 1999.

Ishii, Tatsuro, *Artist Interview. A look into the choreographic art of Akira Kasai, fifty years after entering the world of Butoh*, «PAJ Performing Arts Network Japan», 2013 February 26th.

Kasai, Akira - Kasai, Hisako, *Ima mata odori hajimemashō* (Adesso cominciamo a danzare di nuovo!), «Gendaishi Techo», n° 9, September 2010, pagg. 76-85.

Kasai, Akira, *Tenshi ron* (Saggio sugli angeli), Tōkyō, Gendai Shichō Shin Sha, 2013; 1ªed. 1972.

Kasai, Akira, *Seirei butō* (Il butō dello spirito santo), Tōkyō, Gendai Shichō Shin Sha, 1977.

Kasai, Akira, *Kami no tasogare* (Il tramonto degli Dei), Tōkyō, Gendai Shichō Shin Sha, 1979.

Kasai, Akira, *Ginga Kakumei* (La rivoluzione della Via Lattea), Tōkyō, Gendai Shichō Shin Sha, 2004.

Kasai, Akira, *Mirai no buyō* (Il futuro della danza), Tōkyō, Dancework Sha, 2004.

Kasai, Akira, *Karada to iu shomotsu* (Un libro chiamato corpo), Tōkyō, Shoshi Yamada, 2011.

Kasai, Akira, *Karada to seimei* (Il corpo e la vita), Tōkyō, Shoshi Yamada, 2016.

Kurihara, Nanako, *Hijikata Tatsumi. The Words of Butoh*, «The Drama Review», vol. 44, n. 1, Spring 2000; pagg. 12-28.

Kuwabara, Toshiro, *Dance closely related to matter. Kasai Akira Interview*, «Nikutaemo», n° 2, Summer 1996, pagg. 18-39.

Lowen, Alexander, *Bioenergetica*, Milano, Feltrinelli, 2007; 1ªed. 1975.

Maraini, Fosco, *L'incanto delle donne del mare*, Firenze, Giunti Editore, 2012.

bibliografia

McDermott, Robert A., *Rudolf Steiner and Antroposophy*, in *Modern Esoteric Spirituality* edited by Faivre Antoine - Needleman Jacob, New York, The Crossroad Publishing Company, 1992, pagg. 288-310.

Ōno, Kazuo, *Il testamento di mia madre*, trad. italiana in Maria Pia D'Orazi, *Butō. la nuova danza giapponese*, Roma, E&A Editori Associati, 1997, pag. 114.

Poplawski, Thomas, *Iniziazione all'Euritmia. Le idee di Rudolf Steiner in pratica*, Roma, Edizioni Mediterranee, 2012.

Prohl, Inken - Nelson, John edited by, *Handbook of Contemporary Japanese Religions*, Leiden/Boston, Brill, 2012.

Senda, Akihiko, *The Ribirth of Shakepseare in Japan*, in *Shakespeare and the Japanese Stage*, edited by Takashi Sasayama - J. R. Mulryne - Margaret Shewring, Cambridge, Cambridge University Press, 2010.

Shibusawa, Tatsuhiko, *Hijikata Tatsumi. Plucking off the Darkness of the Flesh. An interview by Shibusawa Tatsuhiko*, «The Drama Review», vol. 44, n. 1, Spring 2000, pagg. 49-55.

Sinibaldi, Clara, *Essere e danza: il concetto fenomenologico e mistico di danza in Paul Valéry*, in AA.VV., *Annali di Studi Religiosi*, Bologna, EDB, 2000, pagg. 165-192.

Stalker, Nancy K., *Prophet Motive. Deguchi Onisaburō, Oomoto, and The Rise of New Religions in Imperial Japan*, Honolulu, University of Hawai'i Press, 2008.

Steiner, Rudolf, *Euritmia. Linguaggio visibile*, Milano, Editrice Antroposofica, 2010; 1ª ed. 1997.

Steiner, Rudolf, *Il Vangelo di Giovanni*, Milano, Editrice Antroposofica, 2009; 1ª ed. 1932.

Steiner, Rudolf, *La scienza occulta nelle sue linee generali*, Milano, Oscar Mondadori, 2012; 1ª ed. 1910.

Steiner, Rudolf, *Reincarnazione e Karma*, Milano, Editrice Antroposofica, 2011; 1ª ed. 1903.

Steiner, Rudolf, *Una fisiologia occulta*, Milano, Editrice Antroposofica, 2005.

Steiner, Rudolf, *Filosofia della libertà*, KKien Publ. Int., 1ª edizione digitale 2014; 1ª ed.1894.

Steiner, Rudolf, *L'iniziazione. Come si consegue la conoscenza dei mondi superiori?* KKien Publ. Int., Edizione digitale: 2013; 1ª ed. 1904.

Steiner, Rudolf, *Atlantis. The Fate of a Lost Land and its Secret Knowledge*, Dornach, Rudolf Steiner Press, 2001.

Ueshiba, Morihei - Takahashi, Hideo, *Takemusu Aiki vol II*, Lille, Editions du Cénacle de France, 2008.

Ueshiba, Morihei, *The Secret Teaching of Aikido*, New York, Kodansha, 2012.

Ueshiba, Morihei, *L'essenza dell'aikido. Gli insegnamenti spirituali del maestro*, a cura di John Stevens, Roma, Edizioni Mediterranee, 1995.

Ullrich, Heiner, *Rudolf Steiner (1861-1925)* in «Prospects: the quarterly review of comparative education» (Prospettive: la rassegna trimestrale di educazione comparata), Parigi, Unesco: Ufficio internazionale dell'Educazione, vol.XXIV, n. 3/4, 1994, pagg. 555-572.

Viala, Jean - Masson-Sekine, Nourit, *Butoh. Shades of Darkness*, Tōkyō, Shufunotomo, 1988.

Villani, Paolo, a cura di, *Kojiki. Un racconto di antichi eventi*, Venezia, Marsilio, 2006.

Waguri, Yukio, *Butō Kaden* (Il fiore del butō), Cd Rom, Tokushima, Just System, 1998.

Watanabe, Tamotsu, *La danza giapponese*, Città di Castello (Perugia), Ali&no Editrice, 2001.

Indice dei nomi

Agamben, Giorgio 32 n.
Aikidō 29, 230 n., 239 n., 240 n.
Akasegawa, Genpei 37 n.
Ama 27.
Amagatsu, Ushio 48.
Amaterasu 28, 185 n., 186 n.
Anma (Il Massaggiatore, 1963) 36.
Antroposofia 45 n.
Apollo 40.
Artemide 50 n.
Asami, Hiroko 56 n.
Attisani, Antonio 16 n., 17 n.
Awagihara 238, 239, 240 n., 241.
Bach, Johann Sebastian 40.
Bakunin, Michail 45.
Balletti Russi 47.
Bara iro dance (Danza rosa, 1965) 37.
Batik (vedi Kuroda, Ikuyo) 27 n.
Beethoven, Ludwig van 48.
Blaize, Gérard 239.
Bollettino del Monte Kōya 45 n.
Brecht, Bertolt 29 n.
Brook, Peter 49 n.
bubble economy 54.
Budda 28 n.
Butō 17, 21, 27, 27 n., 28 n., 30 n., 32, 35 n., 36, 36 n., 37 n., 38, 38 n., 39 n., 42 n., 43 n., 44, 44 n., 45, 48, 49, 50, 51 n., 52, 52 n., 53, 53 n., 55, 56, 56 n., 57, 91 n., 92 n., 94 n., 95 n., 98n., 106 n., 126 n.
Butō fu 51.
Buyō 38, 38 n.
Capra, Fritjof 21 n., 22 n.

253

Carmina Burana 27 n.
Copeau, Jacques 18.
Corpo astrale 23, 23 n., 24 n., 92 n., 120, 161 n.
Corpo cosmico 25, 128, 152, 161 n., 170-172, 176, 198 n., 210, 215, 232, 241 n., 245, 246.
Corpo eterico 23, 23n., 24 n., 92 n., 120, 129 n., 159 n., 161 n.
Corpo etnico 25, 26, 127, 128, 129-131, 139, 140, 151, 152, 153, 158, 160, 161, 161 n., 162, 165, 166, 171, 172, 178, 180, 184, 185, 186, 198 n., 210, 232, 241 n., 245, 246.
Corpo individuale 25, 127, 128, 129, 130, 139, 140, 150, 151, 152, 158, 160, 161, 161 n., 162, 171, 172, 175, 176, 180, 184, 185, 198, 210, 232.
Corpo terrestre 25, 26, 128, 130, 151, 152, 161, 161 n., 162, 165, 171, 172, 176, 186, 198, 210, 232, 245, 246.
Daimon 14, 14 n.
Dairakudakan (vedi Maro, Akaji) 27.
Dance Experience 35.
Darde, Pierre (étoile della) 27.
De Marinis, Marco 18 n., 19 n.
Denju no mon (La porta dell'iniziazione, 1974) 45.
Diaghilev, Sergej Pavlovič 47.
Dioniso 40.
Divine 30, 30 n.
D'Orazi, Maria Pia 26 n., 27 n., 29 n., 32 n., 36 n., 39 n., 43 n., 52 n., 55 n., 91 n., 92 n., 94 n., 95 n., 98 n.
Edo, periodo (1603-1868) (noto anche come periodo Tokugawa) 231.
Eguchi, Takaya 29, 29 n.
Emoto, Masaru 28, 28 n.
Euritmia 8, 17, 27, 45, 46, 47, 50, 53, 54, 54 n., 55, 56, 94, 149 n., 160 n., 161 n., 162 n., 163 n.
Faivre, Antoine 24 n., 46 n., 54 n.
Fechner, Gustav Theodor 42 n.
Fourier, Charles 45.
Freud, Sigmund 20 n.
Gendaijin Gekijō (Il Teatro degli uomini moderni) (vedi Ninagawa, Yukio) 190 n.
Genet, Jean 30 n.
Genius 14 n.
Gobbi, Lorenzo 114 n.

indice dei nomi

Goethe, Johann Wolfgang von 177, 46 n.
Gigi (Sacrificio rituale) 35.
Grotowski, Jerzy 17 n., 18, 19, 19 n., 49, 49 n.
Guerra Sino-giapponese 195 n.
Gurdjeff, Georges Ivanovi 43.
Hara, Hitomi 56 n.
Hauser, Kaspar 141.
Heian, periodo (794-1192) 28 n.
Hieda no Are 96, 121.
Hijikata, Nue 191.
Hijikata, Tatsumi 27, 30, 30 n., 35, 35 n., 36, 36 n., 37, 37 n., 38, 39, 39 n.,40, 41, 42 n., 43, 44, 50, 51, 52, 52 n., 53, 54, 57, 95 n., 191, 243.
Hiraoka, Masaaki 190, 190 n.
Hofmannsthal, Hugo von 42 n.
Hori, Tenryūsai 183.
Il Vangelo di Giovanni 18 n., 160 n., 163 n.
Inagaki, Taruho 27.
"incarnazione"/"incorporazione" 16 n, 17 n.
iPS, Induced Pluripotent Stem 151, 152.
Ise, Tempio di 28, 186, 186 n.
Ishii, Tatsuro 28 n., 37 n., 39 n., 44 n., 45 n., 48 n., 52 n., 55 n.
Itoh, Kim 27 n.
Iwarehiko no mikoto 185, 186.
Izanagi 96, 239, 239 n., 240 n., 241.
Izanami 240 n.
Jimmu 185, 185 n., 186 n.
Jōkyō Gekijō (Teatro di situazione) vedi Kara, Jūrō 29, 189 n.
Jōmon, periodo (14.000 a.C.- 300 a.C.) 203, 204 n.
Jung, Carl Gustav 20.
Justine. Le disavventure della virtù (1979) 46.
ka o ba 14 n.
Kabuki 38 n.
Kaitaro, Tsuno 29 n.
kamaloka 142 n.
kama rupa 142 n.
Kamu-Yamato Iware-hiko no Mikoto 185 n.
Kan'ami 118.
Kara, Gumi 189 n.
Kara, Jūrō 29 n., 189 n.

255

Karma 24 n., 92 n., 142 n.
Kasai, Hisako 8, 29, 29 n., 31 n.
Kasai, Mitsutake 56 n.
Kasai, Reiji 8, 56 n., 163 n., 168 n.
Kazekura, Kumi 37 n.
Keats, John 14 n.
Ki 92 n.
Kinjiki (Colori proibiti, 1959) 30 n.
Kirov Ballet di San Pietroburgo (vedi Ruzimatov, Farouk) 27 n.
Kisanuki, Kuniko 27 n.
Kojiki 51 n., 96, 96 n., 121, 163 n., 168 n., 185 n., 186, 240 n.
Kokushoku Tento (vedi Saito, Makoto) 190 n.
Kotodama 51, 51 n., 153, 162 n., 163 n., 168 n., 239, 239 n.
Kujirai, Kentarō 56 n.
Kumamoto, Aritaka 45 n.
Kumano 28, 28 n., 186, 186 n.
Kuniyoshi, Kazuko 44, 44 n., 56 n.
Kurihara, Nanako 51, 52 n.
Kuro Tento (Tenda nera) (vedi Kaitaro, Tsuno) 29 n.
Kuroda, Ikuyo 27 n.
Kuwabara, Toshiro 43 n., 44 n., 45 n., 46 n., 47 n., 49 n., 50 n., 53 n., 55 n., 123 n.
Laban, Rudolf Von 53.
L'Argentina show (Ammirando L'Argentina, 1977) 30 n., 35 n., 42 n.
La Bellezza e la morte (1979) 46.
La Casa degli Usher 120.
Le 120 giornate di Sodoma (1979) 46.
Liòs 27 n.
Mallarmé, Stéphane 42 n.
Maraini, Fosco 27, 27 n.
Maro, Akaji 27 n.
Masson-Sekine, Nourit 43 n.
Mathieu, Georges 37 n.
Māyā 112.
McDermott, Robert A. 24 n., 46 n., 54 n.
Meiji, periodo (1868-1912) 183, 183 n.
Mesmer, Franz Anton 20 n.
Michelangelo 14 n.
Minoru, Betsuyaku 190 n.

indice dei nomi

Misogi 28 n., 239, 239 n., 241.
Mishima, Yukio 27, 30 n., 32 n.
Mondzain, Marie-José 16 n.
Mozart, Wolfgang Amadeus 48.
Museo Nazionale Archeologico (Napoli) 27 n.
Nakanishi, Natsuyuki 37 n.
Nara, periodo (700-794) 204, 204 n.
Needleman, Jacob 24 n., 46 n., 54 n.
Nelson, John 45 n.
Nietzsche, Friedrich Wilhelm 42 n.
Ninagawa, Yukio 190 n.
Ninigi no mikoto 185 n., 186.
Nijinsky, Vaslav 47.
Ninja 27.
Nō, Teatro 116, 116 n., 118.
Noguchi, Izumi 56 n.
NON-company 27 n.
Notre Dame de Fleurs, (vedi Genet, Jean) 30 n.
Ō no Yasumaro 96, 121.
Ochema 4 n.
Oishigōri, Masumi 51 n.
Ōno, Kazuo 29 n., 30, 30 n., 31, 31 n., 32, 32 n., 33, 35, 35 n., 37, 37 n., 38, 39, 39 n., 40, 41, 42, 42 n., 44, 48, 53, 54, 54 n., 95 n., 117, 118, 194, 195, 195 n., 196, 243.
Orff, Carl 27 n.
Osamu, Matsuda 188, 188 n.
Ōta, Shogo 190 n.
Otto, Walter Friedrich 42 n.
Paris Opéra Ballet Company (vedi Dardre, Pierre) 27.
Persefone, Festival 27 n.
Platone (*Repubblica*) 14 n., 113.
plērōma 92 n. 206.
Poe, Edgar Allan 46, 120.
Poplawski, Thomas 149 n.
Prana 92 n.
Progetto Eliogabalo – Tre studi su Artaud (2009) 27 n., 56, 91.
Reich, Wilhelm 20 n.
Reitani, Luigi 246 n.
Rilke, Rainer Maria 42, 114.

R-Mohals. Le mammelle dell'Italia (2011) 27 n.
Rückschau 207, 208.
Ruzimatov, Farouk 27 n.
Ryūko, Saeki 29 n.
Sadakata, Makoto 56 n.
Sade, Marchese de 46, 189.
Sakurasha (Compagnia dei ciliegi in fiore) 190 n.
Sankai Juku (vedi Amagatsu, Ushio) 48.
Sato, Makoto 190 n.
Seinen Geijutsu Gekijō (Giovane Teatro d'Arte) 29 n.
Senda, Akihiko 189 n., 190 n.
Seraphita (1994) 55.
Shibusawa, Tatsuhiko 27, 32 n., 52, 52 n.
Shimizu, Kunio 190 n.
Shirakawa, Naoko 27 n.
Shōgekijō Undō (Movimento del piccolo teatro) 189 n.
Sinibaldi, Clara 42 n.
Sotoba Komachi 118.
Stanislavskij, Konstantin Sergeevič 18.
Steiner, Rudolf 18 n., 23 n., 24 n., 25 n., 45, 45 n., 46, 46 n., 48, 50, 51 n., 53, 54 n., 129 n., 142 n., 149 n., 159 n., 160 n., 161 n., 162 n., 163 n., 168 n.
suijakutai 243.
Suzuki, Kazutami 247.
Suzuki, Tadashi 29 n., 189 n.
Takahashi, Hideo 239 n., 240 n.
Takahashi, Iwao 45 n.
Takahashi, Yuji 27 n.
Takkei Sebo (La crocifissa Vergine Maria, 1966) 38.
Tanaka, Min 48.
Tanden 230, 230 n.
Teiyū 45 n.
Tenjō Sajiki ("La Galleria") (vedi Terayama, Shuji) 29 n., 190 n.
Tenkei Gekijiō (il Teatro della Trasformazione) (vedi Ōta, Shogo) 190 n.
Tenshikan (La casa degli angeli) 44, 48.
Terasaki, Sho 56 n.
Terayama, Shuji 29 n., 189 n.
Tokugawa, periodo (1603-1868) (noto anche come periodo Edo) 188 n.
Tomato (Pomodoro, 1966) 37.

Trattato di Sicurezza 29 n.
Tsuburaya, Eiji 188 n.
Uemura, Naoka 56 n.
Ueshiba, Morihei 239 n., 240 n.
Ugayafukiahezu no mikoto 185.
Ullrich, Heiner 23 n.
Ultraman 188, 188 n., 190, 191, 193.
Utsurobune – Il battello fantasma (1911) 27 n.
Valéry, Paul 42 n.
Viala, Jean 43 n.
Villani, Paolo 185 n.
Waguri, Yukio 51, 51 n., 53.
Waldorf scuole 54 n.
Waseda Shōgekijō (Piccolo teatro Waseda) (vedi Suzuki, Tadashi) 29 n., 189 n.
Watanabe, Tamotsu 38 n.
Yamada, Setsuko 27 n.
Yayoi, periodo (300 a.C. – 250 d.C.) 204, 204 n.
yin/yang 20 n., 240 n.
Yomotsukuni 239 n.
Yoshioka, Minoru 27, 247.
Yumi-no-Kuni 28 n.

Artidigland è un'attività editoriale che offre – attraverso l'editoria digitale e il broadcasting – interviste esclusive ad artisti internazionali. E saggi, monografie, biografie, raccolte di materiali.

Artidigland è anche una community web di autori, curatori videomaker. Visita, sul nostro sito, la sezione CONTENT LAB http://www.artdigiland.com/content-lab/

Vi invitiamo a sottoscrivere la nostra newsletter per essere informati sulle nuove uscite, sui nostri eventi e sulle offerte riservate ai nostri lettori: http://www.artdigiland.com/newsl

http://artdigiland.com

Per informazioni: www.artdigiland.com
Per contatti: info@artdigiland.com

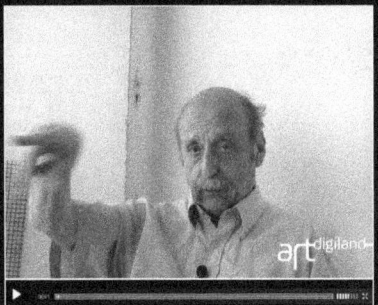

intervista a Marc Scialom
a cura di Silvia Tarquini

intervista a Fabrizio Crisafulli
a cura di Enzo Cillo

intervista a Beppe Lanci
a cura di Monica Pollini

intervista a Adriana Berselli
a cura di Vittoria Caratozzolo

intervista a Eugene Green
a cura di Federico Francioni

intervista a Luca Bigazzi
a cura di Alberto Spadafora

Artdigiland ha pubblicato in italiano:

LA LUCE NECESSARIA.
Conversazione con Luca Bigazzi
a cura di Alberto Spadafora
prefazione di Silvia Tarquini, 2012 - II ed. agg. 2014

Un libro intervista che "illumina" aspetti non noti delle migliori opere cinematografiche italiane degli ultimi trent'anni. La narrazione di Luca Bigazzi – direttore della fotografia e insieme operatore di macchina – raccoglie con coerenza caratteri tecnici, artistici ed etici del lavoro sul set. Bigazzi racconta la genesi del suo modo di lavorare libero da regole codificate, i motivi delle sue scelte professionali, la luce che ama, le ragioni della sua passione per lo stare in macchina. Come "controcampo", le testimonianze di 24 protagonisti del cinema italiano, tra registi, attori, produttori, fotografi di scena e collaboratori.

IL MIO ZAVATTINI.
Incontri percorsi sopralluoghi
di Lorenzo Pellizzari, 2012

Il libro raccoglie quanto Pellizzari ha scritto e pensato su Zavattini da quando era ragazzo ad oggi, insieme ad una storica intervista, in cui Zavattini si concede forse come mai; documenta un lungo rapporto intellettuale e personale, fatto di infinite riflessioni, desideri, slanci, critiche, pentimenti, ripensamenti; e rivela l'ininterrotto impegno del critico a capire, da una parte, e a "stimolare", quasi, dall'altra, il suo personaggio. Un impegno appassionato e civile, e insieme sedotto dalla qualità giocosa della scrittura zavattiniana.

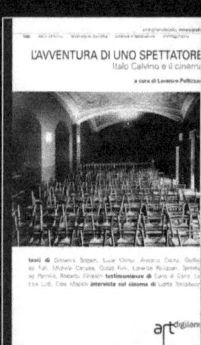

L'AVVENTURA DI UNO SPETTATORE.
Italo Calvino e il cinema.
a cura di Lorenzo Pellizzari, 2015
con saggi e autori vari

Nel trentennale della scomparsa dello scrittore, Artdigiland celebra Italo Calvino. Il libro ripercorre le poche ma fruttuose relazioni di Calvino con il cinema italiano ma soprattutto sviluppa il viaggio in un immaginario che dal cinema prende le mosse. Si parte da quanto Calvino racconta nella sua *Autobiografia di uno spettatore*, del '74, prefazione al volume *Fellini: quattro film*, si attraversano racconti, romanzi, saggi critici individuando l'imprinting cinematografico, e si arriva al "segno calviniano" di non poche opere del cinema e del disegno animato contemporanei. L'apparato iconografico rende omaggio alla fascinazione calviniana per il cinema classico, soprattutto americano.

LE OMBRE CANTANO E PARLANO.
Il passaggio dal muto al sonoro nel cinema italiano attraverso i periodici d'epoca (1927-1932)
di Stefania Carpiceci
prefazione di Adriano Aprà, vol. I, 2012

L'intento di questo libro è quello di indagare, in Italia, il passaggio dal cinema silenzioso delle origini ai nuovi fonofilm. A fare da mappa sono soprattutto le riviste e i periodici cinematografici nazionali d'epoca, analizzati a partire dal 1927 – anno della prima proiezione americana del *Cantante di jazz*, pellicola che notoriamente decreta la nascita ufficiale e internazionale del cinema sonoro – fino al 1932, data di adozione del doppiaggio in Italia. Undici film sono poi scelti e analizzati come casi rappresentativi delle questioni messe in campo dal sonoro.

LE OMBRE CANTANO E PARLANO.
Il passaggio dal muto al sonoro nel cinema italiano attraverso i periodici d'epoca (1927-1932)
di Stefania Carpiceci, vol. II Apparati, 2013

Il volume II di *Le ombre cantano e parlano* propone una mappatura ragionata dei maggiori periodici cinematografici dell'epoca: «L'Argante», «Cine-Gazzettino», «Cinema Illustrazione», «Il Cinema Italiano», «Cinema-Teatro», «La Cinematografia», «Il Cine Mio», «L'Eco del Cinema», «Kines», «La Rivista Cinematografica», «Rivista Italiana di Cinetecnica» e «Lo Spettacolo Italiano». Ad essi si aggiungono due riviste teatrali, «Comoedia» e «Il Dramma», e un quotidiano, «Il Tevere», particolarmente attenti al cinema. Le testate sono scandagliate in relazione ai vari aspetti del passaggio dal muto al sonoro. Altro osservatorio privilegiato sono naturalmente i film, dei queli si riporta il repertorio.

RITA HAYWORTH.
Cinema, danza, passione
di Claudio Valentinetti
prefazione di Lorenzo Pellizzari, 2014

Una sterminata filmografia, più di sessanta titoli, anche se pochi sono quelli folgoranti, "Sangue e arena", "La signora di Shanghai", "Gilda". Cinque mariti, tra cui il genio Orson Welles e l'"imam" Ali Khan, e molti grandi partner sul set. Un mito costruito dalla Mecca del Cinema di quegli anni per mano di sapienti produttori e di abili registi: Charles Vidor, Rouben Mamoulian, Howard Hawks, William Dieterle, Henry Hathaway, Raul Walsh e, ovviamente, Welles. Una vita durissima: un lungo lavoro per raggiungere il successo, prima come ballerina, negli

IL TEATRO DEI LUOGHI
Lo spettacolo generato dalla realtà
di Fabrizio Crisafulli
con un testo su danza e luogo di Giovanna Summo, prefazione Raimondo Guarino, 2015

Fabrizio Crisafulli analizza caratteri e modalità di quel particolare tipo di ricerca che ha chiamato "teatro dei luoghi", a oltre vent'anni dalla sua prima formulazione. Un tipo di lavoro nel quale il "luogo" e l'insieme delle relazioni che lo costituiscono vengono assunti come matrice e "testo" della creazione teatrale. Le motivazioni alla base di questa ricerca, il suo riportare l'attenzione sui luoghi, la realtà locale, la prossimità, si sono riaffermate nel corso degli anni per l'accrescersi delle questioni legate allo sviluppo mediatico, alla perdita di contatto della vita quotidiana con i luoghi, e per le criticità che le forme di comunicazione a distanza e i social network creano, accanto a nuove opportunità, sul piano delle relazioni umane e dei modi di sentire lo spazio. Il volume fa definitivamente luce sul fatto che il "teatro dei luoghi", nell'uso comune a volte inteso (e frainteso) semplicemente come teatro che si svolge fuori dagli edifici teatrali, non è definito dallo spazio dove si fa lo spettacolo, ma dall'idea stessa di "luogo" e dal modo specifico in cui il lavoro si relaziona al sito. In qualsiasi posto si svolga. Chiarendo, attraverso riflessioni ed esempi, ragioni e operatività di quello che è un modo radicalmente nuovo di fare e concepire il teatro.

VERITÀ DETTA
Testimonianze sul Pasolini politico
a cura di Enzo De Camillis

Il quarantennale della morte di Pasolini cade in una fase del nostro Paese che in molti definiscono di "catastrofe culturale" (e politica, economica, umanitaria). Ponendosi in relazione con l'oggi, il libro propone una serie di testimonianze inedite sul Pasolini "politico", intellettuale spesso in contrasto con la sinistra ufficiale della sua epoca.
Si avvisano i nostri lettori che il libro è esaurito.

IL CALENDARIO DEL CINEMA
Ovvero L'altra faccia della Luna
di Lorenzo Pellizzari

Un calendario che si rispetti dedica ognuno dei suoi 365 giorni a un cosiddetto santo o a un memorabile momento della liturgia. Poteva sfuggire alla regola un calendario dedicato all'empireo del cinema, all'Olimpo dei suoi divi e delle sue divine, agli eventi della sua ormai lunga storia? Non poteva. Persone, film, momenti, ripescati dalla memoria di un vecchio critico, con il dovuto riguardo per quanti se lo meritano e senza alcun riguardo per altri. Anche un modo per rievocare incontri personali, amici scomparsi, visioni effimere.

MARC SCIALOM. IMPASSE DU CINEMA.
Esilio, memoria, utopia / Exil, mémoire, utopie.
a cura di / sous la direction de Mila Lazić,
Silvia Tarquini
prefazione di / préface de Marco Bertozzi, 2012

Marc Scialom, ebreo di origini italiane, toscane, poi naturalizzato francese, nasce a Tunisi nel 1934. Dopo le persecuzioni naziste nel '43 in Tunisia, le ripercussioni sugli Italiani, meccanicamente associati al fascismo nel periodo dell'"epurazione", e la strage di Biserta (1961) – che Scialom denuncia nel corto *La parole perdue* (1969) –, si trasferisce in Francia. La sua vita si intreccia, "mancandola", con la storia del cinema: a Parigi il lungometraggio *Lettre à la prison* (1969-70), realizzato senza un produttore e quasi "clandestinamente", non è sostenuto dai suoi amici cineasti, tra cui Chris Marker. Deluso, Scialom chiude il film in un cassetto. Torna alle sue origini, allo studio della lingua e della letteratura italiane. Traduce la *Divina Commedia* (Le Livre de Poche, 1996). Dopo il ritrovamento di *Lettre à la prison*, il restauro e la presentazione nel 2008 al Festival International du Documentaire di Marsiglia, Scialom torna al lavoro cinematografico con *Nuit sur la mer* (2012).

Artdigiland a publié en français

LETTRE A LA PRISON DE MARC SCIALOM.
Le film manquant
sous la direction de Mila Lazić, Silvia Tarquini, 2014

Le livre présente, en français seulement, la partie consacrée à *Lettre à la prison* dans l'ouvrage bilingue - italien et français - *Marc Scialom. Impasse du cinéma. Esilio, memoria, utopie / Exil, mémoire, utopie*, sous la direction de Mila Lazić et Silvia Tarquini (2012). Le livre source est consacré à l'oeuvre de Scialom - cinématographique et littéraire - dans son ensemble, et approfondit sa relation avec la *Divine Comédie* de Dante Alighieri. Ce volume restitue à l'histoire du cinéma la mémoire historique et cinématographique cristallisée dans l'aventure, au sens antonionien, de , tourné avec une caméra prêtée par Chris Marker, puis englouti dans un abîme bien précis, personnel et historique. La préface de Marco Bertozzi cite Alberto Grifi, Chris Marker et Jean Rouch, filmmakers "dépaysés", constamment à la recherche, à travers le cinéma, d'un contact avec la réalité.

LES AUTRES ETOILES
de Marc Scialom
roman, préface de Frédérick Tristan, 2015

«Voici donc ce que je souhaitais réussir : le lecteur serait plus ou moins perdu tout au long de mon livre, perdu mais accroché, avec le sentiment croissant de frôler une chose intense, de l'entrevoir dans un brouillard, de supposer cette chose peut-être à tort, un peu comme un rêveur sur le point de s'éveiller voit parfois poindre à travers les volutes et sous les masques de son rêve une vérité douteuse, douteuse mais imminente, cela jusqu'aux dernières pages - puis tout à coup il comprendrait : rétrospectivement sa lecture indécise lui deviendrait claire parce qu'il découvrirait, lovée au coeur de la spirale et hors littérature, la scène première dont le livre est sorti».

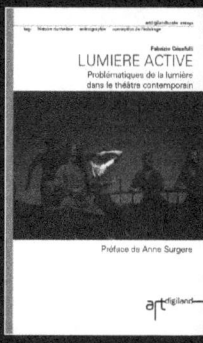

LUMIERE ACTIVE.
Poétiques de la lumière dans le théâtre contemporain
par Fabrizio Crisafulli
préface de Anne Surgers
traduit de l'italien par Marc Scialom

Cet ouvrage revisite, du point de vue des poétiques de la lumière, quelques épisodes importants de la mise en scène théâtrale au XXe siècle, depuis les grands réformateurs des premières décennies jusqu'à divers artistes contemporains tels que Josef Svoboda, Alwin Nikolais, Robert Wilson. Non pour proposer une histoire plus ou moins organique de la lumière au théâtre, mais pour tenter de préciser, relativement à son utilisation, certaines questions fondamentales. S'affranchissant des contextes étroits de la technique et de l'image dans lesquels on tend souvent à les enfermer, les problématiques de la lumière sont examinées ici sous d'autres angles, ceux de la structure spatio-temporelle du spectacle, de la construction dramatique, de la création poétique, de l'action, du rapport avec le performer. Une partie de l'ouvrage est consacrée au travail théâtral de l'auteur. Elle documente le point de vue particulier sur lequel sa réflexion se fonde, point de vue suscité et enrichi par son expérience personnelle de metteur en scène.

Artdigiland published in English/Italian:

PLACE, BODY, LIGHT.
The Theatre of / Il teatro di Fabrizio Crisafulli. Twenty Years of Research / Venti anni di ricerca 1991-2011
edited by / a cura di Nika Tomaševi , foreword by / prefazione di Silvana Sinisi, 2013

Fabrizio Crisafulli's theatre research centres on Place, Body and Light, and challenges performance practices at their very foundations, in an attempt to reclaim the original potency of theatre and its relevance and effectiveness in contemporary times. This is where dance meets architecture, drama meets territory, and the performance of the body meets poetic light. Crisafulli's works - poetic and visionary, hypnotic and deeply emotional, full of life and irony - are revealed through interviews, personal accounts, critiques, information and photos related to performances and installations created between 1991 and 2011.

Artdigiland published in English:

ACTIVE LIGHT.
Issues of Light in Contemporary Theatre
by Fabrizio Crisafulli
foreword by Dorita Hannah, 2013

This book looks at various important events relating to the poetics of light in theatre production in the West in the twentieth century, from the great reformists at the beginning of the century to contemporary artists such as Josef Svoboda, Alwin Nikolais and Robert Wilson. The intention isn't to outline a somewhat organised history of stage lighting, instead it is an attempt to identify some basic issues concerning its use. Lighting issues are unshackled from the limited contexts of technique and image, where they often end up only to be relegated, and examined in the context of the performance's space/time structure, poetic and dramatic construction, and the relationship with the performer. A section dedicated to the theatrical work of the author outlines the distinctive point of view behind the book.

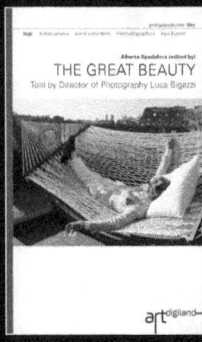

THE GREAT BEAUTY.
Told by Director of Photography Luca Bigazzi
Alberto Spadafora (ed. by), 2014

Luca Bigazzi is one of Italy's most acclaimed award-winning directors of photography (DOP). His life has been dedicated entirely to the best of independent Italian cinema (not counting his work with Abbas Kiarostami). He has worked with directors such as Mario Martone, Gianni Amelio, Ciprì e Maresco, Silvio Soldini, Carlo Mazzacurati, Antonio Capuano, Leonardo Di Costanzo and Andrea Segre, and has been working with Paolo Sorrentino since *The Consequences of Love* in 2004. In this interview, edited by the photographer and film critic Alberto Spadafora, the Italian cinematographer talks about *The Great Beauty*, prizewinner of the Academy Award for Best Foreign Language Film of 2014.

www.ingramcontent.com/pod-product-compliance
Lightning Source LLC
Chambersburg PA
CBHW051119160426
43195CB00014B/2265